フランス語学概論

Introduction à la linguistique française

髭　郁彦

川島浩一郎

渡邊淳也

駿河台出版社

まえがき

　蛮勇をふるってこのような書物を出した理由は、日本語で書かれた『フランス語学概説』『フランス語学概論』といった書物が、これまでほぼ皆無だったからである。わずかに島岡茂『フランス語学入門』（大学書林）が、目的は本書と近かったが、内容はフランス語史とフランス語学史の略述のみで、その学史も今では昔語りになってしまった。フランス語学への導入を図る書物としては、大橋保夫ほか『フランス語とはどういう言語か』（駿河台出版社）や、東京外国語大学グループ《セメイオン》のシリーズ『フランス語学の諸問題』『フランス語を考える』『フランス語を探る』（三修社。このうち『フランス語を探る』には本書の共著者の一人である川島浩一郎も執筆している）などがあり、いずれも勉強になるが、フランス語学の「概説」というよりは、それぞれの執筆者が専門分野の具体的なテーマを扱う論文を分かりやすく書き直したという印象である。他には、語法や文法など個々の問題を扱う書物に（多少の難易度の違いはあるが）直接あたるしかない。

　こうして見ると、フランス語学界には、総花的な「概説」を嫌う傾向があるように思う。もちろん、「概説」を経ずに個々の問題に直接赴くことは志の高い方法であり、「概説」をもたないことを斯界の誇り高い伝統のように考えることもできる。しかし一方で、われわれ共著者は、大学で「フランス語学概説」や「フランス語学概論」と題された科目を担当しており、なるべく偏りなく、広くフランス語学の各領域を紹介しようと腐心している現状がある。概説の看板をあげた科目で、担当教員が自分の専門分野や自分がコミットしている理論だけを長々と講じることが、かつては「大学らしい」と見なされていたかも知れないが、われわれはそれを望ましいとは思わない。なぜならそれは教員の個人的な関心の領野に学生を無理やり閉じ込める権威主義であるばかりではなく、実際には広汎で多様な研究領域を不当に狭めて見せることにより、学問そのものへの不誠実にもなりかねないからである。

　本書の共著者の三人は、学問的背景、専門領域、研究の方法がそれぞれに大きく違っている。髭郁彦は対話理論を専門とし、対話をとりまく状況や、言説の様態を積極的に取り入れた研究をしている。川島浩一郎は統辞論、形態論を専門とし、新たな言語慣用も先入観なく拾い上げ、微細な分析を加える研究をしている。渡邊淳也は意味論、語用論を専門とし、多様な意味効果が派生する過程を説明しようとする研究をしている。このように、学的にはそのままでは交わりそうにないほど異質であるが、そ

の違いをうまく生かして協力すれば、広い領域を紹介する『フランス語学概論』が書けるのではないか、という構想のもと、それぞれが書いたものを相互に全く遠慮なく批評しあいながら、一章また一章と原稿を書きためてきた。章によっては、実質的に二〜三人の合作になっているところもある。しかし、主に担当する章はそれぞれに決め、最終的な原稿をまとめた。各章の主な執筆者は次の通りである。

第 1 章　髭、渡邊
第 2 章　渡邊
第 3 章　髭
第 4 章　渡邊
第 5 章　川島
第 6 章　川島
第 7 章　渡邊
第 8 章　渡邊
第 9 章　髭
第 10 章　髭
第 11 章　髭
第 12 章　髭

　これらの章では、各分野を基本から説明し、可能な限り、実際の研究例を取り上げ、初学者にも理解できるようにした。第1章の序論で示した知識を他の章で前提としている以外には、特段の予備知識を前提とせず、フランス語の例文にも日本語訳を添えるなどの工夫をしている。
　もちろん、この12章でフランス言語学全体が完全に概説されるわけではない。たとえば、俗語の問題や、応用言語学内の民族言語学や神経言語学などについての記述が不足している。また、第3章フランス語史や第4章音声学・音韻論などは、共著者三人の専門から遠いものであり、その分野の専門家から見ればなお改善点もあろうかと思う。しかしながら、こうした弱点を抱えながらも、フランス語学全体を包括的に捉えた本が初めて登場したという意味は大きいと著者一同は確信している。包括的であるゆえに、フランス語学入門、フランス語学概説などの科目の教科書としてだけではなく、参考書や教養書として読まれることも可能だからである。
　概論という意味での本書の特徴をもう一点だけ述べておく必要性があるだろう。従

来のフランス語学関係の書物は各論的でありすぎたという点を先ほど述べたが、それゆえに、言語学と他の人間科学との関係性がはっきりと見えてこないという問題があった。本書のいくつかの章においては、哲学、心理学、社会学といった分野の理論・概念も、積極的に取り入れることで、言語を中心に据えた人間科学的探究の方向性に対する解説を行ない、人間科学の中の言語学の位置をより明確な形で提示していった。この点が本書の大きな特徴の一つであり、言語学以外を研究しようという方々にとっても役立つ点であると思われる。

　本書の刊行にいたる事情については、「あとがき」をご覧いただきたいが、さまざまな経緯を経て、こうして本書が完成できたのは、多くの方々のご協力があったからである。最後に一言、本書の刊行にご協力いただいたすべての方々に謹んでお礼を申し上げたい。

2009年仲秋
著者一同

もくじ

まえがき ... 3

第1章 序論 ... 11
- 1.1. フランス語学とは ... 11
- 1.2. 言語学の対象 ... 12
- 1.3. 言語のさまざまな側面 ... 13
- 1.4. 言語活動のモデル化 ... 20
- 1.5. 探究方法の問題 ... 24
- 1.6. フランス語学の諸分野 ... 25

第2章 フランス語圏 ... 29
- 2.1. フランス語の系譜的位置 ... 29
- 2.2. フランスとフランス語 ... 31
- 2.3. フランス語の地理的分布と話者人口 ... 35
- 2.4. フランス語の国際的な地位 ... 37
- 2.5. フランコフォニー国際組織 ... 38
- 2.6. 二言語併用とクレオール ... 39

第3章 フランス語史 ... 42
- 3.1. 言語の歴史とは何か ... 42
- 3.2. ラテン語の導入以前 ... 42
- 3.3. ラテン語の導入 ... 43
- 3.4. ゲルマン語の影響 ... 44
- 3.5. 古典ラテン語と俗ラテン語との分離 ... 45
- 3.6. ストラスブールの宣誓 ... 45
- 3.7. 古フランス語 ... 47
- 3.8. 中世フランス語 ... 51
- 3.9. 近代フランス語 ... 53

第 4 章　音声学・音韻論　　57
- 4.1. 音声学・音韻論とは　57
- 4.2. 音声器官とその機能　57
- 4.3. 音声とその転記　59
- 4.4. 母音とその調音　60
- 4.5. 子音とその調音　63
- 4.6. 音節とその構造　66
- 4.7. フランス語の韻律論　71

第 5 章　形 態 論　　74
- 5.1. 形態論の定義　74
- 5.2. 形態論の基本単位　74
- 5.3. 弁別・換入・選択　76
- 5.4. 形態論の中心的な課題　78
- 5.5. 語形成　84

第 6 章　統 辞 論　　87
- 6.1. 統辞論とは何か　87
- 6.2. 統辞関係　89
- 6.3. 統辞機能の定義　91
- 6.4. 統辞機能の表示方法　95
- 6.5. 記号素の分類　97
- 6.6. 内心構造と外心構造　101
- 6.7. 無冠詞名詞　102

第 7 章　意味論・語彙論　　104
- 7.1. 意味論・語彙論とは　104
- 7.2.「意味の意味」　104
- 7.3. 意味的関係　106
- 7.4. 構造意味論　107
- 7.5. 認知意味論　109
- 7.6. 指示的意味と手続き的意味　111
- 7.7. 事例研究：多義性と語義記述の実際　113

第 8 章　語 用 論 ... 121
- 8.1. 語用論とは ... 121
- 8.2. 発話行為 ... 121
- 8.3. 直示 ... 127
- 8.4. 前提 ... 128
- 8.5. 照応 ... 129
- 8.6. 会話の含意 ... 130
- 8.7. 論証 ... 132
- 8.8. 事例研究：丁寧の半過去 ... 134

第 9 章　記 号 学 ... 140
- 9.1. 記号研究について ... 140
- 9.2. 記号学とは ... 141
- 9.3. 主要概念 ... 144
- 9.4. 分析例と記号研究のこれからの課題 ... 150

第 10 章　文 体 論 ... 156
- 10.1. 文体研究をめぐる問題点 ... 156
- 10.2. 文体論とは何か ... 156
- 10.3. 修辞学 ... 161
- 10.4. ジャンル ... 166
- 10.5. 文彩と言語学的構成分野との関係 ... 171

第 11 章　社会言語学と心理言語学 ... 174
- 11.1. 応用言語学について ... 174
- 11.2. 社会言語学 ... 175
- 11.3. 心理言語学 ... 181

第 12 章　ポリフォニーと対話 ... 191
- 12.1. 言語学にとって間主観的問題とは何か ... 191
- 12.2. バフチンのポリフォニー理論 ... 192
- 12.3. デュクロのポリフォニー理論 ... 196
- 12.4. バンヴェニストの対話理論 ... 199
- 12.5. フランソワの対話理論 ... 200

参考文献 ... 208
人名索引 ... 216
事項索引 ... 220

あとがき ... 235

第1章　序　論

1.1. フランス語学とは

　フランス語に関してよく引用されるリヴァロール (Rivarol) の言葉に、「明晰でないものはフランス語 (的) ではない Ce qui n'est pas clair n'est pas français」というのがある。これに対して、アジェージュは、その著書 (Hagège 1985) の中で、日本の言語学者の言葉として、次のようなものを紹介している。「明晰なものは日本語 (的) ではない Ce qui est clair n'est pas japonais」。俗流の日本語論では言い古されたことなので、ついついその通りと思ってしまうかもしれない。しかし、そもそも言語の明晰さとは何であろうか。リヴァロールが生きた 18 世紀は、17 世紀に成立したポール・ロワイヤル文法 (Grammaire de Port-Royal) が強い影響力をもっていた時代であり、フランス語がいかに理性的に優れた言語であるかを証明することが言語的イデオロギーとして存在していた。ポール・ロワイヤルの文法家たちは、フランス語の明晰さの証拠として、たとえば、《主語＋動詞＋目的語》という語順が固定していること、過去分詞の性数の一致、冠詞の存在などを挙げているが、それがなぜ明晰さの証明になるのかは本来示そうにも示せないことである。一方、日本語については、たとえば婉曲的な語法を好むといった雑駁な印象から「明晰でない言語」であるとする論が聞きあきるほど多いが、婉曲的な語法なら当然フランス語にも広汎に存在しており、そのことをもって日本語がとりたてて明晰でないと断ずることもできない。

　日本語とフランス語の端的な比較として、たとえば「来た」、「来ました」、「いらっしゃった」、「いらっしゃいました」という 4 つの文をフランス語に訳そうとするとき、主語が明示されていないため、« Il est venu » なのか « Elle est venue » なのかをこれだけの情報では理解できない（もちろん、状況によってはさらに他のフランス語の文に対応することもあるが、ここでは論述を簡略にするためこの二つを考慮しよう）。主語が Il であるのか Elle であるのかは日本語の場合言語的文脈や言語外の状況を知ることによってしか理解できない。ところが、日本語の文が示している、この文の話者と聞き手との関係は、« Il est venu » という文によっては、全く示されていない。つまり、一般的に考えた場合、「来た」という話者とその聞き手との社会的関係は同等、もしくは、話者が聞き手よりも上である。「来ました」においては、話者がその聞き手よりも社会的に下の立場にある。そしてこれら二つの文においては、主語である「彼」は一般的に考えれば、話者と同等の社会的位置にいる人間であると考えられ

る。「いらっしゃった」という話者は聞き手との社会的関係は同等、もしくは話者の方が上であり、主語である「彼」よりは話者の方が社会的に下である。「いらっしゃいました」という話者は、聞き手に対しても「彼」に対しても社会的に下であることが分かる。以上の点が、フランス語の « Il est venu » には示されていない。

　以上の比較からも分かるように、日本語とフランス語では、ある事実を示す方法が異なっているのであり、どちらの方法がより明晰であるかを問題にすることは困難である。一般的に、各言語はそれぞれに固有の表現方法を有するのであり、その方法 (単に語彙の選択にとどまらず、音調、構文など、用いられ得るあらゆる言語的形式) を考察しようとする学問が言語学 (linguistique) である。中でも、本書の対象であるフランス語学 (linguistique française) とは、フランス語という言語に照準を当てて言語学的な分析を行なう学問である。

1.2. 言語学の対象

　近代言語学の祖、ソシュール (Ferdinand de Saussure) によると、言語学の課題は、次の三つであるという。

> 「a) 手にしうるかぎりの言語をとり、これを記述し、これの歴史を編むこと、つまりこれは言語族の歴史を編むこと、および可能な範囲において、各言語族の祖語を再建することになる ;
> 　b) あらゆる言語において恒久的に・普遍的に働く力をもとめ、言語史上のあらゆる特異的現象の立ち戻るべき一般法則を引きだすこと ;
> 　c) それじたいを限定し、定義すること」(小林英夫訳 1972 p.16, 強調引用者)

この条りを見て、奇異に思う人もいるかもしれない。循環論に陥る危険を冒して、自らを規定することをわざわざ課題として明示しているような学問があり得るのかと。少なくとも、一般に「科学」として考え得る学問のあり方からは、かけ離れていると言わざるを得ない。

　なぜソシュールは、敢えてこのようなことを言ったのか。それは、言語学の研究対象である「言語」を画定することの困難さと結びついているように思われる。たとえば、物理学や化学、あるいは生物学などの、自然科学の多くの領域と較べるとそのことは分かりやすい。自然諸科学では、研究対象は、外界の、現象的な世界の中に具体的な事物の形で存在しており、そのことが、わざわざ論ずるまでもない自明の前提と

なって、科学としての存立も保証されることになる。しかし、「言語」に関しては、そういうわけにはゆかない。「言語は存在する」と言ってしまうにしても、その意味はかなり違ってくる。「言語」というものは、物在として自律しているのではなく、対象として画定することがたいへん困難なものである。まさにそれゆえに、ソシュール以降もあらゆる言語学者が、自らの理論を構築するとき、その基盤として、言語活動のモデル化に腐心してきたのである。

言語とは何か、言語学の対象は何か、という問いは、いかなる言語活動のモデル化を採用するか、そしていかなる探究方法を採用するかによって、答えが変わってくるものである。言語学では、視点が対象を作るのである。本書は特定の理論に与するものではない（幾つかの理論の紹介はするが、特定の一つへの入門を図るものではない）ので、単一の答えをここで示すのではなく、むしろ以下で言語の問題や接近方法の多様性を示すことで答えてゆくことにしたい。

1.3. 言語のさまざまな側面
1.3.1. ラング、パロール、ランガージュ

今暫くソシュールに依拠しながら、言語にさまざまな側面があることを見ておきたい。これまで「言語」という語を特に断りなく用いてきたが、1.1 節におけるごとく個別言語に言及するときの「諸言語 langues（複数形であることに注意）」と、1.2 節におけるごとく普遍的な意味での「言語 langage」では違っていることは明らかであろう。ソシュールは、あらゆる人間が言語活動を行なうという、最も普遍的・統括的な意味での言語を問題にするための概念として、ランガージュ (langage) を提唱している。そしてそのランガージュがどのような形で現われるかによって、ラング (langue) とパロール (parole) を対置している。ラングとは、ある言語共同体に属する人々に共通して認められる慣習として一般化される言語体系である。パロールは一度ごとの、特定の話者によって使用された限りでの言語であり、状況に応じてその実現の仕方は不安定である。

ソシュールは、ラングを安定した研究対象として認めるに至っている。ラングには、以下に述べるように、共通性、そして自立性という特徴があると仮定される。

もし言語が各主体に固有であるならば、言語記号の実現は主体によって異なるものであり、それをある言語を習得した主体全員が理解することはあり得なくなってしまう。我々が言語コミュニケーションを行なっている以上、そこには何らかの共通知 (savoir partagé) が存在すると考えることができよう。それがラングなのであり、ソ

シュールがラングについて「共有の宝 (trésor commun)」と比喩的に言ったことがこの考えをよく表わしている。

自立性の問題に移ろう。自立性 (indépendance) は、体系という問題と密接な関わりをもっている。もし、言語がたとえば主体の様々な行為に内属するものであったら、言語を研究するために主体の意識の問題、主体の同一性の問題、主体と主体との関係という問題などの複雑で多様な問題探究を行なうことなしには言語のシステムを語ることができなくなってしまう。そういった探究を、たとえば、哲学的な問いとして排除し、言語記号が主体とは独立して体系を構築していると設定することによって、言語研究は主体に関する煩わしい問題から解放される。いわば、自立した体系のみを考察対象にできるのである。この仮定については 1.5 節でも再論する。

しかし、このようにして見てくると、ラングの存在はあくまでも理論的な仮構であるということが分かる。ラングは直接観察することはできず、その実現形態としてのパロールの観察を糾合することによってしか接近できない。また、観察者（言語学者）にとってパロールが先立っているだけでなく、歴史的にも、パロールの多様性こそが原動力になって、ラングの史的変遷や、新たな規則化を規定しているのであり、それら二重の意味で「パロールがラングに先立つ」ことを指摘しておかなければならない。

1.3.2. 通時態と共時態

1.2 節で見たソシュールの引用は、言語学が言語の史的な変遷の研究に驚くほど重点を置いているように見えるかもしれない。これはソシュールが講義を行なった当時の研究状況、すなわち歴史言語学の課題が多く残っていて、その方面での研究が重点的に行なわれていた状況を反映しているものであり、もちろん史的研究のみが言語学であるというわけではない。ソシュール自身も、言語に二つの側面があることを認めている。一方では、あらゆる言語は史的に変遷するものであり、時間という軸にそって変遷してゆくもの、変遷しつつあるものとして捉えられる。この捉え方を**通時態** (diachronie) と言う。他方では、話者の意識としては、言語が静的にある状態に留まっているからこそ、規則的に用いることができるという感覚もある。そのように、時間軸を固定した見方を**共時態** (synchronie) と言う。たとえば現代フランス語の語法を研究するという場合、フランス語が刻々と史的変遷を遂げている以上、「現代フランス語」が諸事例を通して均質である保証はもともとないのであるが、一定の時間静止しているものと仮定して、すなわち共時態を仮定して研究するのである。

しかし、通時態の研究の中でも、言語が変化する動因を考えようとする場合、一定

の時代の中にも、新旧の二つの体系が共存し、せめぎ合い、争うように使われている状態があるなど、共時態の中にも動的な状況があることを積極的に説明にとり入れようとする考え方もある (動的共時態 synchronie dynamique)。

1.3.3. 記号、シニフィアン、シニフィエ

　ラングが体系であるとしたソシュールにとって、その要素となるものが**記号** (signe) である。そしてその記号は、既に述べたラングの自立性に鑑み、あくまでもラングの体系内で機能するものであるとされる。ソシュールいわく、「言語記号が結ぶものは、もの (chose) と名前 (nom) ではなくて、**概念** (concept) と**聴覚映像** (image acoustique) である」(小林英夫訳 1972, p.96、強調引用者)。概念とは、「樹」なら「樹」という心的な表象であり、話者や対話者の脳裡に思いいだかれた限りでの対象である。一方、聴覚映像とは、たとえばラテン語の arbor という単語のような言語表現であり、多くの場合誤ってこの表現のみが「記号」とよばれる。実際には記号は、概念と聴覚映像とを表裏一体に結合させた全体なのである。その誤解を避けるためにも、ソシュールは、「概念」と「聴覚映像」をより対称的に、それぞれシニフィエ (signifié、「所記」とも訳する) とシニフィアン (signifiant、「能記」とも訳する) と呼び直している。

　ソシュールは記号に二つの重要な性質を認めている。第一は**恣意性** (arbitraire) である。記号の恣意性とは、シニフィアンとシニフィエとを結びつける関係が、動機づけられていない (immotivé) ということである。たとえば、「牡牛」というシニフィエは、bœuf という (フランス語の) シニフィアンと結びつくが、その結びつきには、何ら本質的・内在的な関係はない。その証拠に、同じシニフィエが、ドイツ語では Ochs という、全く違ったシニフィアンと結びつけられている。

　また、客観的には同じ事象であるはずの色彩をシニフィエとする記号を例にとってみよう。グリーゾン (Gleason 1969, p.9) によると、次の図に見るように、フランス語で indigo (藍)、 bleu (青)、vert (緑)、jaune (黄)、orange (橙)、rouge (赤) の6色に分ける虹の色を、ザンビアで話されているショナ語 (chona) では3色 (図中では4つのゾーンに分かれているが、両端の cips^{w}uka は赤〜紫〜藍と連続している)、リベリアで話されているバッサ語 (bassa) では2色にしか分けないのである [1]。

---

[1] ただし、ここで注意しなければならないのは、虹を4色や2色にしか分割しない言語においても、必要な場合には、より細かな色を表現することも可能であるということである。グリーゾンの表は色彩の基礎語彙として存在する名詞のみを対象としているため、少数の分節しかない言語も出てくるが、現実には、たとえば「紫」という色の名詞が基礎語彙として存

図：色彩語彙の対応関係

フランス語	indigo	bleu	vert	jaune	orange	rouge
ショナ語	cips^{w}uka	citema	cicena		cips^{w}uka	
バッサ語	hui			ziza		

　ショナ語では citema は黒を指すこともでき、cicena は白を指すこともできることを考えると、対応関係はさらに複雑になる。また、バッサ語では寒色はすべて hui、暖色はすべて ziza である。ちなみに日本語では、虹は 6 色とは見なさず、フランス語の 6 色に紫を加えた 7 色と見なすのが普通で、もう一つの異なった分け方をしている（鈴木 1990 を参照のこと）。このように、言語によって事象の分節の仕方が違うこともまた、その事象をシニフィエとして取り込んでいる記号が恣意的なものにならざるを得ないことを示している。

　記号のもつ第二の重要な性質は、**線状性** (linéarité) である。線状性とは、シニフィアンが、時間に沿う一次元の連続性の上にしか展開することができないことをいう。たとえば、事象としては同時並列的な関係、あるいは選択的な関係にある事柄でも、言語化に際しては、前後関係に置き、順次表現するという方法をとらざるを得ないのである。

1.3.4. 連辞と範列

　前節で言及した線状性に直接関係することであるが、言語記号のあいだには、二とおりの異なる関係、すなわち**連辞的関係** (rapport syntagmatique) と**範列的関係** (rapport paradigmatique；ただし、ソシュールが当初用いた用語は「連合的関係 (rapport associatif)」であった) が存在する。

　まず、二つ以上の記号が、線状性に沿って前後に配置される関係にある場合、それらの記号がなす連続を**連辞** (syntagme) といい、それらの記号の間には連辞的関係があるという。たとえば、avoir mal à la tête（「頭が痛い」）という連辞の中に含まれている各記号は連辞的関係にあると言える。それに対して、avoir mal à la tête の la tête の位置に、他の記号、たとえば l'estomac（「胃」）が来ることもできる、というように、線状性に沿わず、次の図示のように、いわば連辞とは直交する軸に潜在的に展開し得る関係がある。

在しない言語においても、「すみれの花の色」のように一般名詞を借用して補うことができる。この方法を用いれば、どんな言語でも無数の色を区別することができるようになる。

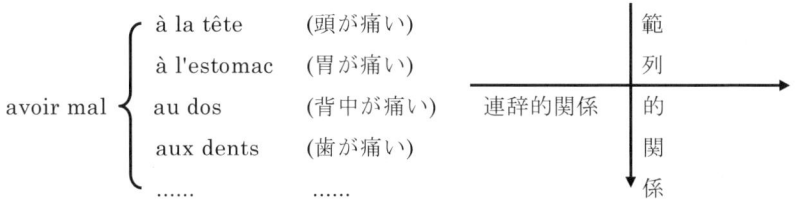

このように、連辞の中の同じ位置に出現し得る候補となる記号の一覧を**範列** (paradigme) と言い、同じ範列に入ることのできる記号同士の関係を範列的関係と言う。範列的関係はシニフィエの類縁性、シニフィアンの類縁性、語形成の類縁性、あるいは、単に音の類縁性など、さまざまな類縁性に基づいてなされる。たとえばソシュールが挙げている、enseignement と範列的関係に入る記号は、次の図のように、きわめて多様である。

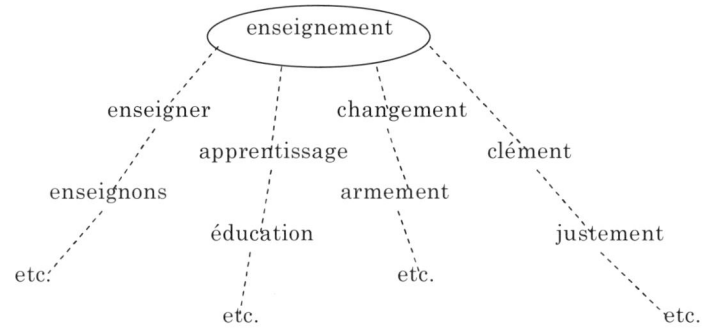

1.3.5. 二重分節

アンドレ・マルティネ (Martinet 1960) は、人間の言語の重要な特徴として、二重分節 (double articulation) を挙げている。以下にそれを見ておこう。

フランス語を学習しはじめたときを思いおこすと、たとえば « Voilà notre père » といった文でも、ひとかたまりに聞こえ、どのように区切ってよいのかさえ分からない、という経験をしたことがあるのではなかろうか。しかし、voilà / voici, notre / votre, père / mère のような範列的関係を意識するに連れて、Voilà + notre + père のように単位へと分割することができるようになってくる。このようにして分割される、意味をなす最小の単位を、マルティネの用語では**記号素** (monème) という。形態素 (morphème) という用語もあるが、マルティネのいう記号素は、純粋に形態面

の概念である形態素に、意味的概念である**語彙素** (lexème) を重ね合わせた概念である。記号素の分節は単語の区切りと一致するとは限らない。たとえば « Réembarquons (再乗船しよう) » は、ré- (再び) + em- (中に) + barqu- (船) + -ons (一人称複数) のように、おのおのの接辞や語根が意味をなしており、かつそれぞれを他の記号とも範列をなす (たとえば ré- から réévaluer (再評価する) など、em- から emprisonner (投獄する) など、barqu- から barcarolle (舟歌) など、-ons から chantons (歌おう) などが範列をなす) ことから、4 つの記号素からなる、と言うことができる。連辞が記号素へと分割できることを、**第一次分節** (première articulation) という。

さらに、記号素もまた、より小さな単位へと分割することができる。たとえば père は、/ p + ɛ + ʁ / のように分割することができる。その分割もまた、範列的関係を確認することによって検証することができる。たとえば、père を mère /mɛʁ/ (など) と較べると、/p/ が /m/ (など) と範列をなす一単位であることが分かる。père を pire /piʁ/ (など) と較べると、/ɛ/ が /i/ (など) と範列をなす一単位であることが分かる。père を pelle /pɛl/ (など) と較べると、/ʁ/ が /l/ (など) と範列をなす一単位であることが分かる。以上で見た /pɛʁ/ 対 /mɛʁ/、/pɛʁ/ 対 /piʁ/、/pɛʁ/ 対 /pɛl/ のように、シニフィアンの一つの要素だけが異なっているために意味が違ってくる対を**最小対** (paire minimale) という。こうして抽出された /p/、/ɛ/、/ʁ/ といった要素は、音韻形態をもつが意味内容をもたない最小単位であり、**音素** (phonème) とよばれる。音素への分割を**第二次分節** (deuxième articulation) という。

これら 2 段階の分節をまとめて、**二重分節**という。人間の言語は、二重分節をもつことで、限られた数の音韻形態を組み合わせることにより、数限りない表現を生み出すことを可能にしているのであり、これが言語の経済性 (économie) を支える重要な特徴である。

ところで、上記の音素はまた、範列的関係を参照することによって認定できる単位の最たるものである。このような単位を一般に**弁別的単位** (unité distinctive) という。弁別的単位の間には、弁別を保証する特徴の差異が常に認められる。たとえば、/p/ と /b/、/t/ と /d/、/k/ と /g/ などの対をそれぞれ弁別するには、<無声> と <有声> という特徴を用いることができる。これらの特徴を**弁別特徴** (trait distinctif) または**関与特徴** (trait pertinent) という。

1.3.6. ラングの言語学からランガージュの言語学へ

　これまで見てきたのは、ソシュール以来の構造主義的な言語の概念化であったが、フランスの言語学界では、1970年代から、言語を静的な構造・体系としてではなく、動的な営為として捉えようとする**発話理論** (théorie énonciative) による研究が盛んになってきた。

　以下、発話理論の一例として、キュリオリ (Culioli 1990, 1999 a, 1999 b) の理論を概観しよう。キュリオリは言語学の課題について、「諸自然言語を通じて把握される言語活動 (le langage appréhendé à travers les langues naturelles)」(Culioli 1999 a, p.18) であるとしている。すなわちここでは、ソシュール的なラングの単一性は破棄され、**諸自然言語** (langues naturelles；複数形であることに注意) へと解消されているのである。そして、より終局的な目標としては、活動としてのランガージュを据え、その探究の手がかりとして諸言語の研究があるとしているのである。

　ランガージュは動的な操作からなっており、直接的な観察対象となる諸言語の形態的な現われは、その操作を表象する**マーカー** (marqueur) であると考えられる。当然ながら、マーカーと、それが表象する操作とは、異なったレヴェルに属している。それに関しては、キュリオリ (Culioli 1990, pp.21-23) が、表象の3つの異なったレヴェルを想定する、詳細な議論を展開している。分かりやすくするため、ここでは、オルー (Auroux 1992) によるまとめの表を引用しながら粗述することにしよう。

表象の3つのレヴェル　(Auroux 1992, p.42)

レヴェル 1 (niveau 1)	レヴェル 2 (niveau 2)	レヴェル 3 (niveau 3)
操作 (opération)	マーカー (marqueurs)	メタ言語的表象 (représentaions métalinguistiques)
	表象 1 (représentants 1)	表象 2 (représentants 2)

　この表に示されている3つのレヴェルのうち、レヴェル1は言語活動を構成する、発話者による心的操作のレヴェルであり、直接には観察できない次元である。そのレヴェルを表象しているレヴェルがレヴェル2であり、言語的テクストに現われた表現の属するレヴェルである。従って、マーカーは、レヴェル2に属するものであるが、レヴェル1、2の表象関係からして、言語的テクスト上に遺された操作の痕跡であり、レヴェル1に関して知るための手がかりを与えるものである。

　しかし、言語研究者は、直接にレヴェル1を再構成できるわけではなく、レヴェル2をさらに表象するレヴェル3、すなわち、**メタ言語** (métalangue) を構築して、

レヴェル 2 を記述することができるのみである。それでは、レヴェル 3 は、マーカーの標示する操作であるレヴェル 1 とは関係はないのであろうか。それは、直接にレヴェル 1 の操作を記述できるわけではないにしても、レヴェル 1 と 2 の関係、すなわち、マーカーとその標示する操作との関係を、擬態的に描き出す（シミュレイトする）ことはできるということである。そのようなわけで、言語研究者が研究において再構築する操作は、厳密に言えばレヴェル 3 に属するものであって、レヴェル 1 と同じものではないが、その差異を意識しながらも、上記の擬態性にも鑑み、一般に「マーカーの操作を解明する」「機能を記述する」などの概略的な言い方をしているのである。

しかし、こうした「操作」「機能」の抽象は、言語研究者の視点に特有なものであるかといえば、必ずしもそうではない。母語話者は、マーカーの多様な使用場面をきわめて多数回繰り返し経験してゆく中で、ほとんど無意識的にとはいえ、そのマーカーを用いる場面に共通の図式を形成するに至っているのではなかろうか。この図式形成は、以下に引用するメルロ＝ポンティー (Merleau-Ponty 1945) が、フロイトの「イマーゴ (imago)」という概念を用いて言及している、言葉が主体の中に残り続ける様態に近いものであろう。

>「まるで私が背負っている物や、私の家を取り巻く町の地平線のように、言葉は私の背後にある。私は言葉で勘定をし、言葉を頼りにするが、如何なる『言語的イマージュ』ももっていない。言葉が私の中にありつづけるのは、むしろフロイトのいう『イマーゴ』のような形であり、それは古い知覚の表象であるというよりも、むしろ経験的源泉から切り離された、きわめて明確できわめて一般的な情感的本質なのである」(ibidem, p.210)

つまり、言語学が抽象する操作図式はアプリオリに与えられているのではなく、あくまでも使用経験に根ざしているのであり、多数の事例の検証と糾合 (それはまた、話者の経験を追体験することでもある) を経て、いわば事後的に編成されうるものである。

1.4. 言語活動のモデル化

言語活動、とりわけ対話者間でのコミュニケーションをどのように捉えるかというモデル化 (modélisation) の問題は、言語学的研究を根柢から決定するほどの大きな

意義をもっている。以下では、いくつかのモデル化を検討してみることにしよう。

ドイツの言語哲学者カール・ビューラー (Bühler 1934) は、プラトンの言語論から着想を得て、**言語のオルガノン・モデル** (*das Organonmodell der Sprache* [独]；modèle instrumental du langage) を提唱した。これは後のさまざまな言語論に決定的な影響を与えた考え方であり、あまりにもその影響が広汎であったために、もはやビューラーの名を冠せずに一般理論として紹介されることもあるほどである。

オルガノンとは「道具」を意味するギリシア語である。言語は、送信者 (*Sender* [独]; émetteur) と受信者 (*Empfänger* [独]; récepteur) が、対象 (*Gegenstände* [独]; choses) や事態 (*Sachverhalte* [独]; états de choses) に関してコミュニケーションを行なうための道具であるという考え方に基づき、ビューラーは、コミュニケーションにおける諸機能を、道具たる記号 (*Zeichen* [独]; signe) と、送信者、受信者、そして対象および事態との関係によって記述しようとする。ビューラーによる次の図を見よう。

ビューラーによる言語のオルガノン・モデル (Bühler 1934, p.28)

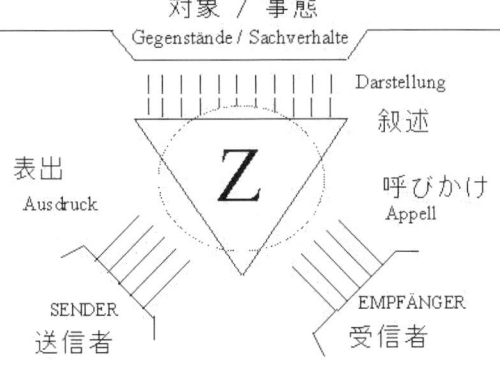

ビューラー自身の説明によると、図の中で、中央の破線の丸は具体的な（言語的）音響現象を表わし、周囲におかれた送信者、受信者、対象および事態という3者は、それぞれの仕方でその音響現象を記号へと転化させる契機の役割を果たす。逆三角形はそれらの契機の影響を受ける様を表わしているが、その逆三角形は破線の丸に較べて一部では狭く（記号の方が抽象的であることによる）、一部では広い（剰語性など、記号のほうが補足されていることによる）。全体として、記号は具体的な音響現象と完全には重なり合わないことが示されている。

そして、送信者、受信者、対象および事態という3者のうち、どの契機に最も重点がかけられるかによって、表出 (*Ausdruck* [独]; expression)、呼びかけ (*Appell* [独]; appellation)、叙述 (*Darstellung* [独]; représentation) という、言語の3つの機能が区別されるとする。送信者に重点がかかっているときには表出、受信者に重点がかかっているときには呼びかけ、そして対象および事態に重点がかかっているときには叙述の機能が果たされることになる。

しかし、言語の機能は当然ながら、見方によって多様な捉え方ができるものである。ヤコブソン (Jakobson 1963) は、ビューラーの3機能の図式を意識しながらも、それを拡張し、より広汎な機能を認めようとした。そしてその基盤として、シャノンとウィーヴァー (Shannon et Weaver 1949) の通信理論に着想を得て、伝達に必要になるさまざまな要素や、それを取り巻く環境的要因をも考慮した、次のようなコミュニケーション図式を提案するに至る。

ヤコブソンのコミュニケーション図式 (Jakobson 1963, p.214)

```
            コンテクスト
            メッセージ
  発信者 ............................................. 受信者
            接触
            コード
```

発信者 (destinateur ; *addresser* [英]) は受信者 (destinataire ; *addressee* [英]) に向けてメッセージ (message [仏英同形]) を発する。そのメッセージの内容は、慣習的に定められたコード (code [仏英同形]) からなっている。そしてそのメッセージがうまく伝わるためには、通信回路が通じていること、すなわち**接触** (contact [仏英同形]) が必要である。また、メッセージの産出や理解のためには、言語外のコンテクスト (contexte ; *context* [英]) を参照しなければならない。こうして、上の図にある6つの要素が図式化されるのである。そして、これら6つの要素が、それぞれに対応する6つの機能を規定するのである。

ヤコブソンの機能図式 (Jakobson 1963, p.220)

関説的機能
詩的機能
心情的機能..................動能的機能
交話的機能
メタ言語的機能

　この機能図式は、それぞれの位置が先に見たコミュニケーション図式と対応している。発信者の感情や判断に焦点を当てる機能が**心情的機能** (fonction émotive ; *emotive function* [英])、受信者への働きかけに焦点を当てる機能が**動能的機能** (fonction conative ; *conative function* [英])、そして言語外コンテクストを指し示す機能が**関説的機能** (fonction référentielle ; *referential function* [英]) である。これら3つの機能は、順に、ビューラーの表出、呼びかけ、叙述の3つの機能に対応している。他に、接触を確認する機能 (例：電話における「もしもし」、« Allô » など) が**交話的機能** (fonction phatique ; *phatic function* [英]) であり、メッセージの形そのものに焦点を当てる機能が**詩的機能** (fonction poétique ; *poetic function* [英]) である (例：カエサルの勝利報告 « Veni, vidi, vici (来た、見た、勝った)» における語頭子音と語末母音の均整)。最後に、言語に関して語るときにも言語を使わざるを得ないことから来る機能が**メタ言語的機能** (fonction métalinguistique ; *metalinguistic function* [英]) である。

　ヤコブソン流の図式は、通信理論から着想を得ただけあって、人間の言語的コミュニケーションを捉えるには機械的に過ぎるという批判がある。実際、ヤコブソンの図式では、発話者はコード化 (encodage) によってメッセージを作成、発信し、受信者はそれをコード解読 (décodage) するというように、通信機器が信号をやりとりするようなコミュニケーションが想定されている。しかし通信機器が用いるコードのような一意性・透明性が本当に言語にあるとするなら、なぜメッセージは誤解を生んだり、複数の解釈を生んだりするのであろうか。

　この点について、ルブールとムシュレール (Reboul et Moeschler 1998 b, p.19) の挙げる例を見よう。コーヒーを飲まないかと誘われた人が、« Le café m'empêche de dormir (コーヒーを飲むと私は眠れなくなる)» と答えたとしよう。これは肯定的な答えであろうか、否定的な答えであろうか。それは、文に現われたどの要素をコード解読しても分からないのである。« Le café m'empêche de dormir » という返答が何を意味するかを知るためには、その返答をした話者がよく眠らなければならない状況

にあるのか、それともその日は夜更かしをしなければならない状況にあるのかが分かっていなければならない。かりに夜更かしをしなければならない状況にあるなら、「話者は夜更かしをしなければならない。ところでこの話者はコーヒーを飲むと眠れなくなるそうだ。したがって、話者は夜更かしをするためにコーヒーを飲まなければならない。したがって、この返答はコーヒーの誘いへの肯定的な返答である」というような**推論** (inférence) を経て初めて理解できる。このように、**推論モデル** (modèle inférentiel) ともいうべき言語活動のモデル化が、ヤコブソンのようなコードモデル (modèle codique) に対置されるコミュニケーション観として存在する。

1.5. 探究方法の問題

言語学には、言うまでもなくきわめて多様な探究方法があるが、最も重要な相違は、ある言語現象の説明を、言語体系の内部に求めるのか、外部に求めるのかということである。この問題を考えるためには、より一般的に、ルブールとムシュレール (Reboul et Moeschler 1998 a, pp.31 sqq.) の言う、**閉じた科学的方略** (stratégie scientifique fermée) と、**開いた科学的方略** (stratégie scientifique ouverte) との区別が参考になるものと思われる。閉じた科学的方略とは、諸現象をその要素 (とりわけ、それ以上分解できない最小の単位) に基づいて説明しようとする接近法であり、**還元主義** (réductionnisme) とも呼ばれる。いわゆる構造主義の潮流は、記号素や音素をそれらの弁別特徴で説明しようとする (第4章、第7章を参照) など、明白に閉じた科学的方略を採用している。それは、特にソシュールにおいては、当時揺籃期にあった言語学を、他の学問領域からいわば切り離して自存させるために必要な方法であったとも考えられる。一方、開いた科学的方略は、考察の対象となる現象を、その領域の外部にある要素との相互作用によって説明しようとする接近法である。これはまた、**文脈主義** (contextualisme) とも呼ばれる (ここにいう文脈とは、言語外的状況のことをいう)。たとえば、言語の使用という側面に焦点を当てた語用論的な研究は、発話状況など、本質的に言語外の要因を考慮に入れることになるため、開いた科学的方略を採用しているといえる。また、社会言語学、心理言語学などの応用言語学は、意識的に他分野との連結を志向する学際的研究であり、開いた科学的方略に基づく研究である。これらの方略の相違のさらに詳細な事情については、第10章、特に10.2.1節を参照されたい。

これら二つの科学的方略は、先験的にどちらが良いとも言えない性質のものであり、言語学の中でもどのような領域の研究をするかによって適切性も変わってくるもの

である。しかし、ソシュール以来の言語学の歴史の中で、研究のおおまかな傾向の推移を見ると、まずは構造主義の潮流において閉じた科学的方略による研究が進展し、20 世紀後半から、発話理論や語用論、そして認知科学的な研究など、開いた科学的方略による研究が発展してきた。これはまた、諸科学の発展の方向性とも一致した傾向である。すなわち、初めは純粋な条件を仮定して閉じた科学的方略による研究がなされ、後には、当初夾雑物として打ち捨てられていた外在的要因に積極的な意味を見い出し、それを取り込もうとする開いた科学的方略による研究 (たとえば、数学におけるファジー集合論、経済学における不確実性の研究、物理学におけるゆらぎの研究など) がなされる傾向がある。

1.6. フランス語学の諸分野

以下では、フランス語学の研究分野としてどのようなものがあるかを見ておこう。提示の順序は概ね、前節 1.5 で示した、閉じた科学的方略に即した研究がなされる分野から、開いた科学的方略に即した研究がなされる分野へという順序に沿っている。ただし、それらの区分は絶対的なものではなく、全体の見取り図を提示するための便宜的なものである。

1.6.1. 音声学・音韻論

音声学 (phonétique) とは、言語の音声を自然科学的に研究する分野である。下位区分として、話者が調音器官をどのように用いて発音しているかを研究する**調音音声学** (phonétique articulatoire)、話者から聴者に届くまでの音声がもっている物理的特徴を研究する**音響音声学** (phonétique acoustique)、聴者において聴覚器官をどのように作用させることで言語音として聴取しているかを研究する**聴覚音声学** (phonétique auditoire) に分かれる。また、**音韻論** (phonologie) とは、1.3.5 節で述べた二重分節のうちの第二次分節において音素を抽出し、各音素の特徴と体系を解明したり、韻律など、より広い単位の体系をも考察する分野である。音声学・音韻論は本書では第 4 章で扱う。

1.6.2. 形態論

形態論 (morphologie) とは、1.3.5 節で述べた二重分節のうちの第一次分節において記号素 (monème) または形態素 (morphème) を抽出し、それらの特性と分布を研究する分野である。本書では第 5 章で扱う。

1.6.3. 統辞論

統辞論 (syntaxe) とは、文中での単語のさまざまな配列の仕方がどのような規則に基づいてなされるかを探究し、それらの配列がどのような機能を果たすのかを研究する分野である。文法 (grammaire) の中核となる領域である。本書では第 6 章で扱う。

1.6.4. 意味論

意味論 (sémantique) とは、言語表現とその意味との間の関連を明らかにする研究領域である。意味論の対象は語彙、構文、文、発話などさまざまなレヴェルであり得る。意味は客観的に捉えることが困難であり、「意味の意味」を規定することもまた重要な任務である。本書では第 7 章で扱う。

1.6.5. 語彙論

語彙論 (lexicologie) とは、語彙 (lexique) を形成する単位 (基本的には単語 mot) を分析・記述するとともに、それらの単位の間にある関係を明らかにする研究領域である。本書では第 7 章で扱う。

1.6.6. 語用論

語用論 (pragmatique) とは、言語表現とその現実の使用 (emploi) との関係を研究する分野である。使用とは、ある特定の状況の中で、ある特定の発話者が言語表現を用いる、一回ごとの出来事 (événement) である。それはまた、発話者による行為 (acte) であることに大きな意味合いがある。本書では第 8 章で扱う。

1.6.7. 記号学

記号学 (sémiologie) とは、記号と呼ばれるものの特徴や働きについて考察する分野である。記号全般に対する探究を目的とするため、言語以外の記号に対する分析も行い、言語学から独立した学問として見なす立場がある一方で、記号学的分析においても言語が中心的な役割を担うゆえに、言語学の一分野として扱う立場とがある。本書では後者の立場を取り、記号学研究の全体像を第 9 章で提示する。

1.6.8. 文体論

文体論 (stylistique) とは、テクスト (texte, 文章) の類型や独自性 (それらを文体

(style) という) を探究する分野である。古代以来の修辞学 (rhétorique) の伝統に根ざしているが、作家の文体研究など、文学研究の一分野として位置づけられることが多かった。しかし文体は、文学テクストのみで観察されるわけではなく、あらゆるテクストを性格づけるものであり、言語全般に広汎に見られる現象である。そのような視点に立つ言語学的文体論が、20世紀後半に発達した。本書では第10章で扱う。

1.6.9. 歴史言語学

歴史言語学 (linguistique historique) は、1.2.3節でみた通時態に焦点をあて、言語の史的変遷を研究する分野である。特にフランス語は、ケルト基層やゲルマンの影響を受けた上に、強い規範主義による人為的改変が加えられるなどして、ラテン語に淵源するロマンス諸語の中では突出して特異な変遷を遂げており、歴史言語学にとって格好の題材を提供する。本書では第3章で扱う。

1.6.10. 社会言語学

社会言語学 (sociolinguistique) は、言語の社会的な変異 (variation) を主たる対象とする研究分野である。言語の社会的な変異とは、地域、階級、職業、民族、性別、世代などの社会的帰属によって言語の形態や使用態様が異なっていることを指す。フランスには、方言学 (dialectologie)、言語地理学 (géographie linguistique) の長い伝統があるが、現代では社会言語学の研究対象は遙かに広がり、社会階層との相関や、二言語 (多言語) 併用、そしてピジンやクレオールなど多岐に及ぶ。本書では第2章、第11章で扱う。

1.6.11. 心理言語学

心理言語学 (psycholinguistique) は、言語活動を心理学的な視点から捉えようとする研究分野である。幼児の言語習得、一般的な発話行為を支える認知の過程、そしてその過程の不全から来る言語の喪失などが主な研究テーマである。本書では第11章で扱う。

なお、前節 1.6.9 でふれた社会言語学、本節の心理言語学の他、神経言語学 (neurolinguistique)、民族言語学 (ethnolinguistique) など、言語学とそれ以外の学問との連結を志向する研究分野を、応用言語学 (linguistique appliquée) と総称する。

1.6.12. 対話分析

対話分析 (analyse du dialogue) は、言語活動を話者 (locuteur) と対話者 (interlocuteur) との間の相互作用 (interaction) として捉え、その中に見られる傾向や規則性を探究する分野である。その探究が関与し得るのは実際の会話だけでなく、異なる多様な形式をもつ言語活動、すなわち、対話 (dialogue) であり、こういった視点からなされる一連の研究が存在する。また、こうした対話研究は、多くの場合、書かれたテクスト内のさまざまな声の反響として語られるポリフォニー (polyphonie) と言われる問題と深く係わるものである。以上のような問題を本書では第 12 章で扱う。

第 2 章　フランス語圏

2.1. フランス語の系譜的位置

　世界には約 3000 の言語があると言われている[2]。それらを系譜的に分類すると、主に以下の**語族** (familles de langues) と呼ばれるグループに分類することができる。ただし (12) の「その他」はまとまったグループではない。

(1) インド・ヨーロッパ語族 (langues indo-européennes)
(2) ドラヴィダ語族 (langues dravidiennes)
(3) アフロ・アジア語族 (langues afro-asiatiques；旧名称「ハム・セム語族 langues chamito-sémitiques」)
(4) ナイル・サハラ語族 (langues nilo-sahariennes)
(5) ニジェール・コンゴ語族 (langues nigéro-congolaises)
(6) ウラル語族 (langues ouraliennes)
(7) アルタイ諸語 (langues altaïques)
(8) シナ・チベット語族 (langues sino-tibétaines)
(9) オーストロアジア語族 (langues austroasiatiques)
(10) マレー・ポリネシア語族 (langues malayo-polynésiennes)
(11) アメリカ・インディアン語族 (langues amérindiennes)
(12) その他（日本語など系統不明の言語も含む）

　このうち、インド・ヨーロッパ語族は、インドからヨーロッパにかけての地域に広がる最大の語族であり、約 150 の言語が属している。共通の祖先、インド・ヨーロッパ祖語 (proto-langue indo-européenne) が紀元前 6000 年～4500 年ころに存在したものと推定されている。インド・ヨーロッパ語族はさらに次の 10 の**語派** (branches de langues) に分かれる。後に詳しく確認するロマンス語派以外は、主な言語を併せて掲げることとする。

---

[2] 世界の言語の数については、約 4000 とする説や、多いものは約 6000 とする説など、かなり違った見積もりもある。そのように差が出る原因は、ある言語が一つの独立した言語と数えられるのか、それとも隣接する他の言語の方言として包摂されるのかを定める基準を立てることができないからである。2.2 節で言及する言語から例を引くと、オック語とフランス語の関係、アルザスとドイツ語の関係、コルシカ語とイタリア語の関係は、それぞれの組み合わせの前者を独立した言語と見なすか、後者の方言と見なすか、二通りの見解があり得る。こうした問題は結局、政治的・社会的な立場の相違にも依存しているのである。

（1）トカラ語派 (langue tokharienne)
　　トカラ語
（2）アナトリア語派 (langues anatoliennes)
　　ヒッタイト語など
（3）インド・イラン語派 (langues indo-iraniennes)
　　ベンガル語、ヒンディー語、ネパール語、ウルドゥー語、シンハラ語、
　　ペルシア語、クルド語など
（4）アルメニア語派 (langue arménienne)
　　アルメニア語
（5）アルバニア語派 (langue albanaise)
　　アルバニア語
（6）ギリシア語派 (langue grecque)
　　ギリシア語
（7）イタリック語派 (langues italiques) 後述
（8）ケルト語派 (langues celtiques)
　　ゲール語、ウェールズ語、ガリア語、ブルトン語など
（9）ゲルマン語派 (langues germaniques)
　　スウェーデン語、ノルウェー語、デンマーク語、アイスランド語、ドイツ語、
　　オランダ語、フリジア語、英語など
（10）バルト・スラヴ語派 (langues balto-slaves；単一起源か否か異論あり)
　　リトアニア語、ロシア語、ウクライナ語、ビェロルシア語、ポーランド語、
　　チェコ語、ブルガリア語、マケドニア語、クロアティア語など

インド・ヨーロッパ語族の中で、フランス語は (7) のイタリック語派に属する。イタリック語派はラテン語 (latin) に起源を求めることができる。イタリック語派のうち、俗ラテン語 (latin vulgaire) から派生したそれ以降の言語群をロマンス諸語 (langues romanes) と呼ぶ。ロマンス語派は次のように、西ロマンス語・東ロマンス語に二大別される。

(1) 西ロマンス語 (langues romanes de l'Ouest)
(i) レト・ロマンス語系 (groupe rhéto-roman)：
　　ロマンシュ語 (スイスの公用語)、フリウリ語、ドロミテ語など
(ii) ガロ・ロマンス語系 (groupe gallo-roman)：
　　フランス語 (フランス、スイス、ベルギーの公用語)、プロヴァンス語、
　　オック語など
(iii) イベロ・ロマンス語系 (groupe ibéro-roman)：
　　スペイン語 (スペインの公用語)、ポルトガル語 (ポルトガルの公用語)、
　　カタロニア語、ガリシア語など

(2) 東ロマンス語 (langues romanes de l'Est)
(i) イタロ・ロマンス語系 (groupe italo-roman)：
イタリア語 (イタリア、スイスの公用語)、サルディニア語 (西ロマンス語的特徴もある)
(ii) バルカノ・ロマンス語系 (groupe balkano-roman)：
ルーマニア語 (ルーマニアの公用語)、モルドヴァ語 (モルドヴァの公用語)、メグレノ・ルーマニア語、マケド・ルーマニア語など

フランス語は (1) の西ロマンス語に属する。したがって、スペイン語やポルトガル語とは姉妹の関係にあり、イタリア語やルーマニア語とは従姉妹のような関係にある。

2.2. フランスとフランス語

燦然たるフランス文化の影響か、「フランスといえばフランス語」、「フランス語といえばフランス」という二つの誤った命題が、ともすると自明のことのように信じられている。以下では、まずそれらの誤りをただすことを第1の目標としたい。

この節では、フランスで話されている言語はフランス語だけではなく、地域的な多様性があることを見てゆこう。

地図：フランス各地で話されている言語

フラマン語
アルザス語
ブルトン語
フランス語（オイル語）
フランコ・プロヴァンサル
オック語（オクシタン）
バスク語
カタロニア語
コルシカ語

前のページの地図を一見して分かるように、フランスでは様々な**地域言語** (langues régionales) が話されている。まず、概ねロワール川以北の北フランス全般で話されているのが**オイル語** (langue d'oïl) で、標準的とされるフランス語はオイル語を基礎として成立している。それより南の地方の大部分で話されているのが**オック語** (langue d'oc) である。オイル語、オック語の名称は、かつてそれぞれの地方で、現代フランス語で言う « oui » をそれぞれ « oïl »、« oc » と言っていたことに由来する。オック語という名称は、モンペリエを中心とするラングドック (Languedoc) 地方の名称にもなっているが、ラングドック地方はオック語の話される範囲の一部にすぎない。ローヌ・サヴォワ地方からスイス西部にかけては、**フランコ・プロヴァンス語** (franco-provençal) が話されている。これはオック語に似ているが、独特の面も多い言語である。そしてコルシカ島ではイタリア語の方言である**コルシカ語** (corse) が、スペインとの国境に近い地中海岸ではスペインのカタロニア州と同様の**カタロニア語** (catalan) が話されている。これまでに見た諸言語は、フランス語と祖先を同じくするロマンス系の言語であるので、実際にはその境界は明確ではなく、連続的なグラデーションをなしている。

　次に、ゲルマン系の言語を見てみよう。ドイツやルクセンブルグの国境に近いアルザス地方・ロレーヌ地方では、**アルザス語** (alsacien) や**ロレーヌ語** (lorrain) といった、いずれもドイツ語の変種が話されている。ロレーヌ語は、ゲルマン民族のフランク族の名前を取って、**フランク語** (francique) ともよばれる。また、ベルギー国境に近いフランドル地方の北部では、**フラマン語** (flamand) というオランダ語の変種が話されている。

　ブルターニュ半島では、ケルト系の**ブルトン語** (breton) が話されている。そして、スペイン国境近くの大西洋岸では、言語系統不明（一説にはアジア系）の**バスク語** (basque) が話されている。

　周囲の言語と違って、インド・ヨーロッパ語族に属していないバスク語や、ロマンス系言語に属していないブルトン語のような例は、言語地図の上で異質な孤島を形成している。このような言語をさして、ドイツの言語学者クロス (Kloss) は、**隔絶言語** (*Abstandsprache* [独], langue par distance [仏]) という呼称を案出した。それに対して、上記で「グラデーションをなしている」と指摘したロマンス系言語の連続体のように、互いに隣接する言語と同系列である場合、言語としての独立性を保つためには、たえず隣接する言語との差異を際立たせなければならない。その差異化は往々にして人工的になされるので、そうした言語を**造成言語** (*Ausbausprache* [独], langue par élaboration [仏]) と呼ぶ。実際、たとえばカタロニア語はスペイン語からの独立性 (スペインからのカタロニア州の独立や自治と並行的に希求される) を保つために、あるいはプロヴァンス語はフランス語から独立して再興を目指すために、意識的に正書法や文法を整備したのである。

　これまで見たうち、フランコ・プロヴァンス語、カタロニア語、バスク語、アルザス語、ロレーヌ語は、国境を隔てて隣国へと連続している地域言語であるため、**越境言語** (langue transfrontalière) とも呼ばれる。越境言語の一方の言語圏では、国家レヴェルでの言語と系統が異なっているため、国家による言語の「造成」が行なわれないなど、政治的・文化的な後ろ楯を失ったような状況になることがあり得る。たとえばフランスにおけるアルザス語である。こうした例に、上述のクロスは、**屋根なし外部方言** (dachlose Aussenmundart [独] ; dialecte extérieur sans toit [仏]) という興味深い呼称を与えている。

　さて、このようなフランスにおける地域言語の多様性が、これまでよく知られていなかったのは、本章冒頭で述べた「燦然たるフランス文化の影響」に、我々が迂闊にも目を奪われていたからであろうか。そうばかりとは言えない。当のフランス政府の言語政策が、フランスの言語を単一的にフランス語であるものとして行なわれてきたからでもある。それはまた、言語のみならずフランス独特の国家・国民の概念にも根ざしており、実にフランス革命期からの伝統になってしまっていたのである。フランス革命によって成立し、こんにちまで続いているフランス共和国は、本来はあくまでも「革命派の思想的な連盟」であった。共和国への国民の帰属は、人種や民族を基準としてではなく、フランス革命への賛同によって理念的になされた。そして、革命思想の一環として、フランス共和国は「単一不可分 (une et indivisible)」であり、その統一性と平等性のためには、だれもが等しくフランス語を話さなければならないと考えられた。フランス語以外の地域言語は、正式の「言語」とは見なされず、**隠語** (jargon) や**俚言** (patois) といった蔑称で呼ばれ、排除の対象となった。そして、それらを話すことは反革命派の徴表であるとさえ見なされたのである。

　「単一不可分の共和国」という言葉は、現行のフランス共和国憲法の第1条「フランスは単一不可分の、非宗教的、民主的、社会的共和国である (La France est une République indivisible, laïque, démocratique et sociale)」に生き残っており、こうした強い均質性の前提は、様々な局面でこんにちまで承け継がれてきている。その端的な現われとしては、1990年頃から繰り返された、フランスの公立学校においてイスラム教徒の女子生徒がスカーフを着用することと、それを禁止する学校との間での

問題を挙げることができる。この禁止は 2004 年に「公立学校において宗教への帰属を明示する徽表を帯びることを規制する法律」として立法化された。教育の非宗教性 (laïcité) の大原則に反するというのが、スカーフを禁止する当局の論理であったが、その背後には、移民の子孫である彼女ら（フランス国籍か否かを問わず）が、フランスの中で異質のアイデンティティーを主張することに対する抵抗があったことは否定できない。

　こうした徹底した平等主義は、かえって少数者に対する差別や抑圧を隠蔽してしまうおそれがある。なぜなら、たとえ現実として少数者が差別されていても、本来国民を完全に均質と見なしていれば、少数者が存在すること自体を認めるに至らないからである。フランスではこのような平等主義のマイナスの側面が災いして、長年、地域言語や地域主義にはほとんど公的な位置が与えられなかったのである。

　そうしたフランスの特殊事情がある上に、現代ではいたるところに存在するマスメディアの画一化作用や交通機関の発達などの影響が加わり、地域言語はいずれも話者人口が減少し、存在が脅かされている。たとえばコルシカ島では、20 世紀初頭には全ての島民がコルシカ語を話すことができたが、20 世紀末には、25 万の島民のうちコルシカ語の話者は 10 万人ほどになった。また、フランスのバスク地域はもっと深刻で、20 世紀初頭にはすべての住民がバスク語を話せたが、20 世紀末には、26 万の住民のうちバスク語の話者は 4 万人ほどになった。

　地域言語を擁護・再興しようという運動は、第一次世界大戦を機にヨーロッパで盛行となった民族自決主義の潮流の中で、各国で盛んになり、積極的にそれを援助する国家も少なくなかった。しかしフランスでは、上述の平等主義のマイナスの側面が災いして、他国にかなり遅れて、第二次大戦後になってからようやく公教育の課程に地域言語の教育が導入され］始めたに過ぎない。そして、言語の多様性に意義を認める**多言語主義** (multilinguisme) が全面的に価値づけられるのは、1990 年代からの、EU の統合という大きな過程が実際的に進んだ時期を俟たなければならない。EU の統合は、従来絶対的な空間画定の単位であった国家というレヴェルを相対化するという意味合いが強かった。EU は国家を超えるレヴェルであるが、こうした単位が出現したことは、国境を超えて EU の他国に目をむけると同時に、地域という国家以下のレヴェルの意義をも活性化させることになった（梶田 (1993) のいう「三空間併存モデル」）。特に国境近くでは、隣国に毎日通勤する人が増加するなど、国家を超えた地域コミュニティーができており、EU という国家を超えるレヴェルと、地域という国家以下のレヴェルが同時に活性化している状況が端的に表われている。現在、EU の

政策として、EU 域内では小学校からの教育において母語以外の言語を少なくとも 2 つは習得することが義務づけられており、そこで学習可能な言語は「外国語」として学ばれる EU 内外の言語の他、地域言語も加えられている。ここでもやはり、国家レヴェルの相対化が観察される。EU の政策のおかげで、上記でふれた「越境言語」は、もはや「屋根なし外部方言」であることをやめ、新たな交流を促進する要因にもなり得る状況が到来したといえよう。

2.3. フランス語の地理的分布と話者人口

ここからは、世界に広がっているフランス語を見てゆこう。フランス語を話す地域、すなわち**フランス語圏** (francophonie) は、フランスの他、ヨーロッパではベルギー、ルクセンブルグ、スイス、モナコなど、アフリカではチュニジア、アルジェリア、モロッコ、モーリタニア、セネガル、ブルキナファソ、ベナン、中央アフリカ、カメルーン、コンゴ共和国、コンゴ民主共和国 (旧ザイール)、マダガスカルなど、中東ではレバノンなど、アジアではヴェトナム、ラオス、カンボジアなど、オセアニアではニューカレドニア、ヴァヌアツなど、北アメリカではカナダ (ケベック州、ヌーヴォー・ブランスヴィック州など)、アメリカ合衆国ルイジアナ州など、そして中央アメリカではハイチ、ギアナなどであり、広く各大陸に散らばっている。

表：フランス語圏諸国 (下線の国や地域においてはフランス語が公用語。*印はフランスの海外県・海外領土)
ヨーロッパ：<u>フランス</u>、<u>ベルギー</u>、<u>スイス</u>、<u>モナコ</u>、<u>ルクセンブルグ</u>、アンドラ、ルーマニア、モルダヴィア、イタリアの<u>アオスタ渓谷自治州</u>
アフリカ：アルジェリア、<u>ベナン</u>、<u>ブルキナファソ</u>、<u>ブルンジ</u>、<u>カメルーン</u>、カボヴェルデ、<u>コモロ</u>、コンゴ共和国、<u>コンゴ民主共和国</u> (旧ザイール)、<u>コートディヴォワール</u>、<u>ジブチ</u>、<u>ガボン</u>、<u>ギニア</u>、ギニアビサウ、赤道ギニア、サントメ・プリンシペ、<u>セネガル</u>、<u>セイシェル</u>、<u>チャド</u>、<u>トーゴ</u>、チュニジア、<u>マダガスカル</u>、<u>マリ</u>、モロッコ、モーリシャス、モーリタニア、<u>ニジェール</u>、<u>中央アフリカ共和国</u>、<u>ルワンダ</u>、<u>マヨット</u>*、<u>レユニオン</u>*
アジア・オセアニア：カンボジア、ラオス、レバノン、<u>ヴァヌアツ</u>、ヴェトナム、<u>ニューカレドニア</u>*、<u>仏領ポリネシア</u>*、<u>ワリス・フトゥナ</u>*
北米・中南米：カナダ (<u>ケベック州</u>、<u>ヌーヴォー・ブランスヴィック州</u>など)、<u>サンピエール・ミクロン</u>*、アメリカ合衆国ルイジアナ州、<u>ドミニカ国</u>、<u>グアダルーペ</u>*、ハイチ、<u>サントリュシー</u>、<u>マルティニック</u>*、<u>ギアナ</u>*

フランス語話者 (francophone) は、さまざまな態様でフランス語を話しているが、生まれながらにフランス語を話す母語話者、フランス語を公用語として認めている国や地域に住む公用語話者、そして公用語としての地位は与えられていないが、広く通用する言語として話している通用語話者、というように大きく分けることができる。このうち母語話者の人口は約7000万人であるが、公用語・通用語話者と足し合わせると2億を超える。ギャデ (Gadet 2003) の集計によると、常時フランス語を使う真正フランス語話者 (francophone réel) が1億4169万人、場合によってフランス語を使う部分的フランス語話者 (francophone occasionnel) は6274万人である。これらを合計すると2億443万人となる。

　世界の言語を母語話者数の多い順に15位まで見ると、次の表のようになる（ギャデは母語話者か否かを分類の基準にしていないため、以下では別の統計を用いる）。フランス語は母語話者数では11位であり、日本語やドイツ語に及ばない。

表：母語話者数					
1位	中国語	10億人	8位	ポルトガル語	1.35億人
2位	英語	3.5億人	9位	日本語	1.2億人
3位	スペイン語	2.5億人	10位	ドイツ語	1億人
4位	ヒンディー語	2億人	11位	フランス語	7000万人
5位	アラビア語	1.5億人	12位	パンジャーブ語	7000万人
6位	ベンガル語	1.5億人	13位	ジャワ語	7000万人
7位	ロシア語	1.5億人	14位	ビハーリー語	6500万人
			15位	イタリア語	6000万人

（『言語学百科事典』大修館書店による）

　しかしながら、公用語・通用語として話す話者を含めた数では、次の表に見るように6位に出てくる。先の母語話者数の表とこの表とを比較すると、フランス語は、英語、ヒンディー語に次いで母語話者以外の話者数が多いことが分かる。

表：公用語・通用語話者を含めた話者数					
1位	英語	14億人	8位	ポルトガル語	1.6億人
2位	中国語	10億人	9位	マレー語	1.6億人
3位	ヒンディー語	7億人	10位	ベンガル語	1.5億人
4位	スペイン語	2.8億人	11位	日本語	1.2億人
5位	ロシア語	2.7億人	12位	ドイツ語	1億人
6位	フランス語	2.2億人	13位	ウルドゥー語	8500万人
7位	アラビア語	1.7億人	14位	イタリア語	6000万人
			15位	朝鮮語	6000万人

（『言語学百科事典』大修館書店による）

また、フランス語を公用語とする国は30を超え、英語に次いで多い。これらのことは、フランス語が国際語として重要な地位を占めていることを意味している。

2.4. フランス語の国際的な地位

かつてフランス語は、外交の世界では最も重要な言語であったが、アメリカがフランスなどヨーロッパを「解放」する形で終結した第二次世界大戦以降は、英語が全世界的な覇権を握るようになった。さらに、冷戦が終結して、アメリカが唯一の超大国になり、グローバル化 (mondialisation) と呼ばれる一極化現象が全世界を席捲している現在、英語の覇権はますます強固なものになってきている。しかしながら、平等主義の観点から多言語併用を推進するヨーロッパ連合 (EU) の政策など、意識的に異なる方向を目指す考え方も根強く、フランス語の存在はそうした流れの中でも重要な役割を果たしている。

また、フランス語の国際的な重要性は、こんにちもなお、決して失われてはいない。その証左としては、前節で見た統計的事実のほかに、国際連合、EU、UNESCO、世界保健機構、国際司法裁判所、世界貿易機関、北大西洋条約機構など、多くの国際機関の公用語や作業言語として選ばれている事実を挙げることができる。中でも、万国郵便連合 (Union postale universelle) や、国際オリンピック委員会、国際サッカー連盟 (FIFA＝Fédération Internationale de Football Association) などでは、フランス語が第1の公用語である。

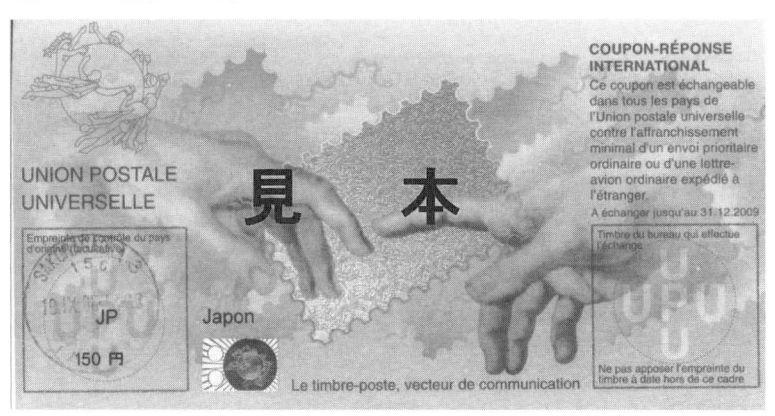

上の写真は、日本の郵便局で発行されている国際返信切手券の表面の見本であるが、左下の「150円」という表記以外は、すべてフランス語のみで記されていることに注目されたい。このようになっている理由は、フランス語が万国郵便連合の第1の公用

語であるからに他ならない。

2.5. フランコフォニー国際組織

フランコフォニー国際組織 (Organisation Internationale de la Francophonie ; 略称 OIF) は、何らかの形でフランス語とゆかりがあり、かつフランス語の振興や、フランス語を媒介にした交流を希求する国や地域からなる組織である。注意するべきことは、この国際組織の範囲が、実質的なフランス語圏 (こちらは francophonie と小文字で書きはじめる) の範囲と一致するわけではないということである。たとえばアルジェリアは、フランスに次いでフランス語話者人口が多いと推定される (ギャデ (Gadet 2003) によると約 1000 万人) が、アラブ化政策を推進していることもあり、OIF には参加していない。OIF には、つぎのような国々が加盟している。

フランコフォニー国際組織加盟国 (2007 年 8 月現在)
ヨーロッパ：フランス、ベルギー、スイス、モナコ、ルクセンブルグ、ルーマニア、モルダヴィア、ブルガリア
アフリカ：ベナン、ブルキナファソ、ブルンジ、カメルーン、カボヴェルデ、コモロ、コンゴ共和国、コンゴ民主共和国 (旧ザイール)、コートディヴォワール、ジブチ、ガボン、ギニア、ギニアビサウ、赤道ギニア、サントメ・プリンシペ、セネガル、セイシェル、チャド、トーゴ、チュニジア、マダガスカル、マリ、モロッコ、モーリシャス、モーリタニア、ニジェール、中央アフリカ共和国、ルワンダ
アジア・オセアニア：カンボジア、ラオス、レバノン、ヴァヌアツ、ヴェトナム
北アメリカ・カリブ：カナダ (連邦、ケベック州、ヌーヴォー・ブランスヴィック州が各個加盟)、ドミニカ国、ハイチ、サントリュシー
準加盟国：アルバニア、アンドラ、キプロス、ガーナ、ギリシア、マケドニア
オブザーバー：アルメニア、オーストリア、クロアチア、グルジア、ハンガリー、リトアニア、モザンビーク、ポーランド、セルビア、スロヴァキア、スロヴェニア、チェコ、ウクライナ

「フランコフォニー」という用語が案出されたのは、1880 年、地理学者ルクリュ (Reclus) によってであるが、当初は全く記述的な用語であった。これが文化的・政治的な色合いを帯びて使われるようになったのは、1960 年代、発展途上国の 3 人の指導者、チュニジアのブルギバ (Bourguiba)、セネガルのサンゴール (Senghor)、カンボジアのシアヌーク (Sihanouk) らによってである。これよりフランコフォニーの概

念が、フランス語を共有する国々の利益集団という意味合いを帯びるようになった。1970 年代には、カナダのトリュドー (Trudeau) 首相もフランコフォニー運動に賛同し、首脳会談開催を呼びかけたが、当初フランスは新たな植民地主義につながる懸念から参加しなかった。しかし、ミッテラン (Mitterand) 大統領が 1986 年にパリでの第 1 回フランコフォニー首脳会談 (Sommet de la Francophonie) の開催を引き受けてからは、フランスも積極的に関与するようになった。サミットは原則として 2 年に 1 回、いずれかの加盟国で開催され、OIF の運営について決定がなされる。開催実績は次の通りである。

フランコフォニーサミット (Sommet de la Francophonie)
第 1 回　フランス・パリ（1986 年）
第 2 回　カナダ・ケベック市（1987 年）
第 3 回　セネガル・ダカール（1989 年）
第 4 回　フランス・パリ（1991 年）
第 5 回　モーリシャス・グランドベー（1993 年）
第 6 回　ベナン・コトヌー（1995 年）
第 7 回　ベトナム・ハノイ（1997 年）
第 8 回　カナダ・モンクトン（1999 年）
第 9 回　レバノン・ベイルート（2002 年）
第 10 回　ブルキナファソ・ワガドゥーグー（2004 年）
第 11 回　ルーマニア・ブクレシュティ（2006 年）
第 12 回　カナダ・ケベック市（2008 年）
第 13 回　スイス・モントルー（2010 年）

2.6. 二言語併用とクレオール

　フランス語の制度的な側面をいくつか見たあとで、バランスを取るためにも、以下ではそれとは違った側面に着目したい。

　2.3 節で見たように、公用語・通用語としてのフランス語話者には、非母語話者が母語話者以上に多い。非母語話者としてフランス語を話すひとは、当然ながら他の言語を生まれながらに話しているので、少なくとも二つの言語を話していることになる。そのように、一人の話者が二つの言語を使用している現象を二言語使用 (bilinguisme) と言う。それに対して、社会における二つの言語の共存、もしくは一つの言語の二つの変種の共存という現象を二言語併用 (diglossie；マルセ (Marçais) によって 1930 年に提唱された用語) と言う。二言語併用においては、各々

の言語が異なる地位をもっている。一方は社会的・文化的威信があり、書き言葉や、公的な場面で用いられる**媒介言語** (langue véhiculaire) であるのに対して、他方は社会的・文化的威信が低く、話し言葉や、私的な場面で用いられる**土着言語** (langue vernaculaire) である。ファーガソン (Ferguson 1959) に倣って、前者を**高変種** (variété haute)、後者を**低変種** (variété basse) と呼ぶことにしよう。だれもが生まれながらに話すことのできる母語はほとんどの場合低変種であり、社会のなかで恵まれた階層に属したいと思うならば、否応なく、然るべき教育をうけ、高変種の言語を習得せざるを得ない。

　たとえばフランス国内でさえ、二言語併用の状況はあり得る。バスク語のような地域言語を母語とする者は、広く社会的に認められるためにはほぼ義務的にフランス語を習得しなければならない。また、アフリカのブルンジやルワンダ (いずれもベルギーの植民地であった) では、それぞれルンディ語、ルワンダ語といった在来の言語と、高変種としてのフランス語との二言語併用が見られる。ただしこれらの国では、アフリカの他のフランス語圏と違って、フランス語を話せる人がきわめて限られているため、フランス語を話せることが直ちにエリートの徴表であると見なされる。

　また、フランス語がかかわる例ではないが、アラビア語圏ではいたるところで、イスラム教の聖典コーランの言語である正則アラビア語 (フスハー) と、日常の話し言葉で、各国の方言でもある口語アラビア語 (アーンミーヤ) とが二言語併用の関係にある。さらに、チュニジアなどのマグレブ諸国では、それら二つのアラビア語にフランス語が加わり、三言語併用 (triglossie) とも言われる状況がある (マグレブ地域がアラブ化する以前の基層をなすベルベル語が、こんにちも一部で話されていることを考慮に入れると、状況はさらに重層的になる)。

　植民地の一部では、植民地内外の異なる言語を話す者同士の意志疎通の手段として、往々にして各々の母語の構造を混淆させながら、宗主国の言語を「辛うじて」、「その場しのぎに」、「たどたどしく」模倣した、簡略な言葉を互いに使うことがある。そうした言語を一般にピジン (pidgin) と言う。ピジンは通商などの必要性に応じて自然発生的に用いられるものであるため、その必要性の範囲内でのみ局所的に存在する。したがってその存在は不安定で、語彙的資源や文法的体系も限られている。

　しかし、互いにピジンで話している者同士が結婚し、子どもが生まれた場合、その子どもは生まれながらにピジンを話すことになる。生得の話者は、直観的に話すことができるので、表現の困難を感じることもなく、ごく自然に、かつ自由自在にピジンを話すようになる。こうして母語に転化したピジンは、他の自然言語に遜色がないほ

ど語彙も豊かになり、文法体系も安定してくるため、もはやピジンと同一視することはできない。このようにしてできた言語を**クレオール** (créole) と言う。

　たとえばハイチでは、規範的なフランス語と、ハイチクレオール (créole haïtien) との二言語併用の状況が見られる。ここでもまた規範的なフランス語が高変種をなしており、それを話すのは高い社会階層に帰属する話者である。それに対して、クレオールは、ハイチの人々にとっては、だれもが話すことのできる低変種である。アジェージュ (Hagège 1982) の挙げるハイチクレオールの例を見よう。« I fek sot rive keyi ū kok vīn bā mwē » これをフランス語に一語ずつ対応させて直訳すると次のようになる。« Il ne-fait-que sortir arriver cueillir un coco venir donner moi » 全体として、« Il vient de me cueillir une noix de coco 彼は私にヤシの実を取ってくれたところだ » というような意味になる。この例を見ても気づくように、動詞の活用による語尾変化をなくしていたり、語順を出来事の羅列とも言うべき並列構造にしているなど、文法構造の単純化が顕著である。

　しかし、改めて考えなおせば、クレオールは植民地に独特の現象ではない。歴史的には、フランス語、スペイン語、イタリア語などのロマンス諸語は、古典ラテン語からみれば、ラテン語と各地の民衆語との混淆によって、まさしく「文法構造の顕著な単純化」を閲した結果として形成されたものである。その意味では、現代ロマンス諸語はいずれも一種のクレオールなのであり、**クレオール化** (créolisation) は実は言語変化全般に関わる現象なのである。

第 3 章　フランス語史

3.1. 言語の歴史とは何か

　フランス語に限らず、あらゆる言語に対して述べ得ることであるが、いつフランス語という言語が誕生し、いつ確立したのかということについて明確に語ることは困難である。なぜなら、ある言語の誕生は歴史的な事件のように、何年何月何日、X という場所で、Y によって Z ということがなされたと特定することができないものだからである。すなわち、ある言語の成立とはわれわれの日常用いている言葉が見えざる変化を日々重ね、あるとき、ある言語として認められるというものなのだ。

　だが、フランス語という言語が現に今、存在しているということは、否まれない事実である。さらに、フランス語が突然現れたものでない以上、言語的変遷が学的に完全に実証されていないにしろ、確かにそこには言語の生成の歴史が刻まれている。それゆえ、ここでは歴史的な事実として実証された事象と仮説とを織り交ぜながら、フランス語の変遷に関する大まかな見取り図を示していこうと思う。なお、現代フランス語 (français contemporain) の問題についてはすでに第 2 章で説明を行ったゆえに、ここではフランス革命までのフランス語の歴史的展開を追うことにする。

3.2. ラテン語の導入以前：フランス語とガリア語との関係

　さまざまな史料が語っているようにフランス語がラテン語から派生した言語であることは確かなことである。だが、ラテン語だけを基礎として、フランス語ができたわけではない。ローマ人の侵入以前、現在フランスと呼ばれている地域にはケルト系 (Celte) のガリア人 (gaulois) が住んでいた。そこでは、インド・ヨーロッパ語族のケルト語派に属すると考えられるガリア語が話されていた。ガリア語はフランス語の基底部分を構成する一言語であるが、現在のフランス語にはガリア語の影響が語彙的な側面でごく僅かしか残されていない [3]。しかしながら、フランス語の重要な言語的特徴、フランスの文化的特徴の原型を示すいくつかの事象がガリア語から導入されている。この語彙的な導入は、一般的に言って、(1)自然、農耕などに関する語、(2)地

---

[3] このガリア語の例のように、被征服民の言語で、後の言語の随所に名残をとどめる言語を **基層 (substrat)** と言う。また、後に見るゲルマン語のように、多大な影響を与えたが、従来の言語に置き換わるほどではなかった言語を **上層 (superstrat)** と言う。さらに、言語相互の接触により影響を及ぼした言語 (フランス語に関してはルネサンス期のイタリア語の要素など) を **傍層 (adstrat)** と言う。

名、(3)数詞という三つの側面でなされたと考えられている。

◆ガリア語起源のフランス語
(1) このカテゴリーに属する語は、sappus > sappinus > sapin (もみの木) といった語のように、ガリア語がラテン語になり、さらにフランス語となったものが多い。この他にも、bec (くちばし)、braies (ズボン)、changer (変わる、変える)、charrue (鋤)、chemise (シャツ)、chêne (樫)、cheval (馬)、glaner (落穂を拾う)、tarière (錐)などの語が挙げられる。
(2) フランスの地名にはガリア民族の部族名を語源にしたものが少なからず存在している。たとえば、パリ (Paris) はパリースィイー族 (Parisii) を語源としている。このような地名の例としては、Amiens (アミアン)、Limoges (リモージュ)、Nantes (ナント)、Orléans (オルレアン)、Poitiers (ポワティエ)、Reims (ランス)、Tours (トゥール)などが挙げられる。また、Seine (セーヌ)、Loire (ロワール)、Rhône (ローヌ)といった河川名もガリア語語源であると言われている。
(3) フランス語独特と言われる soixante-dix (70 : 60＋10 という表現)、quatre-vingts (80 : 4×20 という表現)、quatre-vingt-dix (90 : 4×20＋10 という表現) といった数詞もガリア語起源であるとされている (しかしながら、この説は完全に実証されたものではなく、異論があり、現在もこういった言い方の起源が何かという問題に対する議論が続いている)。

3.3. ラテン語の導入

地中海沿岸には紀元前 600 年頃からギリシアの植民都市がいくつもつくられていた。現在のフランス国内でも、マルセーユ (Marseille) などはギリシアの植民都市であった。ギリシアの都市国家はローマ帝国に征服されたが、ローマ人たちはギリシア人に地中海沿岸の交易に関する自由権を認めていた。こういった歴史的背景があったために、マルセーユなどの地名はギリシア語語源である。ギリシア語は国家言語 (langue d'État) としてのフランス語成立以前のプロヴァンス語に多くの影響を与えているが、フランス語に対する直接的な影響は大きくない。

カエサル (César) による遠征 (B.C.58－B.C.51) は、ガリアとの対立を深めた地中海沿岸に植民したギリシア人の要請によるものだと言われている。この遠征後にガリアはローマ帝国の属州になり、ローマ化され、公用語もラテン語となり、ラテン語が話し言葉としても定着していったが、植民地化された初期にはラテン語とガリア語

との二言語併用がなされていたと考えられている。この二つの言語は時間の流れとともに次第に同化し、ガロ・ロマンス語 (gallo-roman) になっていった。この言語は、語彙、文法的面でラテン語の影響が強かった。しかし、音韻的には、murus > mur と変化したように、ラテン語において [u] と発音していたものがガリア語の影響で次第に [y] と発音するようになった例や、ラテン語に見られる短母音と長母音との違いによる弁別機能が消え、音素としては短母音のみとなった例などが見られる[4]。

3.4. ゲルマン語の影響

その後、西ローマ帝国 (Empire romain d'Occident) の支配を経て、ゲルマン人の大移動によってガリアの言語 (ガロ・ロマンス語) にゲルマン的要素が加わり、フランス語の素地ができていく。この時期が5世紀から9世紀後半である。西ローマ帝国滅亡後フランク王国 (**Empire Franc**) が成立するが、西ローマ帝国が崩壊して**ゲルマン民族** (**peuples germaniques**) の支配下に入っても、ローマの文化は継承された。文字にはローマ字が用いられ、ローマ法も形を変えて存続する。ゲルマン人は次第に自分たちの言語を用いなくなり、ラテン語を話すようになっていった[5]。このラテン語は古典ラテン語 (**latin classique**) とは違い、話し言葉のみで用いられたラテン語であり、俗ラテン語 (**latin vulgaire**) と呼ばれているが、フランス語成立の中核をなした言語である。この点についてはブリュノが20世紀の初めにすでに指摘していたことではあるが (Brunot, 1905-1938 参照)、「話されたラテン語」という点をセルキリーニは特に強調している (Cerquiglini 1991 参照)。

フランク王国の勢力範囲は現在のフランスだけでなく、北イタリアやドイツの大部分を含んでおり、ライン川左岸、フランドル地方ではゲルマン語が話されていた。特に、北部は南部に比べてゲルマン語の影響が色濃かったようである。このように、フランク王国の内部でも地域によって言語が異なり、これが後のドイツとフランスに分裂する一つの大きな要因になる。ところで、France という語は、ラテン語の Francia (ゲルマン系のフランク族の部族名) が語源である。

この時期の言語的特徴としてゲルマン語の語彙の導入が挙げられる。抽象語の語彙はラテン語に十分備わっており、ほとんど取り入れられなかったが、ゲルマン人特有の生活様式や戦争に関係するもの、色彩を表す形容詞などはゲルマン語から借用され

---

[4] 弁別機能については第4章を参照。
[5] 歴史的に見て、ほとんどの支配民族は支配民族の言語を被支配民族に強制した。支配民族と被支配民族二言語併用という体制は、支配初期によく見られる状況であるが、被支配民族の言語の方が優勢であった例はあまり多くないことを注記しておこう。

た。

◆ゲルマン語起源のフランス語
attraper (捕える)、blanc (白い)、bleu (青い)、bois (木、森)、brun (茶色の)、danser (踊る)、dard (投槍)、franc (正直な)、gagner (もうける)、gant (手袋)、garder (守る)、gauche (左)、guerre (戦争)、hache (斧)、honte (恥)、jardin (庭)、marcher (歩く)、orgueil (傲慢さ)、riche (豊かな)、taper ([手で] 打つ)、vieillard (老人) など。

3.5. 古典ラテン語と俗ラテン語との分離

フランク王国のメロヴィング朝 (Mérovingiens) 時代には、すでに修道院と司教館のみが学問の場になっていた。そのような状況の中で、古典ラテン語は次第に消えていった。また、ゲルマン語が流入してからは話し言葉のレベルでラテン語が著しく変化し、その影響が書き言葉のレベルにまで及ぶ。7世紀から8世紀にかけてこの状況はますます顕著になる。

8世紀後半、古代の文化を後世に伝えようという関心から、トゥール (Tours) やサン・ドニ (Saint-Denis) などに学校が建てられ、学者や文人によって古典文学などが復興される。これが**カロリングルネサンス (renaissance carolingienne)** といわれるもので、国王**シャルルマーニュ (Charlemagne)** はイングランドからアルクィン (Alcuin) を招き、文法の面でも語彙の面でも混乱していたラテン語を古典期に近いレベルにまで回復させた [6]。しかし、これが書記体と会話体を決定的に隔ててしまう結果になり、9世紀には、書き言葉と話し言葉は全く別ものになり、書かれたラテン語は民衆の理解できない言語となったのである。それゆえ、3.4.でも触れたように、フランス語の基底部分の中核を担った言語がラテン語であっても、それは古典ラテン語ではなく、民衆が話していた俗ラテン語であったことを強調する必要性がある。

3.6. ストラスブールの宣誓

フランス語で初めて書かれた文献として、**ストラスブールの宣誓 (Serments de Strasbourg)** は歴史的に見てきわめて重要な文献 [7] である (この節の最後にその一

---

[6] アルクィンをイングランドから招いたということは、すでにフランク王国内で古典ラテン語を正しく書くことができる学者が多くなかったことを示すものであると考えられるだろう。
[7] 後述するように、それぞれの王の領地で話された言語が併記されていたために、ストラスブールの宣誓はロマンス語で書かれた最初の文献であるとともに、ドイツ語で書かれた最初

部分を提示しておく)。この誓約書はルイ敬虔王 (Louis le Pieux) の死後、フランク王国内でルイ敬虔王の長子ロテール (Lothaire) に対し、ドイツ王ルイ(Louis le Germanique; ルドヴィヒ 2 世 (Ludwig II [独]) とシャルル禿頭王 (Charles le Chauve) とが同盟を組み後継者問題で対立したが、ドイツ王ルイとシャルル禿頭王がフォントノワの戦い (Bataille de Fontenoy-en-Puisaye) で勝利し、その後に結ばれたものである。この誓約書によって、王国は三分割されることになり、シャルル禿頭王の領土がフランスの原型に、ドイツ王ルイの領地がドイツの原型に、ロテールの領地がイタリアの原型になったと言われているが、ロテールの領土は現在のイタリアの一部しか含まずこの説を疑問視する考え方もある。

　ストラスブールの宣誓は 842 年にロテールに勝利したドイツ王ルイとシャルル禿頭王がお互いの国家の主権を認め合ったものであり、ラテン語、フランス語、ドイツ語の三言語で書かれたものである。シャルル禿頭王の腹心であり、『ルイ敬虔王の息子たちの歴史』(Histoire des fils de Louis le Pieux) を書いたニタール (Nithard) は、この宣誓が相手方の王国の領土で主に用いられている言葉を使って互いに行われたと述べているが、実際にはシャルル禿頭王の領地にもドイツ語話者が数多く存在しており、ドイツ王ルイの領土にもフランス語話者が数多く存在していた。この宣誓の意義については、セルキリーニが主張しているようにフランス及びドイツにおいて国家の概念と言語が強く結びついた最初の歴史的事象であるという点をまず強調すべきであると思われる (Cerquiglini 1991 参照)。

　ここで、ロマンス語内におけるフランス語の早熟性という問題についても一言述べておく必要性があるだろう。ストラスブールの宣誓が書かれた後、古フランス語の文学が現れる。つまり、9 世紀にはフランス語で書かれた文学書が登場するのだ。フランス語以外のロマンス語に目を向けると、自国語で書かれた初めての文学作品が現れる年代は、イタリアやスペインでは 12 世紀、ポルトガルでは 13 世紀である。このことは、他のロマンス語に比べて、フランス語の成立がいかに早かったかを示す一例である。

◆ストラスブールの宣誓
(原文からフランス語部分を抜萃：対比を容易にするため番号をつけた)
[1] Pro deo amur et pro christian problo et nostro commun saluament d'ist di en auant, [2] in quant Deus sauir et podir me dunat, [3] si saluarai eo cist meon fradre Karlo, et in aiudha et in cadhuna cosa, [4] si cum om per dreit son fradra saluar dift, [5] in o quid il mi altresi fazet, [6] et ab Ludher nul plaid nunquam prindrai qui

---

の文献でもある。

meon uol cist meon fradre Karle in damno sit. (中略)
⁷ Si Lodhuuigs sagrament, que son fradre Karlo iurat, conseruat, et Karlus meos sendra de suo part non lo suon tanit, ⁸ si io returnar non l'int pois, ⁹ ne io ne neüls cui eo returnar int pois, in nulla aiudha conra Lodhuuig non li iu er.

(Ferdinand Brunot, *Histoire de la langue française* による現代フランス語訳)
¹ Pour l'amour de Dieu et pour le salut commun du peuple chrétien et le nôtre, à partir de ce jour, ² autant que Dieu m'en donne le savoir et le pouvoir, ³ je soutiendrai mon frère Charles de mon aide et en toute chose, ⁴ comme on doit justement soutenir son frère, ⁵ à condition qu'il m'en fasse autant, ⁶ et je ne prendrai jamais aucun arrangement avec Lothaire, qui, à ma volonté, soit au détriment de mon frère Charles. (中略)
⁷ Si Louis tient le serment qu'il a juré à son frère Charles, et que Charles, mon seigneur, de son côté n'observe pas le sien, ⁸ au cas où je ne l'en pourrais détourner, ⁹ je ne lui prêterai en cela aucun appui, ni moi ni nul que j'en pourrais détourner.

(日本語訳)
¹ 神の愛にかけて、そしてキリスト教徒と我らの共通の救いにかけて、今日より先、² 神が私に智恵と力を与えてくれる限り、³ 私は、私のこの弟シャルルを援助によって、そしてあらゆることについて、⁴ 人が当然の義務によって自分の兄弟を守らなければならないのと同様に、⁵ 彼が私に同じようにすることを条件としてではあるが、助けるであろう。⁶ そしてロテールとは、私の意志により、わが弟シャルルに害になるような協定を決して結ぶことはしない。(中略)
⁷ もし、ルドヴィヒが彼の弟シャルルに行なった誓約を守っており、一方、私の主君であるシャルルの側がそれを守らないとき、⁸ 私がシャルルに考えを変えさせることができないならば、⁹ 私も、私が考えを変えさせることのできるだろう人の誰もが、ルドヴィヒに敵対し [この部分は原文にはあるがブリュノの現代語訳にはない]、シャルルを助けることはない。

3.7. 古フランス語
3.7.1. 古フランス語の成立

多くの中世文学が現れる9世紀後半から13世紀の古フランス語時代は、フランス語の輪郭が作られていく過渡期と述べることができるだろう。フランク王国が分裂し、西フランク王国 (**Francie occidentale**) となった後、ユーグ・カペー (**Hugues Capet**) によるカペー朝 (**Capétiens**) が作られるが、王権は弱く、その勢力はパリを中心とするイル・ド・フランス (Île-de-France) 地方に限られており、王国は13世紀まで大諸侯の分立する状態だった。

11世紀末までの日常の話し言葉である古フランス語 (**ancien français**) の文献の数はそれほど多くはなく、書かれたものは韻文で、民衆の教化のため、読んで聞か

せるために書かれたものがほとんどだった。ところが、12 世紀頃になると書き言葉にもラテン語と並んで、徐々に話し言葉であった古フランス語が用いられるようになってくる。司教や修道院の学僧によって書かれたラテン語の文学とともに、古フランス語で書かれた作品も豊富に現れる。12 世紀以降は韻文だけでなく散文でも作品が書かれるようになり、また 13 世紀半ば以降、公文書にもフランス語が用いられるようになった[8]。カペー朝がパリを首都としたことと、それによって宮廷、法廷、そして多くの学校が建てられたことによって、次第にイル・ド・フランス地方の言葉が標準語になっていく。この言葉は**フランシア語 (francien)** と呼ばれていた。

フランス国内には、ゲルマン化の質の違いによりすでにさまざまな方言が存在していた。それらは大きく三つに分けることができる。北部のオイル語、中部のフランコ・プロヴァンス語、南部のオック語である (詳細については第 2 章参照)。1209 年から法王インノケンティウス 3 世 (Innocentius III [ラ] ; Innocent III [仏]) の命で組織された**アルビジョワ十字軍 (Croisade des Albigeois)** が南仏のカタリ派拠点への攻撃を開始し、この攻撃で南仏は大打撃を受け、政治的に北仏に服従することになる[9]。このことによって、南仏における文学語としてのオック語は衰退していく。しかし、日常会話ではオック語が用いられ続ける。北部では、王権の拡大とともにパリの言葉がますます規範になり、オイル語の中の一方言であるフランシア語がフランス語の書記言語の基礎となっていく。やがてこの北部のイル・ド・フランスの一方言であったフランシア語がフランス全土の標準語になっていくのである[10]。

3.7.2. 古フランス語の特徴

古フランス語の特徴を何点か挙げておこう。まず音韻論的側面で、俗ラテン語の時期に、たとえば古典ラテン語の /a/ と /a:/ とが別の音素であったものが /a/ のみが音素になるというように変わったが (長母音の消滅)、古フランス語で /a/ は閉音節で /a/ に、開音節で /ɛ/ になった。また、/aw/ が /ɔ/ となるといった特徴が見られ

---

[8] この時代以前にも『ロランの歌 (La chanson de Roland)』などの武勲詩 (chanson de geste) (キリスト教徒である騎士たちの武勇を物語った長詩の総称であり、フランス文学の始まりとされている) が書かれていたが、散文も含めた文学作品が数多く登場するのは 12 世紀以降である。
[9] アルビジョワ十字軍は、南フランスのラングドック地方で盛んだったローマカトリックから異端とされたキリスト教の一派であるカタリ派 (Cathare) 及びカタリ派を保護する南仏の諸侯を殲滅するために行われた北フランスの諸侯による遠征のことである。カタリ派はアルビ派 (albigeois) とも呼ばれる。
[10] オイル語にはフランシア方言の他にも、ピカルディー方言 (picard)、ヴァロン (ワロン) 方言 (wallon)、ロレーヌ方言 (lorrain) などのさまざまな方言があり、これらの方言の中のいくつかは現在も使われている。

る。鼻母音も存在していたが、année (年) のような語は、[ãne] のように鼻母音＋ [n] の形で発音されていた。さらに、[ei] などの二重母音もまだ存在していた。子音では、[tʃ] や [dʒ] といった現代フランス語にはない音があり、[ʁ] も [r] と発音されていたが、現代フランス語の音素のほとんどのものがこの時代にすでに現れていた。

語彙のレベルでは、多くの語が現在のフランス語の意味よりも広い意味で用いられていた例が見られる。接続詞 que を例に取ると、古フランス語はラテン語 quod から que (quod > ke > que と変化) を作ったが、que の意味は pourvu que (…さえすれば)、car (なぜなら)、de sorte que (…するように) などを表す場合があり、現在のフランス語の意味範疇よりもはるかに広かった。また、que を使った熟語 très que は、après que (…の後で)、depuis que (…以来)、lorsque (…の時に) といった異なる意味を表した。

文法的特徴もいくつか挙げよう。過去時制として、すでに、半過去、単純過去、複合過去、大過去、前過去といった時制が存在していた。しかし、現在の文法形式と異なる点も見られる。たとえば、比較表現において、plus grant が plus grand (より大きい) と le plus grand (一番大きい) の両方を、つまりは、比較級と最上級を表すことができた。また、条件法において、(a) S'il venist が現代のフランス語の (b) S'il venait (もしも彼が来たら: 現在の事実に反する仮想を示す表現)と(c) S'il était venu (もしも彼が来ていたら: 過去の事実に反する仮想を示す表現)の両方の意味を表していた。確かに、1100 年代に(d) S'il fust venuz という形も現れるが (a) が (b) の意味で、(d) が (c) の意味で常に用いられるようになったわけではなく、(a) も (d) も、(b) と (c) の意味を両方表わすことができる時代が長く続いた。

3.7.3. 古フランス語時代の外来語

第 2 章で説明したように、フランス国内にはフランス語のさまざまな方言の他にも、ロマンス語系の言語でないものも存在している。スペイン国境近くの大西洋岸で話されているバスク語、ブルターニュ半島のケルト系言語であるブルトン語などである。バスク語は系統不明の言語で、その最初の話者は先史時代に、この地に来たと考えられている。ブルトン語は 4 世紀から 6 世紀にかけ、ローマ化されていないケルト人がアングロ・サクソン人に追い出され、ブリテン諸島から移住して以来ブルターニュ地方で話されている言葉である。

1066 年のノルマンディー公 (**duc de Normandie**) [11] のイングランド征服

---

[11] ノルマンディー公は、北欧からやって来たヴァイキングの一派であるノルマン人の首長で

(Conquête normande de l'Angleterre) [12] により、イギリスにフランス語がもち込まれ、宮廷や公の機関の言語として 14 世紀半ばまで話された。そのため、英語には多くのフランス語が入っていった [13]。しかし、一般的にはゲルマン語系のアングロ・サクソン語 (anglo-saxon：古英語) が話されていた。その後、イギリスでは二言語併用時代が約 250 年続く。このことが原因で、英語において、生きている家畜を表す語はアングロ・サクソン語語源をもち、食料用の肉となったものを表す語はフランス語語源をもつという現象が見られる。また、この時代、ヴァイキングなどにより北欧語が、イングランド王との交流によって英語の語彙がフランス語にもち込まれた。こういった語は、主に海に関する語が多いのが特徴である。また、この時期、十字軍の遠征などでビザンティン帝国からアラビア語やペルシア語の語彙も入ってきた。

◆二言語併用の痕跡として残る英語の語彙

ox – beef (bœuf) (牛)、sheep – mutton (mouton) (羊)、pig – pork (porc) (豚)などを例示できる (カッコ内のフランス語は左の英語の両方の意味を表す)。フランス語における両者の違いは部分冠詞 (article partitif) と不定冠詞 (article indéfini) の違いによって、un mouton (生きた羊) と du mouton (羊の肉) というように表される [14]。こういった例は、家畜を表す言葉だけではなく、wish - desire (désir) (願望、欲望)、luck – fortune (fortune) (幸運、運) などの語にも見られる。

◆北欧語がフランス語になった語

but (目的)、cingler ([雨風が]激しく打つ)、crique (入り江)、guinder ([帆を]立てる)、joli (きれいな)、marsouin (ネズミイルカ)、nantir (抵当を取る)、turbot (大型の鰈)、

あるロロ (Rollon) (キリスト教改宗後にはロベール 1 世 [Robert 1er])に、911 年、西フランク王国のシャルル 3 世 (Charles III) が現在の北フランスにあるノルマンディー地方を与えたことから始まる領主の称号である。

[12] ノルマンディー公であったギヨーム 2 世 (Guillaume le Conquérant：ウィリアム 1 世 (William I) [英]) によって行われたイングランド征服はノルマン・コンケストと呼ばれるが、この征服によってギヨーム 2 世はフランス国王の臣民であるとともに、イングランド国王となった。

[13] イングランドに導入されたフランス語は、当時の標準フランス語 (français standard) ではなく、ノルマンディー方言 (normand) のフランス語であったことを注記しておこう。このことを示す例として、つづり字として ch と表記されるものは、当時すでに標準フランス語で [ʃ] と発音されていたが、ノルマンディー方言では [tʃ] と発音されており、この発音が英語に導入されたという歴史的変遷を挙げることができるだろう。たとえば、Chine [ʃin] (中国) – China [tʃáinə] など。

[14] この二分割法は、被支配者であるアングロ・サクソン人が家畜を育て、支配者であるノルマン人がそれを食用としたため、生きた家畜を表す語はゲルマン語系のアングロ・サクソン語語源であり、食用の肉を表す語はフランス語語源であるという説が有力である。

vague (波)など。

◆12世紀に英語からフランス語になった語
bateau (船)、flotte (船団)、est (東)、nord (北)、ouest (西)、sud (南)など。

◆アラビア語やペルシア語がフランス語になった語
azur (紺碧の)、caravane (隊商)、jupe (スカート)、hasard (偶然)、nénuphar (睡蓮)、nuque (うなじ)、orange (オレンジ)、raquette (ラケット)、sirop (シロップ)、tasse (茶碗)など (caravane と orange はペルシア語語源であり、その他のものはアラビア語から導入された)。

3.8. 中世フランス語
3.8.1. 中世フランス語とは

14世紀以後、こうして基礎が確立したフランス語は次第に一つの国家言語として意識され始め、さらに整った形へと進化していく。14世紀から17世紀冒頭 (1611年頃) にかけて用いられていたフランス語を中世フランス語 **(moyen français)** と言う[15]。3.7.でも指摘したように、一般的には、この時期、フランス語のフランス国内での浸透はフランシア語を中心円として拡大していったと言われている。強化されていった王権の影響が言語的側面にも反映したとする説である。確かに、絶対王政 (monarchie absolue) の基盤を作ったとされる**フランソワ1世 (François 1er)** は1539年にヴィレル・コトレの勅令 (Ordonnance de Villers-Cotterets) を発し、それによりすべての公文書はフランス語で書かれるようになり、フランス語の公用語化は決定的なものとなった。だが、フェーブルが指摘しているように、フランソワ1世は一年のほとんどの期間を宮廷の主だった臣民を引き連れてフランス全土を移動する生活を長い間行っていた (Febvre 1962 参照)。この歴史的事実から考えれば、単に政治的に強大になった王の言語であるフランシア語が次第に広まっていったという説はあまりにも単純であろう。たとえば、フランソワ1世の移動がフランシア語を広める一つの大きな要因になったという仮説も立てられるからである。

だが、次に示すことは確かに述べられる。つまり、この時代、フランス語の歴史という視点から考えて、フランシア語がオイル語の一方言からオイル語の中心言語になり、さらに、その伝播の要因はさまざまなものが考えられるとしても、南仏のオック語圏にも広まりフランス語が確固とした国家言語となる基盤を作った時代であった

---

[15] 世界史上「中世」にルネサンス期を含めないのが一般的で、moyen français を「中期フランス語」と訳す場合もあるが、フランス歴史学では「中世」を17世紀冒頭までとするのが一般的であり、ここではその考えに従う。

ということである。

3.8.2. 中世フランス語の特徴

この時期のフランス語の特徴をいくつか挙げよう。まず、音韻的な側面で言えば、母音において、derrenier > dernier (最後の) などに見られる弱強勢の e の脱落が起きる。だが、この現象は開音節にしか見られなかった。それから、[e] から [ə] への音韻変遷も見られた。それゆえ、たとえば、père (父) [pere] から [pɛrə] へ、さらに、[pɛr] となる現象が起きた。また、二重母音や三重母音 (triphtongue) の単母音化 (monophtongaison) が進む。たとえば、roi (王) などに見られる [oi] が [wɛ] という発音になった例を挙げることができる。子音においても、ciel (空) などの発音の中に見られた [ts] が [s] に、charbon (石炭) などの発音の中に見られた [tʃ] が [ʃ] に、jardin (庭) などの発音の中に見られた [dʒ] が [ʒ] になったように、破擦子音 (consonnes affriquées) が単純化して摩擦子音 (consonnes fricatives) 化していった。

語彙的な特徴としては、この時期多くの語彙が作られただけではなく、古フランス語時代まで存在していた多くの語が消失していった。新しく作られた語彙に関しては、学問の発展、法律の厳密化の必要性などによって、その当時のフランス語には欠けていた概念語や法律用語がラテン語から作られたものが数多く見られる。それは、causalité (因果性)、déduction (演繹)、digestion (消化)、domicile ([法律上の]住所)、évidence (明証性)、existence (実存)、famille (家族)、infection (伝染)、inflammation (炎症)、spéculation (思弁)といった言葉である。消失した語としては、まず、制度の変更によってよって消えたものがある。たとえば、ferlin (4 分の 1 ドニエ: ドニエはフランス革命期まで使われていた貨幣単位) などである。また、音韻変化にともない、fais (束: 現在のフランス語では faisceau) と fait (事実) が同音となったため、fais という言葉が消えた例などが見られる。

文法的な側面では、前述したように、古フランス語では、たとえば、plus grant が比較級と最上級をともに表していたが、この時期のフランス語では le plus grant という形が登場し、比較級の形態と最上級の形態が別な形で表されるようになった。また、否定形 ne...pas という形は、以前から存在していたが、13 世紀には ne だけの否定形の使用が 90％に及び、ne...pas による否定形が 10％程度だったものが、15 世紀になるとこの比率が逆転し、ne...pas の使用比率が 90％となる。つまり、現在使われているフランス語の ne...pas の形態が定着したのは中世フランス語の時期であると述べることができる。

3.9. 近代フランス語
3.9.1. 近代フランス語の成立

　フランス語が現代のフランス語らしくなるのは 17 世紀前半頃から始まる近代フランス語 (français moderne) になってからである。ブルボン王朝 (dynastie des Bourbons) 前期に王権は拡大していき、**ルイ 14 世 (Louis XIV)** が絶対王政を確立していった。フランス語は国家言語としての地位を堅固にするだけではなく、外交語としてヨーロッパ全土に広まっていった。この時期、**マレルブ (Malherbe)** がフランス語の浄化ということに情熱を燃やし [16]、その仕事は 1635 年にリシュリュー **(Richelieu)** 枢機卿によって創設された国家機関である**アカデミー・フランセーズ (Académie française)** に継承されていった。この機関は、よき慣用 **(bon usage)** の名のもとにフランス語の規則を厳密化し、誰にでも理解可能な言語に純化、統一することを目指し、その目的のために規範となるフランス語が示されている辞書と文法書の編纂を重要な任務としていた [17]。このアカデミー・フランセーズによる辞書編纂は今でも続けられているが、国家が言語や文化活動に対して強く介入し影響を与えたことは、国家政策と言語の関係を考える上で特筆すべき問題である。確かに、権力をもつ国家が、言語規制を行なう例はこの時代以前からさまざまな国や地域で行われていたが、学術機関であるアカデミーは私的なものであった。この側面だけを考えたとしても、言語政策が国家レベルでの中心問題の一つとなり、歴史的にも大きな意味をもつようになったことが理解できるだろう。

　また、1637 年に、哲学書『方法序説』(*Discours de la méthode*) がフランス語で、**デカルト (Descartes)** によって書かれた。この本は哲学史的に見れば、近代ヨーロッパの根本的思想である理性中心主義的合理主義の始まりを示すものであるが、フランス語の成熟性の問題を考える上でもきわめて重要な本である。なぜならば、17 世紀以前のフランスで、思想体系を表すためにはラテン語しか用いられていなかったからである。しかし、この本の登場よって、フランス語によっても学問体系を表すことができることがはっきりとしたのである。つまり、この時期、文法的な用法が現代フランス語に近い形でかなりの部分で統一されただけではなく、抽象的内容を示すための概念用語も整っていたのである。

---

[16] マレルブは 17 世紀の代表的な詩人としても有名である。
[17] アカデミーの辞書は、宮廷やサロンでの洗練された会話の手引きとなった。この辞書では、古用や野鄙と見なされた語が数多く除外された。学問的な専門用語までもが、特殊な語彙として排除された。これは言語規範の在り方としては特異な位置を占める。豊かな語彙の蓄えを誇るのではなく、逆にむしろ絞り込んで、少数の基本語を繰り返し使うことをいとわず、単純な表現をいかに明確に用いるかという意味での洗練を目指したのである。

3.9.2. フランス革命

フランス革命以降、近代国家の概念が確立したとともに（国民国家 [État-nation] [18] の確立とも言えるかもしれない）、国家と言語の結びつきもいっそう強化されていった。革命以前にも標準フランス語は現代のフランス語に近い形になっていたが、多くの国民、特に、人口の大多数を占めていた平民階級の人々は、その言葉を日常的に使用せずに、各地域の言葉（地方語）を話していた。この点から考えれば、フランス革命がフランス語を全国民的言語として普及させたといっても過言ではないだろう。しかしながら、フランス革命全体を歴史的にどう評価するかという問題はあまりに大きな問題であり、ここで詳細に論述することは不可能である。ここでは、言語的側面でいくつかのプラス面とマイナス面について触れるだけに止める。

まず、プラス面では次のことが指摘できるだろう。前述したように、貴族や僧侶といった特権階級以外の多くの平民階級に属する人々で、革命以前に標準フランス語と呼ばれるものを正確に話すことができる人数はそれほど多くはなかった。この階級に属する人々は教育的にも、社会的にも、多くの問題を抱えており、標準フランス語を話せることが社会的地位の確保と深く関わっていた。そのため、革命後に全国に設立された標準フランス語を中心とした教育が行われる学校は、大多数のフランス国民に支持された。このことが標準フランス語の普及に多大な影響を与え、また、フランス語という国家言語の地位を確固たるものにしたのである。逆に、マイナス面としては、革命以前に話されていた地方語は祖国フランス防衛のスローガンの下に抑圧され、さらには、方言・俚言として蔑視され、標準フランス語の学習、使用が国家から強制されるようになったことが挙げられるだろう。この国家政策によって、フランス国内にあった少数言語、地方語は学校教育では完全に除外されるものとなったのである。

3.9.3. 近代フランス語の特徴

この時期のフランス語の特徴として次のようなことが挙げられる。音韻論的には、roi (王) などに見られるように、綴り字上 oi で表記されていたものが古フランス語では [oi] と発音され、中世の終わり辺りから [wɛ] と発音されるようになり、18 世紀に

---

[18] 領域内の全住民を国民として見なし、その国民によって成立したものが国家であるという考え方。一般的に、三十年戦争 (Guerre de Trente Ans) 終了後に締結されたウェストファリア条約 (Traité de Westphalie) 以降に生じた国家概念であるとされるが、フランス革命後の反革命戦争でフランスが国民皆兵ということを世界で初めて行なったということ（祖国防衛を全国民に義務づけたこと）は、この概念の展開を考察する上で歴史的に大きな意味をもつ。

は [wa] と発音されるようになっていた[19]。また、前述したように、année などの鼻母音＋鼻子音の形で発音されていた語は、口腔母音＋鼻子音の形で、つまりは、この例で言うならば、[ãne] と発音されていたものが [ane] となる。このことによって、/ɛ/ と /ɛ̃/ に見られるように口腔母音と鼻母音がそれぞれに音素となった。また、語末の子音の発音消滅によって発音上同音異義語となってしまった語を音的に弁別するために語末の子音の発音が復活する現象が見られる。この例としては、sens (感覚) を sans (...なしに) と音的に区別するために、[sãs] と発音されるようになったものや、この時期より以前に i (彼は) と言われていたものが y (そこに) と区別されるために、il となったものなどを挙げることができる。

　語彙的には、啓蒙の時代と呼ばれる 18 世紀に専門用語の語彙数が増加する。だが、フランス革命以後は、イデオロギー色の強い語が激増する。特に、否定や誇張の意味を帯びた接頭語を伴った語彙が多数登場する。たとえば、antidémocratique (反民主主義的な)、antipatriotique (反愛国的な)、antirépublicain (反共和体制の)、contre-révolutionnaire (反革命)、non-votant (非投票者)、dénationaliser (国民性を失わせる)、ultra-royaliste (過激な王党主義者)、ultra-patriote (過激な愛国主義者) などである。

　文法的な側面では、同じ形態のものが複数の意味を表す**符合性 (syncrétisme)** を示す表現はこの時期までに用法を制限され、意味が特定化され、ほぼ現在のフランス語の用法と同じになった。また、古フランス語の時代、形容詞の位置はそのほとんどが名詞の前に置かれており、16 世紀にもこの形式はまだかなり維持されていたが、17 世紀になると、形容詞が前に置かれる場合と後ろに置かれる場合の比率はほぼ 50%ずつとなり、以後次第に、後者の比率が高くなるのである。さらに、限定詞と指示詞との区別という点に関しても、たとえば、この時代以前には celui-là qui という形態も celui qui という形態も見られたが celui は関係代名詞の先行詞として、celui-ci は指示詞として用いられるようになった。

---

[19] より厳密に述べるならば、綴り字 oi の発音は、[oi] ＞ [wɛ] (13 世紀) ＞ [ɛ] (16 世紀) のように変化したが、その後の扱いが 2 通りに分かれた。(i) 半過去、条件法現在の動詞語尾 j'avois [ʒavɛ], j'aurois [ʒɔrɛ] など、国籍形容詞の françois [frãsɛ], anglois [ãglɛ] などは、[ɛ] があまりに広く通用したので、規範もこれを追認した。しかし綴り字は長らく oi のままだった。1835 年刊行のアカデミー・フランセーズ辞典第 6 版でようやく、これらの綴りを正式に ai とした (j'avais, j'aurais ; français, anglais...)。(ii) 一方、他の多くの語彙では、oi を [ɛ] と発音することを低俗と見なした知識人たちが、人工的に [wɛ] に戻すよう働きかけた。それにより [wɛ] に戻ったものが、さらに別の変化を起こした結果、[wa] になったのである。danois [danwa], chinois [ʃinwa] などは (ii) のグループに属し、(i) のグループに属する français [fʁãsɛ], anglais [ãglɛ] などとの間で現代語では不統一を来たしている。

近代フランス語は、現代フランス語をフランス語の完成形と考えるとするならば、その一歩手前の形態である。近代フランス語はすでに文化的・社会的な面で一言語としての確固たる位置を示していただけではなく、政治・国家といったレベルにおいても重要な役割を果たすものになっていたのである。なお、前述したように、現代フランス語については、すでに第 2 章で詳細に考察しているので、そちらを参照してもらいたい。

第 4 章　音声学・音韻論

4.1. 音声学・音韻論とは

　音声学とは、言語音を観察し記述すること、ならびに言語音が生じる仕組みを解明することを目的とする学問である。その下位区分としては、1.6.1 節でも触れたように、話者（の音声器官）により音声がいかに産出されるかを研究する**調音音声学**、発せられた音声が物理学的にどのような性質をもっているかを研究する**音響音声学**、そして聴者に音がどのように聞こえるかを探究する**聴覚音声学**がある。以下では特に 4.4 節、4.5 節において、フランス語を対象とした調音音声学を扱う。また、その前提として 4.2 節で音声器官を概観する。

　音声学が各言語音の実質を研究するのに対して、**音韻論**は、特定の言語の体系において機能する限りでの音の抽象的単位を画定し、分析することにより、当該言語の音体系を解明することを目指す。そこでいう「単位」が音素 (4.3 節参照) であるときには**音素論** (phonématique)、強勢、音調など音素の分節を超えたレヴェルであるときには**韻律論** (prosodie) というように下位分野が分かれる。本章では当然ながらフランス語を対象とした音韻論を扱う。中でも、音素論に関わる内容は主に 4.3 節、韻律論に関わる内容は 4.6〜4.7 節で扱う。

4.2. 音声器官 (organes de la phonation) とその機能

　肺からの呼気は、気管 (trachée artère) を通って喉頭 (larynx) に出てくる。呼気はさらに、喉頭にある声門 (glotte) を経て、咽頭 (pharynx) に至る。

　声門の両側には、声帯 (cordes vocales) と呼ばれる 2 本の帯状の筋肉がある。呼気が声門を通過するとき、声帯を締めると、そこで起きる呼気の摩擦によって声帯が振動し、声 (voix) が出る。

　言語音のうち、有声音 (sonore) は声帯の振動によって得られる。無声音 (sourde) は、逆に、声帯を開き、普通に呼吸をするときのように呼気を通すときの音であり、声帯の振動を伴なわない。試みに、喉仏 (pomme d'Adam) に指を当てながら有声音を発すると、声帯の振動が手に感じられる。

　咽頭より上部の気道を声門上腔と総称する。口腔 (cavité buccale) と鼻腔 (fosses nasales) に分かれる。

　口腔の天井を口蓋 (palais) と言う。口蓋を舌で後ろへなぞってゆくと、あるとこ

ろから柔らかくなることが分かる。前寄りの硬い部分を硬口蓋 (palais dur)、奥の柔らかい部分を軟口蓋 (palais mou) と呼ぶ。

　軟口蓋は上下に動くことができる。軟口蓋が引き上げられると、鼻腔への気道が絶たれ、口腔だけに呼気が通るのに対して、軟口蓋が下がると、鼻腔に呼気が通る。このことによって、鼻母音 (voyelles nasales) と鼻子音 (consonnes nasales) が生じる。

　軟口蓋の奥側の尖端は垂れ下がっており、懸壅垂(けんようすい) (luette) と呼ばれる。フランス語の r の発音の一種 ([R]) は、この懸壅垂を顫動(せんどう)させることによって得られる。

　口蓋より前側には、歯茎 (alvéoles)、歯 (dents)、唇 (lèvres) がある。唇は上下とも調音に関与するが、歯と歯茎は、ほとんど上だけが調音に関与する。唇の調音への関与のうち、最も顕著なものが、円唇化 (arrondissement；パリの「区」と混同せぬよう注意) と呼ばれるものである。フランス語の音素のいくつかは、円唇化がきわめて特徴的である。

　調音器官のうち、最も活溌かつ多様な運動をするのが舌 (langue) である。舌は、調音にきわめて積極的に関与するので、フランス語では、言語 (langue) という語も舌に由来する。舌の尖端を舌尖 (pointe de la langue)、中ほどを舌背 (dos de la langue) という。口蓋や歯茎に接近することにより、様々な言語音が生じる。

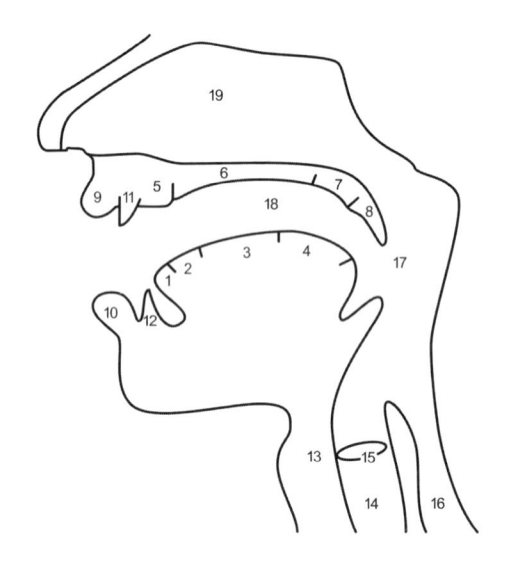

図：音声器官

1.舌尖、2.前舌、3.中舌、4.後舌 (2〜4 舌背)、5.歯茎、6.硬口蓋、7.軟口蓋、8.懸壅垂、9.上唇、10.下唇、11.上歯、12.下歯、13.喉頭、14.気管、15.声帯、16.食道、17.咽頭、18.口腔、19.鼻腔

4.3. 音声とその転記
4.3.1. 音素の概念

音素とは、ある言語の話者が、異なる音であると認識していることによって区別される個々の音である。したがって音素は、抽象的な単位であり、実際の音声に1対1に対応するものではなく、環境によって様々な実現の仕方があり得る。

ここに言う、「異なる音である」との認識は、音連鎖のある要素を別の要素に入れ換えると、意味が異なることによってなされる。たとえば、/sifõ/ (*siphon*) の初めの /s/ を /ʃ/ に換えて /ʃifõ/ とすると、それは別の単語 (*chiffon*) になる。このような差異の関係網によって、音素が定められる (1.3.5 節を再度参照のこと)。

フランス語には 34 の音素がある。そのうち母音は 16、子音は 18 ある [20] (ちなみに英語は母音 12、子音 24、計 36。日本語は母音 5、子音 17、計 22。スペイン語は母音 5、子音 20、計 25)。人間が言語音を区別する能力にはおのずから限界があり、音素の総数が 50 を超える言語は稀である。しかし、そのように限られた数の音素から、数十万語という語彙を産出できるところに、言語の経済性 (économie) がある。

母音 / i, e, ɛ, a, y, ø, œ, u, o, ɔ, ɑ, ə, ã, õ, œ̃, ɛ̃/

子音 / p, b, m, t, d, n, k, g, ɲ, f, v, s, z, ʃ, ʒ, l, ʁ, j/

4.3.2. 音素と異音

音素の実現の仕方は、置かれる環境 (主に前後に隣接する音の性質) によって異なる。同じ音素が、異なる環境のもとで、幾つかの音として実現するとき、それらの実現形態を**異音** (allophones) という。異音は 5.4.5 節でいう**条件変異体** (variantes conditionnées) の 1 事例であると見なすことができる。一方、同じ音素が、同じ環境のもとで、幾つかの音として実現するとき、それらの実現形態を**自由変異体** (variantes libres) という。以下では音素の表記を / / で括り、その実現の仕方 (音声) の表記を [ ] で括って示す。

異音の例。/l/ は tableau [tablo] では有声の [l] として実現し、peuple [pœpl̥] では無声の [l̥] として実現する。これらは、一方が他方の出現しない環境にのみ出現するという関係、すなわち、**相補分布** (distribution complémentaire) をなしている。

---

[20] ここでいう音素としては、4.5.2 節、4.5.7 節で半子音として扱う [w], [ɥ] に相当するものがない。その理由は、これらが対応する母音である /u/ や /y/ と対立する環境がないからである。それに対して、[i] と [j] には語末において、pays [pɛi] と paye [pɛj] のように対立する音環境があるため、/j/ という音素の存在を認めることができる。しかし、どの母音・子音を音素として認めるかは、さらに異なる議論もあり、一定の結論は得られていない。

自由変異体の例。rire [ʁiʁ] を、舌背軟口蓋摩擦音 [ʁ] の代わりに懸壅垂顫動音 [R] や舌尖歯茎顫動音 [r] を用いて [RiR] や [rir] と発音しても、フランス語話者は同じ語として知覚する。このうち、舌尖歯茎顫動音 [r] は、地方によって起きる変異でもあるので、**地域変異体** (variante régionale) ともいう。

4.3.3. 国際音声字母

音声学では通常、国際音声字母 (alphabet phonétique international) を用いて言語音を転記する。国際音声字母は、音と記号が1対1に対応する表記体系で、基本的には言語にかかわらず共通である。フランス語を転記するために用いられる記号は、次の通りである (例を併せて示す)。

母音 (voyelles)：[a] p*a*tte, [ɛ] m*è*re, [e] pr*é*, [i] cr*i*, [ɑ] p*â*te, [ɔ] p*o*mme, [o] n*o*te, [u] tr*ou*, [œ] p*eu*r, [ø] p*eu*, [y] p*u*r, [ə] gr*e*din, [ã] m*an*ger, [ɛ̃] jard*in*, [õ] sais*on*, [œ̃] l*un*di

子音 (consonnes)：[p] *p*arfum, [b] *b*on, [t] *t*emps, [d] *d*éjà, [k] *c*arte, [g] *g*are, [f] *f*in, [v] *v*in, [s] *s*ang, [z] *z*éro, [ʃ] *ch*at, [ʒ] *j*our, [m] *m*ain, [n] *n*om, [ɲ] a*gn*eau, [l] *l*une, [ʁ] *r*ose, [j] *y*eux, [w] *ou*i, [ɥ] h*u*it

4.4. 母音とその調音
4.4.1. 母音の分類

図：母音台形

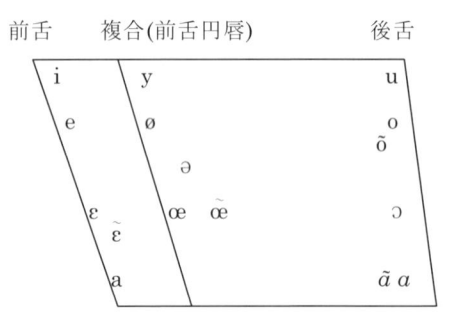

```
        前舌      複合(前舌円唇)      後舌
        ┌─────────┬─────────┐
        │ i       │ y       │         u
        │ e       │ ø       │         o
        │         │         │         õ
        │         │    ə    │
        │ ɛ       │ œ̃  œ    │         ɔ
        │ ɛ̃       │         │
        │ a       │         │         ã  ɑ
        └─────────┴─────────┘
```

母音は、それらを調音するときの舌の最も高まった位置がどこ (前後・上下) に来るかよって、**母音台形** (trapèze vocalique) に配置され、次のように、前舌母音、後舌母音、複合母音、鼻母音の4つに大きく分けられる。

前舌母音 (voyelles antérieures) [a] [ɛ] [e] [i]

後舌母音 (voyelles postérieures) [ɑ] [ɔ] [o] [u]
複合母音 (voyelles composées) [œ] [ø] [y] [ə]
鼻母音 (voyelles nasales) [ã] [ɛ̃] [õ] [œ̃]

4.4.2. 前舌母音
[i] (呼称：*i*)、[e] (呼称：*é* fermé)、[ɛ] (呼称：*è* ouvert)、[a] (呼称：*a* antérieur)
特徴
(1) 唇を横に引く。
(2) 舌背が前に置かれ、口腔の前部が狭められる。
(3) 調音点が前になることにより、音色ははっきりとしていて、明るく、鋭い。

　このうち [e] と [ɛ] は、語末では pré [pʁe] / près [pʁɛ] のように対立しているものの、cette, veste, perdre におけるような閉音節ではこの対立がなくなり、音素の実現としては [ɛ] しか現れない。また maison, péché, pêcher などの第一音節では、[ɛ] と [e] のどちらが現れてもよい。このように、複数の音素が弁別される環境がある一方で、一部の環境でその弁別が失われることを中和 (neutralisation) という。

4.4.3. 後舌母音
[ɑ] (呼称：*a* postérieur)、[ɔ] (呼称：*o* ouvert)、[o] (呼称：*o* fermé)、[u] (呼称：*ou* français)。

[ɑ] は廃れつつあり、[a] と同様に発音されるようになって来ている。しかし、この変化はひとたび起きればいかなる環境でも弁別が失われるものであるので、前節で言及した中和とは別扱いされ、**音韻的混同** (confusion phonologique) と呼ばれる。

　一方、[ɔ] と [o] は、強勢を置きうる音節 (4.7.1 参照) では pomme [pɔm] / paume [pom] のように対立するが、他の環境では弁別されなくなるため、中和の事例である。
特徴
(1) [ɔ] [o] [u] では唇を丸め (円唇化)、[ɑ] では左右にせばめる (唇音化)。
(2) 舌尖を下歯茎の下に押し当てて、舌背を後方へ持ってゆく。
(3) 調音点が奥になることにより、音色は鈍重で、暗く、低い。

4.4.4. 複合母音
[y] (呼称：*u* français)、[ø] (呼称：*eu* fermé)、[œ] (呼称：*eu* ouvert)、[ə] (呼称：*e* caduc ; *e* muet)

特徴

(1) 舌の形状と置かれる位置は前舌母音と等しい。

(2) 後舌母音の特徴である両唇の突出による共鳴空洞を併せもつ。

(3) [ə] は上記の特徴をもたず、フランス語の母音で唯一の「弛緩母音 (voyelle relâchée)」であるが、口腔の中ほどで発音されるため、複合母音に分類される。

[ø] と [œ] は jeûne [ʒøn] / jeune [ʒœn]、veule [vøl] / (ils) veulent [vœl] でのみ対立し、他では弁別がないことから、4.4.2 節でのべた中和の事例である。

[練習]

(1) [ø] と [y] の区別

du fromage, deux fromages ;

Tu peux et tu as pu.　Tu veux et tu as voulu.　Il pleut et il a plu.

Peux-tu venir jeudi ?　Peux-tu demander jeudi ? Peux-tu me rappeler jeudi ?

Peux-tu te présenter jeudi ?

(2) [ø] と [u] と区別

Va au deuxième.　Va au douzième.

Achète deux œufs.　Achète douze œufs.

Attends deux heures.　Attends douze heures.

4.4.5. 鼻母音

[ã] (呼称：*an*)、[õ] (呼称：*on*)、[ɛ̃] (呼称：*in*)、[œ̃] (呼称：*un*)。

多くの辞書・文法書で [õ] が [ɔ̃] となっているのは不正確である。[o] の鼻母音化なので、[õ] と記す[21]。

現代フランス語（特にパリ）では、[œ̃] の音は廃れ、[ɛ̃] に交代しつつある。これもまた 4.4.3 節でふれた音韻的混同の事例である。

特徴

(1) フランス語に特徴的な音である。

(2) 口と同時に鼻に呼気を抜くだけでなく、頭蓋骨全体に音を共鳴させる。

(3) 単一の音素であることに注意。[ã:::] と延長しても音色が変わらない。

---

[21] [õ] はフーシェ (P. Fouché)、レオン(P. Léon) らが提唱する転記方式である。日本でも、『小学館ロベール仏和大辞典』はこの方式によっている。もともと、/ɔ/ 対 /õ/ という体系的対立はないので、音韻論的観点からはどちらでもよく、慣用に従って [ɔ̃] を採用している書物が多い。しかし現代のパリなどのフランス語では、*[ɔ̃] の間隙に浸入するかのように、[ã] の開口度が狭くなってきており、それとの弁別のために [õ] はますます明確に狭く発音される傾向がある。このこともあり、ここでは [õ] の表記を採用したい。

[練習]
Ça fait longtemps qu'on en prend / vend / manque / tente.
Nous en planterons en hiver.　Nous en taillerons en avril.
Nous en couperons en été.　Nous en cueillerons en automne.
Ils en ont invité vingt.　Ils en ont imposé trente.　Ils en ont installé onze.
Ils en ont inquiété un.

4.5. 子音とその調音
4.5.1. 母音と子音の相違
　母音 とは、呼気が口腔内で妨げられることなく発せられる音である。したがって、すでに4.4節全体を通して見たように、口腔がその形状を変えることによって異なる音を弁別する。

　子音 は、呼気に何らかの障碍を設けることにより発せられる音である。したがって、その障碍が設けられる場所 (**調音点 point d'articulation**) の対立が、子音相互を弁別する手段の一つになる。

　母音は単独でも音節を形成することができ、音節の中心となる要素であるのに対して、子音は母音の前後に付随することによってのみ音節の要素となる (consonne は本来「ともに鳴る」謂いであり、母音なしで単独で「鳴る」ことはできない)。

4.5.2. 子音の分類
　子音は、**調音法** (mode d'articulation) によって次の5つの群に分かれる。
(1) 閉鎖子音 (consonnes occlusives) [p] [b] ; [t] [d] ; [k] [g]
(2) 狭窄子音 (consonnes constrictives) [f] [v] ; [s] [z] ; [ʃ] [ʒ]
(3) 鼻子音 (consonnes nasales) [m] [n] [ɲ]
(4) 流子音 (consonnes liquides) [l] [ʁ]
(5) 半子音 (semi-consonnes) [j] [ɥ] [w]

縦軸に調音法をとり、横軸に調音点をとって一覧表にすると、次のページの表のようになる。閉鎖子音と狭窄子音の欄を左右に見渡すと、音素が埋まっている欄と空白の欄とが斜めに互い違いに分布していることが分かる。このことは、調音法の差異に加えて調音点の差異においても、閉鎖子音と狭窄子音が二重に (より形式的にいうと「剰余的 redondant に」) 弁別されていることを示しており、フランス語の子音体系の、比較的混同が起きにくい明瞭さを保証していると考えられる。

表：フランス語の子音の体系

調音法＼調音点		両唇音	唇歯音	歯音	歯茎音	硬口蓋音	軟口蓋音
閉鎖子音 (破裂音)	無声	p		t			k
	有声	b		d			g
狭窄子音 (摩擦音)	無声		f		s	ʃ	
	有声		v		z	ʒ	
鼻子音		m		n		ɲ	
流子音					l		ʁ
半子音		w (ɥ)				j (ɥ)	

(*) ɥ は硬口蓋両唇音のため、両唇音と硬口蓋音の両方の欄に出ている。

4.5.3. 閉鎖子音

破裂子音 (consonnes plosives) [22] ともいう。呼気の通路を閉鎖して、非常に短い持続ののち、破裂させる。無声 (sourd)、有声 (sonore) の対立がある。調音点、および無声・有声の対立により、次の 6 つに分かれる。

[p] [b] 両唇音 (bilabiales)。 [p] は無声音、[b] は有声音。英語に熟練した人は語頭の [p] が気音を帯びがちなので注意されたい。

[t] [d] 舌尖歯音 (apico-dentales)。[t] は無声音、[d] は有声音。英語に熟練した人は、[t] [d] が舌背歯茎音になりがちなので注意されたい。

[k] [g] 舌背軟口蓋音 (dorso-vélaires)。[k] は無声音、[g] は有声音。ただし、前舌母音の前では調音点が前に移動し、舌背硬口蓋音になる (**4.3.2.** でみた「異音」)。

4.5.4. 狭窄子音

摩擦子音 (consonnes fricatives) ともいう。呼気の通路を完全に閉鎖するのではなく、狭めるだけの障碍を設け、その調音点において摩擦を生じさせることによって得られる子音である。したがって同じ音の持続が認められる。無声・有声の対立がある。

[f] [v] 唇歯音 (labio-dentales)。 [f] は無声音、[v] は有声音。

[s] [z] 舌背歯茎音 (dorso-alvéolaires)。 [s] は無声音、[z] は有声音。

[ʃ] [ʒ] 舌背硬口蓋音 (dorso-palatales)。 [ʃ] は無声音、[ʒ] は有声音。

なお、[s] [z] を舌尖歯音 (apico-dentales) と見なす学者もいる。フランス語では

---

[22] 「破裂子音」にあたるフランス語の用語としては consonnes explosives が用いられる場合もあるが、形容詞 explosif は implosif (「内破」、音節末の子音にみられる調音) と対立する「外破」の意味で使われる場合もあるため、混乱をさけるためここでは plosif を採用している。

[s] [z] が前方的で鋭い音であるため、その特徴を記述しているものと思われる。

4.5.5. 鼻子音

口腔には閉鎖により呼気に障碍を設けるものの、軟口蓋を下げ、鼻腔には空気を自由に通るようにすることによって得られる。このため、閉鎖音でありながら連続音である。有声・無声の対立はないが、基本的には有声である。

[m] 両唇鼻音 (bilabiale-nasale)。

[n] 舌尖歯鼻音 (apico-dentale-nasale)。

[ɲ] 舌背硬口蓋鼻音 (dorso-palatale-nasale)

4.5.6. 流子音

開口度が大きく、子音的要素が最も小さい子音。連続音であり、有声・無声の対立がない。

[l] 舌尖歯茎両側音 (apico-alvéolaire-latérale)。基本的には有声であるが、前後に強い無声子音が来れば無声化 (assourdissement) が起きる。無声化の例：pli [pl̥i], peuple [pœpl̥]

[ʁ] 舌背軟口蓋摩擦音 (dorso-vélaire-fricative)。基本的には有声であるが、前後に強い無声子音が来れば無声化する。例：lettre [letʁ̥], prêtre [pʁ̥ɛ:tʁ̥]

N.B. 多くの辞書・文法書の発音表記で、[ʁ] の代わりに [r] が用いられているが、これはあくまでも簡略化された転記である。厳密には、[r] は、**舌尖歯茎顫動音** (apico-alvéolaire-vibrante) を表わす。この音は、ラテン語から承けつがれ、今なおフランス語の一部の方言や、他のロマンス系の言語に残っているものであり、俗に「巻き舌の r (r roulé)」あるいは「ブルゴーニュ風の r (r bourguignon)」と呼ばれる。[R] は、**舌背懸壅垂顫動音** (dorso-uvulaire-vibrante) である。舌背を軟口蓋に接近させて狭窄を作り、呼気を通すことにより、懸壅垂を顫動させる。17世紀にパリで始まり、徐々に広まったものであり、俗に「喉鳴りの r (r grasseyé)」と呼ばれる。現在最も一般的な r の発音は、[R] が弱まって顫動がなくなった [ʁ]、すなわち**舌背軟口蓋摩擦音**であり、「パリ風の r (r parisien)」と俗称される。これら3つの音は、**4.3.2.** で見た「自由変異体」をなしている。古典演劇やオペラなどでは、現在でも [r] または [R] を好んで用いる。

4.5.7. 半子音

半母音 (semi-voyelles) とも呼ばれる。最も狭い3つの母音 [i] [y] [u] の頂点にお

ける舌の隆起を高めて調音点を作り、子音の領域に移行させることによって作られる狭窄子音。[i] から [j]、[y] から [ɥ]、[u] から [w] ができる。有声・無声の対立がない。

[j] (呼称 yod) 舌背硬口蓋音。前後に強い無声子音が来ると顕著に無声化する：piano [pi̯ano], pied [pi̯e]

[ɥ] (呼称 ué) 舌背硬口蓋両唇音 (dorso-palatale-labiale)。無声化を起こすことがあるが、[j] ほど明確ではない。

[w] (呼称 oué) 舌背軟口蓋両唇音 (dorso-vélaire-labiale)。無声化を起こすことがあるが、[j] ほど明確ではない。

4.6. 音節とその構造
4.6.1. 音節の分け方

音節 (syllabe) の定義については、言語学者の間で一致を見ていない。ここでは、ひとまず、「発話の中での音素の連鎖の最も基本的単位」と解しておこう。しかし音節は、定義が難しいわりには、実際上は明確に知覚できる。特にフランス語は、音節を、韻律を刻む単位としているからである (この点で、語強勢を韻律の単位とする英語とは大きく異なる。**4.7.2.**参照)。定型詩も音節の配置によって成り立っている。

一つの音節は、一つの母音を必須の要素として含み、その前後に子音が任意的要素として随伴しうる。子音は前後それぞれ複数 (最高 3 つ) であってもよい。1 音節の語を例にとろう。strophe [stʀɔf] の音節構造は、母音を V、子音を C で表わすと、« CCCVC »、monstre [mõ:stʀ] の音節構造は « CVCCC » となる。これらの例のように、子音で終わる音節を閉音節 (syllabe fermée) という。それに対して、où [u] の « V »、temps [tɑ̃] の « CV »、croix [kʀwa] の « CCCV » のように、母音で終わる音節を開音節 (syllabe ouverte) と言う。

2 音節以上の語句の正確な発音を知るには、以下に見る、音節の分け方 (syllabation) を、前提として理解しなければならない。(以下、音節の境界を « + » で示す)

(1) 上記から理解できるように、一つの母音に一つの音節をあたえる。ゆえに、音節の境界を定めるには、母音と母音との間の子音の帰属を定めればよい。

(2) 二つの母音の間に子音が一つあるとき、その子音は後の音節に属する：ami [a+mi], égalité [e+ga+li+te]

(3) 二つの母音の間に子音が二つあるとき、基本的に、それらの子音は、一つずつ

に分かれて、それぞれ前後の音節に属する：argent [aʁ+ʒɑ̃], liberté [li+bɛʁ+te]

(3-bis) ただし、その二つの子音のうち、後の子音が流子音であるときは、それら二つの子音は分断できず、まとまって後の音節に属する：tableau [ta+blo], étranger [e+tʁɑ̃+ʒe]

(4) 二つの母音の間に子音が 3 つ以上あるとき、その子音連続の中央に最も近い閉鎖子音からが、後の音節に属する：mercredi [mɛʁ+kʁə+di], exposé [ɛks+pɔ+ze], explication [ɛks+pli+ka+sjɔ̃]

4.6.2. 脱落性の e

たとえば、同じ petite という語が、une petite fille [yn+pə+tit+fi:j] では [pətit] と発音されるのに対して、la petite fille [lap+tit+fi:j] では [ptit] と発音される。このように、[ə] は、環境によって実現したり、脱落したりする要素である。そのため、**脱落性の e** (*e* caduc) と呼ばれる。

この petite の例で明らかなように、[ə] を実現するか否かは、音節の数や構造を変えるため、発話全体の韻律 (rythme) にも直接影響する。したがって、[ə] の扱いを知っておくことは、フランス語の円滑な聴解・発音のためにはぜひ必要なことである。以下にその規則を見る。

一息に発音される語群を**韻律段落** (groupe rythmique) という。韻律段落の区切りは絶対的なものではなく、ゆっくりと発音するときには区切りが多くなり、速く発音するときは少なくなる。たとえば、次の文の / で区切ったような単位である：

Pierre / il arrive à la Gare de l'Est / à neuf heures.

(1) 韻律段落の初めの音節では [ə] は発音される：petit [pəti] , le petit [ləpti]

(2) 韻律段落の内部で、

　(a) 子音一つが先行するとき [ə] は脱落する：

acheter [aʃte], la petite [laptit], fenêtre [fənɛ:tʁ] > la fenêtre [lafnɛ:tʁ].

　(b) 子音二つ以上が先行するとき [ə] は保たれる：

appartement [apaʁtəmɑ̃], avec le temps [avɛklətɑ̃]

(3) 韻律段落の末尾では、[ə] は脱落する：

un arbre [œnaʁbʁ], des cercles [desɛʁkl], un texte [œtɛkst]

(4) ce, de, je, le, me, ne, que, te などの [ə] に終わる単音節語が連続するときは、通常、一つおきに [ə] が保たれる：

je ne te le redemande pas [ʒəntələʁdmɑ̃dpa]

ただし、次の連鎖は処置が固定されている：

je me [ʒəm], je ne [ʒən], je le [ʒəl], je te [ʒ̊tə], ce que [skə],
que je [kəʒ], de ne [dən], parce que [paʁskə]

なお、以上でみてきた規則は、パリの標準的なフランス語における [ə] の扱いである。プロヴァンスやラングドックなどの方言や、古典演劇や雄弁口調、詩の朗誦などでは、基本的に全ての [ə] を保つ。たとえば、標準的には [ynbədɛn] となる une bedaine が [ynəbədɛnə] となる。さらに、古典的歌曲では、女性語尾の -ie、-ée さえも [-iə] [-eə] と発音される：Italie [italiə], idée [ideə]

4.6.3. 母音の長さ (longueur vocalique)

フランス語では、韻律段落の末尾の音節に**強勢** (accent；**4.7.1.**参照) が置かれる。
(1) 強勢を担わない音節の母音は常に短い。**短母音** (voyelle brève) と言う。

la phrase [lafʁa:z]；la phrase française [lafʁazfʁɑ̄sɛ:z]

(2) 強勢を担う音節の母音のうち、次のいずれかの条件を満たすものが長くなる。
長母音 (voyelle longue) と言う。

(a) **長母音化子音** (consonnes allongeantes) [ʁ, z, ʒ, v, vʁ] が後続するとき：
une heure [ynœ:ʁ]；une chose [ynʃɔ:z]；on loge [ɔ̃lo:ʒ]

(b) 鼻母音または [a], [o], [ø] に、発音される子音が後続するとき：
une monstre [ynmɔ̃:stʁ]；un peintre [œpɛ̃:tʁ]；feutre [fø:tʁ]；
c'est drôle [sɛdʁo:l]；il se fâche [ilsəfa:ʃ]

4.6.4. リエゾンとアンシェヌマン

フランス語では、« CV » という音節構造が好まれる。レオン (Léon 1996, p.96) によると、フランス語・スペイン語・英語・ドイツ語の発話のなかで頻度の高い音節構造は次の通りである。

	« CV »	« CVC »	« CCV »	« VC »
フランス語	59.9 %	17.1 %	14.2 %	1.9 %
スペイン語	55.6 %	19.8 %	10.2 %	3.1 %
英語	27.6 %	31.8 %	4.2 %	11.9 %
ドイツ語	28.7 %	38.1 %	3.3 %	9.8 %

リエゾンやアンシェヌマンを行なうことも、音節構造を « CV » にすることに寄与している。たとえば、avec Hélène [a+vɛk] + [e+lɛn] → [a+vɛ+ke+lɛn] というアンシ

ェヌマンは、第 2 の音節と第 3 の音節を « CV » 型にする機能を果たしている。このように、語境界と音節境界が一致しないことが多いのは、フランス語の特徴である。

4.6.4.1. リエゾン

リエゾン (liaison) とは、後続の語が母音で始まるとき、単独では音価をもたない (あるいは単独では別の音価をもつ) 語末の子音字に新たに音価を与え、後続母音とともに新たな音節を構成する現象である：

les amis [le] + [a+mi] → [le+za+mi]

その際に与えられる音価は、次の通りである：

-s, -x : [z]　trois heures, dix-huit

-d 　: [t]　quand il...

-n 　: [(~) n]　mon ami [mõnami] / [mɔnami]

(-f 　: [v]　neuf heures)

(-g 　: [k]　long ennui)

次に、どのような場合にリエゾンをするかが重要である。(1) リエゾンを義務的に行なう場合、(2) リエゾンが禁止される場合を知らなければならない：

(1) リエゾンを義務的に行なう場合

(i) 冠詞 + 名詞：les amis, des oiseaux, un homme

(ii) 形容詞 + 名詞：trois ours, en plein air, mon ami, grand homme

(iii) 前置詞 + (限定辞+) 名詞または代名詞：dans un instant, chez elle, sans arrêt (ただし限定辞とは、冠詞、指示形容詞、所有形容詞をまとめて指す)

(iv) 副詞 + 形容詞、動詞または副詞：bien aimable, très heureux

(v) 人称代名詞 + 動詞の活用形：nous allons, ils ont, je les aime, penses-y

(vi) c'est の後：Attention, c'est à vous.

(vii) 固定表現：vingt et un, de haut en bas, tout à fait, plus ou moins

(2) リエゾンが禁止される場合

(i) et の前後：... et il est parti

(ii) 名詞主語 + 動詞：Ce crayon est long. [(1)-(v)と比較のこと]

(iii) 気音の h の前：les héros, en haut de la tour

(iv) 名詞 + 形容詞：un enfant aimable, des personnes âgées

(この場合、リエゾンの有無によって品詞や意味が区別されることがある：savant anglais [savɑ̃ɑ̃glɛ] は名詞+形容詞で「イギリスの有識者」、

savant Anglais [savɑ̃tɑ̃glɛ] は形容詞+名詞で「学識のあるイギリス人」)
(v) huit, onze の前：dans huit jours, ses onze enfants
(vi) 引用語の前：son « oui »

4.6.4.2. アンシェヌマン

アンシェヌマン (enchaînement) とは、語末子音が、単独での音価を保持しながらも後続の母音と1音節をなす現象である。リエゾンよりも広い範囲で、韻律段落の境界以外では行なわれるのが原則である。たとえば、名詞主語 + 動詞の間でも行なわれる：Pau|l est grand.

以下の例では、どの子音からアンシェヌマンを始めるかを枠囲みで示す。
(1) des car|tes à jouer, une ta|ble en marbre, un par|c à l'anglaise, une rè|gle en fer, du suc|re en poudre, un cir|que ambulant, un ti|tre original, un fil|m en noir et blanc, des fil|tres à café
(2) il se|rt en terrasse, ils ser|vent en terrasse ; elle so|rt assez souvent, elles sor|tent assez souvent ; elle pa|rt à la montagne, elles par|tent à la montagne ; il pe|rd une somme d'argent, ils per|dent une somme d'argent

4.6.5. 同化

隣接する音の影響を受けて、ある音が本来とは異なる性質を帯びることを同化 (assimilation) と言う。後続する音が先行する音の影響を受けることを順行同化 (assimilation progressive)、先行する音が後続する音の影響を受けることを逆行同化 (assimilation régressive) と言う。

順行同化の例：lettre [lɛtʁ̥] の [ʁ̥]、piano [pi̯ano] の [i̯]、peuple [pœpl̥] の [l̥] の無声化。

逆行同化の例：absent [apsɑ̃] の [p]、sauve-qui-peut [soу̥kipø] の [у̥] の無声化。une tasse de café [yntasdəkafe] の [s̬]、vingt-deux [vɛt̬dø] の [t̬] の有声化。[23]

隣り合った2つの音で、同化する側と同化される側がそれぞれどちらになるかを決める規則は、次の通りである。

---

[23] 有声・無声の音韻的対立のない音素の無声・有声を特に示すとき、または本来の特徴でない特徴を帯びるときは、無声を下つきの ̥、有声を下つきの ̬ で示す。たとえば、absent の例では、無声音が単語の発音として完全に固定しているので [p] と表記する。それに対して、sauve-qui-peut の例では、sauve 単独では [so:v] と発音されるので、無声化によって音が変わったことを表記するため下つきの ̥ が用いられる。ただし、簡略な表記では、[sofkipø] のように表わすこともある。

(1) 2 つの音が同一音節内にあるときは、閉鎖子音は狭窄子音を同化し、無声子音は有声子音を同化する。
(2) 2 つの音が異なる音節にまたがるときは、後の音節の初めの子音が前の音節の最後の子音を同化する (つまり、逆行同化が起きるのはこの場合である)。

4.7. フランス語の韻律論
4.7.1. 強勢

フランス語で言う « accent » は、3 通りに曖昧である。第 1 は、方言 (dialectes) の変種的発音を指す日常語的表現、第 2 は、綴り字記号 (accents orthographiques) の名であるが、ここで問題にするのは第 3 の意味で、ある音節が発音上他の音節より強く発音される現象をさす。これを、**強勢**と訳する。

比較のために言うと、英語の強勢は語強勢 (accent de mot)、すなわち、どこに強勢が置かれるかが語彙によって固定している。しかも、強勢を担う音節が大変際立っていて、他の音節は全般に弱まり、母音が交代したり、ときには消滅さえする。

それに対して、フランス語においては、強勢は語単位では存在せず、韻律段落の末尾の音節に置かれる :

On a rendez-***vous*** devant la station Luxem***bourg*** à quatorze ***heures***.

強勢のある音節の母音は、呼気量が増え、やや大きな声で発音され、場合によっては長母音になる (4.6.3.を参照)。しかし強勢に英語のような際立たしさはない (このため、英語話者へのフランス語教育では「フランス語には *stress accent* はない」と指導されている)。

ただし、フランス語としては例外的な際立たしさをもつ強勢が、**強意的強勢** (accent d'insistance) である。強意的強勢は、驚き、反発や、格別の強調を表わすときなどに用いられる : C'est ***in***croyable !

4.7.2. 韻律

一般に言語には、一定の単位を発音するのに一定の時間をかける規則性、すなわち**等拍性** (isochronie) が認められる。等拍性が発音にもたらす律動のことを**韻律** (rythme) という。フランス語の韻律の特徴を知るため、英語と比較してみよう。英語には、概略的には、**強勢を単位とする韻律** (rythme reposant sur l'accentuation) が認められるのに対して、フランス語は、**音節を単位とする韻律** (rythme syllabique) をもつ。

牧野 (2005, p.133) の例示によると、英語では、

***Cats* eat *mice*.**

The ***cats*** will ***eat*** the ***mice*.**

The ***cats*** will have ***eat*** en the ***mice*.**

の3つの文で、文の長さは違っていても、***Cats, eat, mice*** の3つの強勢音節の間を発音するのに費やされる時間はあまり変わらない。強勢と強勢の間に無強勢音節が多くなればなるほど、それらは駆け足で（しばしば弱く曖昧な音になって）発音されることになる。それに対して、フランス語では、たとえば

café au lait [ka+fe+o+lɛ]

は、4つの音節に等しく時間を与えるように発音される。フランス語の韻律が滑らかな印象を与えるのは、前節で見た強勢の置きかたに加えて、音節を単位とする韻律によるところが大きい。

4.7.3. 音調

声帯の振動する周期、すなわち**周波数** (fréquence) が、聴覚的に感じられる声の高さ (hauteur) を規定する。普通、男声は150 Hz 前後、女声は240 Hz 前後（単位 Hz は、毎秒何回の振動であるかを表わす）の周波数をもつが、個人差も非常に大きい。音声学・音韻論で問題にする高さとは、一人の話者が、一連の談話の中で変動させる相対的な高さである。その相対的な高さの変動を、**音調** (intonation) と呼ぶ。

一般に、平叙文の最後の韻律段落は、**下降音調** (intonation descendante；＼で表わす) を帯び、疑問文の最後の韻律段落や、平叙文の途中の韻律段落は、**上昇音調** (intonation montante；／で表わす) を帯びる。

Il vient avec nous.＼　　Il vient avec nous？／

Pierre, ／ il arrive à la Gare de l'Est ／ à 9 h.＼

これを要するに、下降音調は終結 (fin) を表わし、上昇音調は何らかの未完 (inachevé)、すなわち続きや返答を待つことを表わす。このことは、多くの言語において共通して認められる一般則である。しかし注目すべきことは、フランス語では、かなり純粋な形でこの一般則が貫徹されていることである。語強勢（それは音調にも大いに影響する）のないフランス語においては、韻律段落全体で音調が定まるだけで、その内部に混み入った変化は生じないからである。結果としてフランス語の音調は、なだらかな曲線を描くことが多い。レオンとレオン (Léon et Léon 1997, pp.91 et 93) による例を次に示す。

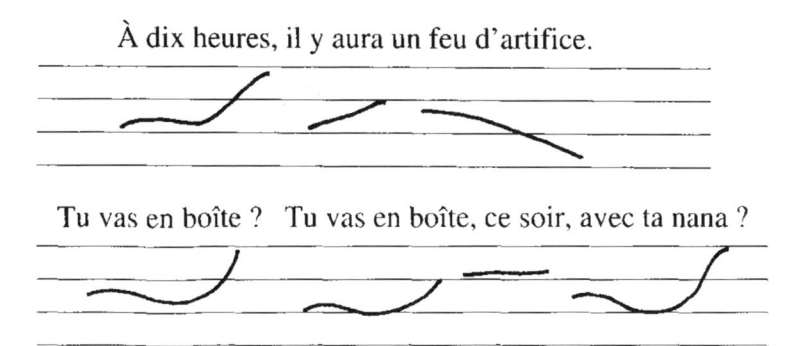

À dix heures, il y aura un feu d'artifice.

Tu vas en boîte ? Tu vas en boîte, ce soir, avec ta nana ?

第5章　形 態 論

5.1. 形態論の定義

　言語記号は、シニフィエ (所記、記号内容) とシニフィアン (能記、記号表現) の両面からなる (1.3.3.を参照)。記号内容が抽象的で直接には知覚できないのに対して、記号表現は知覚可能な「かたち」で実現する。たとえば arbre の記号内容は、目には見えないし耳にも聴こえない。記号内容には、音声や文字などの物理的な刺激を介してしかアクセスすることができない (1.3.1.を参照)。

　形態論は、記号表現の「かたち」を研究する分野である。記号内容の研究 (第7章を参照) と比べると、より具体性の高い分野であると言ってよい。ただしこれは比較の問題であって、形態論が音や文字のような物理的な現象だけしか扱わないということではない。言語は抽象的な存在であるから、つまるところ、言語現象のすべては本質的に抽象的である。言語の抽象性には、5.4.9.で再び言及する。

5.2. 形態論の基本単位
5.2.1. 表意単位

　形態論が扱う「かたち」の基本単位は、記号素である (1.3.5.を参照)。記号素は、最小の表意単位 (unité significative) である。表意単位は文字通りに、意味を表す (意味の弁別を示す) ための言語単位だと考えてよい。

　表意単位や記号素を抽出するためには、**換入** (commutation) という操作が必要不可欠である。表意単位として認定されるためには、他の要素との入れ換えが可能でなければならない。また入れ換えが可能であることは、**範列的関係**が存在することと同義でもある (1.3.4.を参照)。

　(1)　Tiens, *voilà le facteur*. (F.Vargas) ほら、郵便配達が来ました。
　(2)　Voici ta serviette. (S.Fontanel) これがきみのタオルだ。

たとえば (1) の voilà le facteur と (2) の voici ta serviette を比べてみれば、これらが三つの範列的関係を含んでいることが分かる。つまり定冠詞 (article défini) と所有形容詞は互いに換入可能であるし、facteur と serviette そして voilà と voici も互いに換入が可能である。換入可能な部分が三カ所あるのだから、voilà le facteur と voici ta serviette にはそれぞれ三つの表意単位が存在することになる。

5.2.2. ゼロ記号

換入においては、表意単位を、表意単位が存在しない状態と交換することもある。

　　(3)　Voilà un *excellent* prétexte. (F.Vargas) それは素晴らしい言い訳だね。

表意単位が存在しない状態をゼロ記号 (signe zéro) と呼んでおこう。たとえば (3) から excellent を除去して voilà un prétexte を作ることは、excellent をゼロ記号と換入することに等しい。除去の前と後では文の意味が明確に異なるのであるから、excellent を表意単位として認定することができる。

ゼロ記号は、記号内容も記号表現も持たない。ゼロ記号は表意単位抽出のための、いわば方便に過ぎない。表意単位をゼロ記号と換入する操作は、上で説明した意味において認めることができる。しかし逆に、ゼロ記号を他の表意単位と換入することは、換入の定義から不可能である (5.2.1.を参照)。たとえば voilà un prétexte の un と prétexte の間にゼロ記号があると仮定して、それを excellent と入れ換えたとしよう。この操作は、ゼロ記号が独自の範列的関係を持つことを意味しない (1.3.4.を参照)。単に voilà un prétexte に excellent を付け加えて、表意単位を増やすことにしかなっていないからである。したがって、ゼロ記号は表意単位ではないと考えなければならない (5.3.3.を参照)。

5.2.3. 記号素

記号素は最小の表意単位であるから、記号素の内部では、表意単位としての換入ができるような部分があってはならない。つまり記号素とは、内部に換入可能な部分を含んでいない表意単位のことである。

たとえば、5.2.1.で表意単位として抽出した le、ta、facteur、serviette などの内部には、表意単位として換入可能な部分は既にない。したがってこれらは記号素ということになる。

5.2.4. アマルガム

表意単位は語 (mot) よりも小さいことがある。また複数の表意単位が、語の内部で物理的に切り離せないような「かたち」で同居していることも珍しくない。

　　(4)　J'ai mal au ventre. (G. Musso) わたしはお腹が痛い。
　　(5)　J'ai mal à la tête. (S. Brussolo) わたしは頭が痛い。

たとえば (4) の ventre を tête と換入することによって、au に二つの表意単位 (à と定冠詞) が含まれていることが分かる。この例のように複数の表意単位が話線上で

切り離せないような「かたち」で現れる現象を、アマルガム (amalgame) と呼ぶ。

アマルガム (形態重合) の場合のように、語よりも小さい表意単位を正確に扱うためには、形態論の基本単位は語ではなく、記号素でなければならない。

5.2.1.で言及したように、表意単位であるならば、発話の中で換入が可能である。逆に換入ができない部分については、それが表意単位であるかどうかは疑わしい。

次の 5.3.では、表意単位の抽出に換入という作業が必要とされる理由を概観する。

5.3. 弁別・換入・選択
5.3.1. 表意単位と弁別

表意単位の認定に換入が必要不可欠であることは、次のような道筋で説明することができる。表意単位の成立は**弁別** (distinction) を前提にする。弁別は区別と言い換えてもよい。弁別 (区別) の存在は、**選択** (choix) の可能性を前提とする。そして選択の可能性は、換入が可能であることによって保証される。

記号内容の成立が他の記号内容との弁別を前提としていることを、まず確認しておこう。

記号内容 (意味と言ってよい) が生じるためには、他の記号内容との弁別が必要である。言語記号は A であるか B であるか C であるか、複数の可能性があるときに限って、A であることや B や C であることに意味がある。論理的に A でしかありえない場合は、B や C でないのはもちろん、それは A でさえない。どれか一つでしかありえないのなら、A や B、C という弁別そのものが無意味だからである。少なくとも、A、B、C という弁別があるときの A と、それがないときの A は別物と考えなければならない。『一般言語学講義』をまねて言えば、言語は「差異の体系」である (7.4. を参照)。

仮に人類の全てが女性であったとしたら、ある人間を指して女性と呼ぶことに何か意味があるだろうか。そのような場合には、そもそも性別という概念すら存在しえないはずである。また、猫という動物に三毛猫しか存在しないとしたら、「猫」の指示対象は「三毛猫」のそれに等しいのだから、「三毛」の部分には実質的な情報がないことになる。「三毛」という表意単位が意味を持つためには、ペルシャ猫や黒猫など、他の種類の猫との弁別が前提となっていなければならない。ジャンケンのグー、チョキ、パーからグーとチョキを除去してしまえば、残ったパーは除去前のパーと同じものではありえない。

5.3.2. 弁別と選択・換入

　弁別という前提がなければ、意味は発生しえない。記号内容と弁別の間には、密接な関係があると言ってよい (7.4.を参照)。

　弁別の存在は、選択が可能であることによって保証される。あれかこれかを選べるということは、選択対象の間に明確な弁別があることを意味しているからである。そして表意単位の選択が可能であることは、それらの表意単位が互いに換入可能であることと同値である。

　　(6)　*Il* porte des lunettes. (F.Vargas)　彼は眼鏡をかけている。

　(6) の il は elle と換入可能である。このことから、(6) の il が表意単位として明確に機能していることが分かる。他の表意単位との間に選択の可能性がある、つまり換入が可能であるという事実が、意味が生じるための弁別の存在を保証しているからである。(6) では il か elle かを選択できるのだから、この選択には意味の弁別を対応させることができるはずである。

5.3.3. 非人称構文 (construction impersonnelle) の主辞

　一方、非人称構文の主辞のなかには、範列的関係を持たないものがある。

　　(7)　*Il* faut y aller... (G.Simenon)　行かなければなりません...

　たとえば (7) の il は他の表意単位との換入ができない。他の表意単位との弁別が保証されていないのだから、この位置での il には意味が発生するための基盤がないことになる。(6) の場合は主辞を il にするか elle にするかの選択ができるから、il や elle に弁別があり、意味が生じえた。しかし (7) のように主辞が il でしかありえない場合、この il は実質的には代名詞でさえない。少なくとも、il か elle かを選べるときの il とは別物である (5.3.1.を参照)。実際 (7) の il には意味はなく、Faut y aller！のように省略されることも珍しくない。非人称構文の il が非人称 (指示対象を持たない) であるのは、換入の可能性を持たないからに他ならない。

　主辞が省略された faut y aller は、il faut y aller とニュアンスが異なる可能性がある。主辞を省略するかしないかの選択が生じているからである。しかしこの事実は、il faut の il が意味を持たないことと矛盾しない。主辞を省略するかしないかは、この il に実質的な記号内容がないために生じた選択だからである。逆に、意味のある (6) の il は省略が難しい。要するに、主辞を省略するかしないかの選択が意味の弁別を可能にさせているのであって、il faut の il やゼロ記号が意味を持っているわけではない (5.2.2.を参照)。

他の、il pleut のような非人称構文の主辞についても、基本的には同じことが言える。特に会話などで、ça pleut が可能であることに注目しよう。この表現を使用する話者にとっては、pleut の主辞としての il は ça と入れ換えが可能である。つまり il と ça の間で選択ができるのだから、これらの記号素の間に記号内容の弁別が発生する可能性がある。主辞として il を選ぶか ça を選ぶかの選択に、話者の発話意図を反映させることができるからである。少なくとも、意味が発生するための前提条件は満たされていると言ってよい。

表意単位の成立は弁別を前提にする。そして弁別の存在は、他の表意単位との換入が可能であることによって確認することができる。これが表意単位の抽出において、換入という操作が必要不可欠となる原理である。

弁別や選択ができるからといって、必ずしも表意単位が存在するわけではないことも確認しておこう。発話の場面の違いや、**韻律の違い** (4.1.を参照)、この節で検討した省略のような場合も含めて、弁別や選択に利用できる要素は表意単位以外にも多数存在する。

5.4. 形態論の中心的な課題
5.4.1. 変異体

形態論の中心的な課題は、表意単位における**変異体**の分析である。変異体とは、同じ単位でありながら、「かたち」が異なるものの総称である。

たとえば ce garçon における ce と cette fille における cette は、「かたち」は違うが、同じ表意単位である。このとき、ce と cette の双方を変異体あるいは**異形態** (allomorphe) と呼ぶ。また le Japon の le と la France の la は定冠詞であるのは同じだが、「かたち」が異なる。この le と la は両方とも、定冠詞の変異体 (異形態) である。このような変異体の交替現象を形態変化と呼ぶ。

(8)　Je *peux* vous aider？(B.Aubert)　お手伝いしましょうか？
(9)　*Puis*-je vous aider？(B.Aubert)　お手伝いしましょうか？

(8) の peux と (9) の puis には形態変化が見られる。(8) と (9) にニュアンスの違いがあるのは、peux と puis が別物だからではなく、一方が倒置形であることによる。

変異体の認定は、記号素をはじめとする表意単位の抽出と直接にかかわっていて、特に言語記述の初期段階では非常に重要な分野である。たとえば、定冠詞の le と la が異なる表意単位だという誤解がフランス語の理解にどのような混乱を引き起こすかを考えただけでも、変異体を変異体として認定することの重要性は既に明らかであ

第 5 章　形 態 論　　　　　　　　79

ろう。

　変異体は一般性の高い現象であり、時間的・地理的・社会階層的にも現れうる。時間的な変異体とは、ある表意単位の「かたち」が時間とともに変化することで、この観点は**通時態**と呼ばれる (1.3.2.を参照)。地理的な変異体とは、地理上の差異が表意単位の「かたち」の違いを生むことで、これは主として方言学で扱われる。そして社会階層の違いが表意単位の「かたち」に影響を与えている場合は、いわゆる社会言語学の対象となる (11.2.を参照)。また、印刷技術がなく書物を手で書き写していた時代には、写し手が自分の解釈で綴りを自由に書き変えることがあった。このような「かたち」の変化を、変異体に含める場合もある。

5.4.2. 活用

　動詞の活用に、形態変化が関係していることは明らかである。ただしそれは、(je) reste / (nous) restons / (vous) restez のように、人称によって語の「かたち」が違うという単純な意味においてではない (5.4.8.を参照)。

(10)　je reste / tu restes / il reste / nous restons / vous restez / ils restent

(11)　je finis / tu finis / il finit / nous finissons / vous finissez / ils finissent

(12)　je prends / tu prends / il prend / nous prenons / vous prenez / ils prennent

　(10) の (je) reste / (tu) restes / (il) reste / (ils) restent を音素で表記すればどれも /ʁɛst/ であるから、「かたち」に変化はない。また /ʁɛstõ/ や /ʁɛste/ の語幹は /ʁɛst/ なので、この部分は他の人称の場合と共通である。そして /ʁɛstõ/ で語幹に付け加わった /õ/ と、/ʁɛste/ で付け加わった /e/ はそれぞれ nous と vous に固有の要素である (5.4.4.を参照)。要するに、同じ表意単位だが「かたち」だけが異なるという現象 (形態変化) は、(10) の活用のどこにも見当たらない。

　一方 (11) においては、語幹に /fini/ と /finis/ という二つの変異体がある。(12) では語幹に、/pʁɑ̃/、/pʁən/、/pʁɛn/ という三つの変異体が見られる。

　たとえば (je) suis / (tu) es / (il) est / (nous) sommes / (vous) êtes / (ils) sont のようなアマルガムの場合も含めて (5.2.4.を参照)、活用の本質は、語幹と接辞の形態変化にあると言ってよい。

5.4.3. 性数の一致

　いわゆる「性数の一致」も、フランス語でよく見られる形態変化の一つである。

(13) Ces montagnes sont *belles*. (Boileau-Narcejac) あの山々は美しい。

(14) En revanche, les joues sont *trempées* de larmes. (N. de Buron) 逆に、頬が涙でぬれている。

　(13) における belles の「かたち」は、montagnes が含む文法上の性 (genre) や複数記号素に対応した形態変化である (ただし s に音価はない)。また主辞の性数に対応して (14) の trempées に e の文字と s の文字が増えているのも、音声的な変化はともなわないが、綴りの形態変化として考えてよい。

　文法上の性は記号素ではないが、「複数」は記号素である。文法上の性は表意単位と換入することができないが、「複数」はゼロ記号と換入可能だからである (5.2.2.を参照)。したがって ami と amis の間には、形態変化はないことになる。複数記号素を含む amis と、複数記号素を含まない ami は同一の表意単位ではなく、両者の共通部分 (ami) は同じ「かたち」である。

　他方、œil と yeux は互いに変異体である。複数記号素と œil のアマルガムである yeux から (5.2.4.を参照)、œil と同じ「かたち」を取り出すことができないからである。

　文法上の性は記号素ではないが、文法上の性の表示方法には形態変化が見られる。たとえば petite では語末の /t/、grande では /d/、grosse においては /s/ が文法上の性の表示となっている。

5.4.4. 不連続形式

　同一の記号素が発話において複数の位置に、「かたち」を変えて現れることがある。このような場合を、記号素の不連続形式 (forme discontinue des monèmes) と呼ぶ。

(15) *Nous* pass*ons* à table ? (A.H.Japp) テーブルにつきましょうか？

(16) *Les* photo*s* de lui *sont* rare*s*. (J.-C. Grangé) 彼の写真はまれだ。

　たとえば (15) において、いわゆる「一人称複数」は nous と -ons の二カ所に表示されている。(16) では写真の複数性が、les、photos の s、sont そして rares の s の四カ所に反映している。実際、(16) の photos を単数の photo と入れ換えれば (複数をゼロ記号と換入すれば)、他の三カ所でも「かたち」に変化が生じる。

　不連続形式においては、記号素が、現れる位置によって音声的に、あるいは書記法として、「かたち」を変える可能性がある。この現象もまた、一種の形態変化と考えてよい。

5.4.5. 条件変異体と自由変異体

変異体には、大きく分類して、**条件変異体** (variante conditionnée) と**自由変異体** (variante libre) の二種類がある (4.3.2.も参照)。条件変異体とは、文脈による条件付けによって出現が制約されている変異体のことである。自由変異体は逆に、文脈の制約なしに現れことのできる変異体を指す。条件変異体は**結合変異体** (variante combinatoire) とも呼ばれる。

(17)　Il *a* soudain eu peur. (*Elle*, 18 avril 2005) 彼は急に怖くなった。

(18)　Ludwig *est* parti hier. (F.Vargas) ルドヴィッグは昨日出発した。

(19)　Elle est de *bonne* humeur. (A.Gavalda) 彼女は上機嫌だ。

たとえば (17) と (18) に見られる、複合過去の助動詞としての a と est の交替は動詞と構文に条件付けられている。(19) の bonne が bon でないのは humeur の文法上の性に制約を受けているからである。したがってこれらはすべて条件変異体である。

(20)　*Asseyez*-vous, je vous en prie... (A.H.Japp) お座りになってください...

(21)　Entrez, entrez... *Assoyez*-vous.... (A.Gavalda)
　　　入って、入って... 座ってください...

(22)　On a toujours peur de ce qu'*on* ne connaît pas. (G.Musso)
　　　知らないことを怖がるものです。

(23)　Tout dépend des critères de jugement que *l'on* adopte. (T. Jonquet)
　　　すべては使った判断基準による。

(20) と (21) に見られるように、asseyez を使うか assoyez を使うかの選択は文脈には左右されない。同様に on と l'on の使い分けは、文脈に条件があるわけではない。これらは自由変異体であると言ってよい。

条件変異体の間には、意味の相違は発生しない。条件変異体は、互いに換入ができないからである。形容詞の bon と bonne が異なる記号内容を持つためには、この二つが換入可能な文脈がなければならない (5.3.2.を参照)。

他方、自由変異体には意味の相違が生じる可能性・潜在性がある。自由変異体は互いに換入が可能だからである。たとえば asseyez か assoyez かの選択はいわば任意 (互いに換入可能) であるから、話者の意図を反映するための前提条件を満たしていると言える。

(24)　De toute façon, je ne *peux* rien pour toi. (J.-C. Grangé)
　　　いずれにせよ、わたしは君のために何もできない。

(25)　[...] contre cela je ne *puis* rien. (S. Brussolo)

それに対してわたしは何もできない。

(24) の peux と (25) の puis は自由変異体の関係にある。つまり peux と puis の間に意味の相違が生じうる。一方、5.4.1.の (8) の peux と (9) の puis は条件変異体の関係にあり、peux か puis かの選択は意味の相違に対応しない。

条件変異体と自由変異体のこの相違を次の 5.4.6.で、相補分布という概念を使って再考してみよう。

5.4.6. 相補分布

相補分布とは、要素間に棲み分けがなされている状態である (4.3.2.を参照)。つまり A が現れる環境には B は現れず、B が現れる環境には A は現れないような分布を意味する。A と B が同時に現れるような環境が存在しないことだと言い換えてもよい。

相補分布している表意単位は、同一の表意単位である可能性がある。その理由は、次のように説明することができる。

相補分布の状態にある表意単位は、それらが同時に現れるような文脈を持たないのだから、互いに換入をすることができない。換入ができないということは、それらの間の弁別が保証されていないということである (5.3.2.を参照)。明確な弁別がないのだから、それらが同一の表意単位であっても不思議ではない。

(26)　C'est *un* secret. (A. Nothomb) それは秘密です。

(27)　C'est *une* possibilité. (F.Vargas) それは一つの可能性です。

(26) や (27) に見られるように、un と une は相補分布している。つまり un は男性名詞の前にしか現れないし、une は女性名詞の前にしか現れない。これらが同一の表意単位であるのは、意味が同じというだけでなく、互いに換入ができないという事実にもよる。もし un と une が換入可能であったら、どれほど意味が類似していたとしても、同一の表意単位とはみなされなかったはずだからである。

条件変異体は、定義から、相補分布の状態にある変異体である (5.4.5.を参照)。したがって条件変異体は、同一の単位が文脈によって、「かたち」を変えて姿を現したものと考えてよい。

たとえば、un pauvre professeur (かわいそうな先生) と un professeur pauvre (貧乏な先生) における pauvre は、かなり意味が異なるにもかかわらず同じ表意単位とみなされている。同じ「かたち」をしているだけでなく、名詞に対して前置するか後置するかで相補分布しているからである。

他方、自由変異体は相補分布していないのだから、換入が可能である。この事実は、

自由変異体が互いに別々の単位となりうる可能性を含意している (5.4.5.を参照)。たとえば deuxième と second が同一の表意単位でないのは、「かたち」がまったく異なるからだけでなく、これらを換入できる文脈が存在するからでもある。「かたち」が異なるというだけであれば、un /œ̃/ と une /yn/ にも「かたち」に共通点はない。

5.4.7. 形態論的文脈と音韻論的文脈

　変異体の「かたち」に影響を与える文脈には、形態論的なものと音韻論的なものがある。形態論的文脈とは、表意単位レベルでの条件付けのことである。それに対して、音韻論的文脈は音素レベルの条件付けを意味する (4.3.1.を参照)。形態論的文脈は、音韻論的文脈とは別物と考えたほうがよい。形態変化を促すのは、形態論的な文脈だけである。

　たとえば、le mémoire において定冠詞の「かたち」が le であるのは、この mémoire が男性名詞であるという形態論的文脈の要請による。女性名詞の場合の la mémoire の存在から明らかなように、/lamemwaʁ/ という音連続を禁じるような音素レベルの条件付けは何もない。

　リエゾンは表意単位レベルの条件付けよる (4.6.4.1.を参照)。つまり elles ont /elzɔ̃/ において /z/ が出現するのは、音韻論的な制約ではない。実際 élongation に見られるように、/elɔ̃/ という音素連続は可能である。エリジョンが形態変化であることは、それが起こる記号素が決まっているという事実から明らかである。また、neuf heures と neuf ans における /v/ の出現は音環境の条件付けではなく、neuf が heures や ans に前置するという形態論的文脈の要請による。同様に (nous) pouvons と (ils) peuvent の語幹部分における /u/ と /œ/ の交替も、形態変化である。

5.4.8. 語形変化

　語形変化 (flexion、「屈折」とも訳される) とは、(je) reste / (nous) restons / (vous) restez や cheval / chevaux に見られるように、語の「かたち」が変化することである。

　語形変化は形態変化をともなうこともあれば、ともなわないこともある。たとえば (je) reste / (nous) restons / (vous) restez の語形変化は形態変化を含まない (5.4.2.を参照)。同様に、(je) reste / (je) restais のような語形変化にも、形態変化は見られない。この二つを音素表記した /ʁɛst/ と /ʁɛstɛ/ を比べれば一目瞭然だが、/ʁɛst/ は両者に共通の部分で「かたち」が同じであるし、後者における接辞の /ɛ/ は半過去記号素である (6.1.3.を参照)。

一方、gros / grosse、beau / belle や des bonnes nouvelles / de bonnes nouvelles のような語形変化には、形態変化が関係している。

語形変化と形態変化には確かに重なる部分がある。しかし、形態論の基本単位は語ではなく記号素であるから (5.2.4.を参照)、語形変化と形態変化は，別個の概念として使い分けることが必要である。

5.4.9. 抽象性

変異体の存在は、言語の抽象性を端的に示している。基本的に変異体は互いに等価であって、そのうちのどれかが「原形」というわけではない。変異体は、より抽象的な存在の「かたち」の違う実現形である。この関係は、**音素**と**異音**の関係と同等だと考えれば、理解がしやすいだろう (4.3.2.を参照)。

たとえば所有形容詞は、mon (père) と ma (mère) のように形態変化する。これらはどちらも変異体であって、「一人称の所有形容詞」そのものではない。「一人称の所有形容詞」は mon と ma の双方をカバーするようなより抽象的な何かであって、具体的に指し示せるような「かたち」を持ってはいないのである。「二人称の所有形容詞」や「三人称の所有形容詞」についても同じことが言える。このように考察するだけでも、言語が本質的に抽象的な存在であることは明白である。

また、一人称の所有形容詞、二人称の所有形容詞、三人称の所有形容詞などがそれぞれ、さらに抽象性の高い「所有形容詞」の変異体だと推論することも、あながち無理ではない。

5.5. 語形成

5.5.1. 語形成論

語形成 (formation des mots) を形態論の一部とすることがある。語形成とは、既存の記号素を使って新しい記号素を作り出すことである。

形態変化をともなうにせよ、ともなわないにせよ、語形成は形態変化とは大きく異なる現象なので、これらを一つの分野として統合する必然性は特にない。語形成論として独立させ、形態論とは別の分野とした方が本来は合理的である。

5.5.2. 派生

語形成には、大きく分けて、二つの方法がある。一つは**派生** (dérivation) と呼ばれるもので、語形成に**接辞** (affixe) が関与しているものを指す。接辞とは、大略、

単独では存在しえない言語記号のことである。そのような形式を**拘束形式** (forme liée) と呼び、逆に自由に存在しうる形式を**自由形式** (forme libre) と呼ぶ。

語形成のもう一つの方法は自由形式だけを組み合わせるもので、これは**合成** (composition) と呼ばれる。

接辞は、それが現れる位置を基準にして、**接頭辞** (préfixe)、**接中辞** (infixe)、**接尾辞** (suffixe) の三つに分類することが多い。接頭辞は語頭、接中辞は語中、接尾辞は語末に現れる。

フランス語における接辞の例を、以下にあげる。ゴチックの部分が接辞である。接頭辞と接尾辞の例は、そのまま派生の例でもある。

　　接頭辞：**re**marier, **dé**faire, **co**propriétaire, **in**fini, **im**possible, **anti**pollution,
　　接中辞：nous rest**i**ons, vous reste**r**ez,
　　接尾辞：vrai**ment**, journal**isme**, jou**eur**, trist**esse**, lav**age**, présent**ation**,

接頭辞の in-、im- は infini や impossible において、否定を表示する。接尾辞の -ment は vraiment において副詞の形成に役立っている。また lavage や présentation における -age、-ation は名詞を形成するための接辞である。

接中辞について簡単に説明をしておこう。たとえば nous restons /nu ʀɛstõ/ と nous restions /nu ʀɛstiõ/ を比べれば、語中の /i/ が半過去を表す記号素であることが分かる。また vous restez /vu ʀɛste/ と vous resterez /vu ʀɛstʀe/ を比較すれば、後者に付け加わった要素は /ʀ/ だけであるから、単純未来を表しているのはこの /ʀ/ ということになる。

5.5.3. 合成

自由形式のみによる語形成を、合成と呼ぶ。合成には様々なタイプが見られるが、ほんの一部を紹介するにとどめる。

　　名詞 + 名詞：usine-pilote (モデル工場)、maître-chanteur (恐喝者)
　　名詞 + 接続詞 + 名詞：allée et venue (行き来)
　　名詞 + 動詞：coupe-papier (ペーパーナイフ)、tire-bouchon (栓抜き)
　　名詞 + 形容詞：rond-point (ロータリー)、crème solaire (日焼け止めクリーム)
　　名詞 + 前置詞：sans-emploi (失業者)、en-cas (軽食)
　　名詞 + 前置詞句：machine à laver (洗濯機)、pomme de terre (じゃがいも)
　　動詞 + 動詞：cache-cache (かくれんぼ)、coupe-coupe (山刀)
　　動詞 + 接続詞 + 動詞：va-et-vient (往復)

5.5.4. その他の語形成

語形成の主な方法はすでに見た派生と合成であるが、その他の方法も局所的に存在する。

頭文字語 (sigle) は、長い複合語から頭文字をとって連ねる方法である。TGV (Train à grande vitesse) のように文字名称を順に言うものと、ENA (Ecole Nationale d'Admistration) のように一語のように発音されるものがある。さらに、énarque のように、頭文字語からの派生も珍しくはない。

末音省略 (apocope) は、比較的長い語の後の方を省いて短くする方法である。télé (télévision)、métro (métropolitain)、prof (professeur) などである。語尾省略に伴って、新たな語尾 -o をつけて口調を整えることがある。たとえば、dico (dictionnaire)、frigo (réfrigérateur) など。これを寄生的接尾辞添加 (suffixation parasitaire) という。

比較的長い語の前の方を省いて短くする bus (autobus) などの頭音省略 (aphérèse) もある。

また、vélib' (vélo libre、貸し自転車) などは、合成と語尾省略を組み合わせた語形成と見なすことができる。

5.5.5. 不定詞

不定詞は動詞と接辞からなる派生である (5.5.2.を参照)。たとえば aimer /eme/ と rester /ʁeste/ を比べてみるだけでも、不定詞が動詞と接辞という二つの表意単位から構成されていることは明白である。語末の /e/ が両者に共通なのだから、aimer は語幹の /em/ と接辞の /e/、rester は /ʁest/ と /e/ からできていることになる。

つまり、présenter /pʁezɑ̃te/ という不定詞は、動詞記号素である présent- /pʁezɑ̃t/ に不定詞をつくる接辞の -er /e/ を加えたものである。この操作は、この動詞記号素に -ation を加えて présentation を作る派生に類似している。同様に、arriver /aʁive/ という不定詞は、動詞である arriv- /aʁiv/ に接辞の -er /e/ を加えたものである。これは -ée /e/ を加えて arrivée /aʁive/ をつくる派生と、ほとんど同じタイプの操作だと言ってよい。

第6章　統　辞　論

6.1. 統辞論とは何か
6.1.1. 統辞論の定義
　統辞論とは二重分節構造のうち、**第一次分節**のあり方を研究する分野である (1.3.5. を参照)。文は Aïe のように単一の記号素であることもあれば、J'ai mal à la tête や J'ai la migraine のように複数の記号素の連続として構成されることもある。いずれの場合も、有限の記号素が一定の規則に従って、**線状** (linéaire) に並ぶことになる (1.3.3.を参照)。このような、伝達内容を記号素の連続 (あるいは単一の記号素) におき換えるための仕組みを明らかにすることが、統辞論の主な目的である。

6.1.2. 統辞論の基本単位
　統辞論の研究領域は第一次分節であるから、**表意単位**が分析の基本単位になる。表意単位は**換入**という手続きで抽出することができる (5.2.を参照)。具体的に言えば、記号素と、複数の記号素が結びついた**連辞**の二つが、統辞論の基本単位である (1.3.4. と 1.3.5.を参照)。節 (proposition) は連辞の一種だと考えればよい。
　第一次分節の到達点は文 (phrase) であるから、統辞的な現象の限界も文である。統辞現象は文の内部にしかない。つまり文を超えては、統辞関係はありえない。
　(1)　— Pourquoi mens-tu ? — *Mais* je ne mens pas ! (T.Jonquet)
　　　　「なんで嘘をつくの？」「いや嘘なんかついてないよ！」
　(2)　C'est une interprétation simple, *mais* la plus logique. (M. Chattam)
　　　　それは単純だが、もっとも論理的な解釈だ。
(1) の mais は厳密な意味での等位接続詞ではない。等位は統辞関係なので (2) のように文の内側で完結する (6.2.3.を参照)。しかし (1) の mais は Mais je ne mens pas ! という文の内部で、何も等位接続していない。文の外側の何かと接続していると考えることは可能だが、少なくともそれは統辞現象ではない。したがって (1) の mais は、toutefois や cependant のような副詞に近いものと考えた方がよい。

6.1.3. 統辞論と形態論の相違
　統辞現象は、形態論的な事実から明確に区別しておく必要がある。
　(3)　Je *cherchais* quelqu'un... (M. Chattam)　人を探していたんです...

(4) Il *a chanté* une heure et demie. (*Elle*, 30 mai 2005) 彼は一時間半唄った。

(3) の cherchais /ʃɛʁʃe/ においては、語末の /e/ を取り除くという選択ができる。つまり cherche /ʃɛʁʃ/ が可能である。これは /e/ を、いわゆる「ゼロ記号」と換入した状態であるから、/ʃɛʁʃe/ は二つの表意単位 (/ʃɛʁʃ/ と /e/) を含んでいることになる (5.2.2.を参照)。/ʃɛʁʃ/ は動詞記号素であり、/e/ は半過去記号素である。動詞記号素と半過去記号素の関係は、複数の表意単位の間の関係であるから、形態論ではなく統辞論の研究範囲である (5.4.8.も参照)。

アマルガムになっているため「かたち」を明確には切り離せないが、(4) の a chanté には動詞記号素と複合過去記号素が同居している (5.2.4.を参照)。複合過去記号素を除去 (ゼロ記号と換入) すれば chante が残るのだから、a chanté の内部に二つの表意単位が存在することは明白である。したがって動詞記号素と複合過去記号素の間の関係は、統辞論の対象である。動詞記号素と複合過去記号素のアマルガムに関してのみ、形態論の領域となる。

合成や派生は、統辞論では周辺的にしか扱わない (5.5.2.と 5.5.3.を参照)。合成や派生によってできあがるのは記号素である (5.5.1.を参照)。記号素は最小の表意単位であるから、その内部には換入できる部分がない (5.2.3.を参照)。つまり、合成や派生のプロセスは、本来の意味での統辞現象ではないことになる。

6.1.4. 統辞理論の多様性

統辞現象を分析するための理論は、非常に多様である。研究者の数だけ統辞理論があると言っても大袈裟ではない。そして理論は観察に少なからぬ影響を与えるので、統辞事実が何なのかに関してさえ、異なる理論の間では見解が一致しないことがある (1.2.を参照)。統辞理論の現状は、一種の無政府状態だと言ってよい。

(5) Tu veux *du* café ? (B.Aubert) コーヒーいる？

(6) Il était certain qu'elle *reviendrait*. (F. Vargas)
　　　彼女が戻ってくることを彼は確信していた。

たとえば、(5) の du を記号素 (部分冠詞) と見るか連辞 (de と定冠詞) と見るかは、理論によって異なる可能性がある。(6) の -rait を記号素 (条件法) とする考え方もあれば、連辞 (単純未来と半過去) とする考え方もある。また tu が記号素なのか連辞 (二人称代名詞と主格) なのかの判別も、必ずしも容易ではない。

この章では、一般性の高いと思われる統辞現象とそれらに対応する統辞概念を、いくつか選んで紹介する。網羅的な記述ではないし、細かい議論にも踏み込まない。特

定の統辞理論を身につけるよりも、統辞的な現象に対してまず意識的になってもらうことが、ここでの狙いである。

6.2. 統辞関係
6.2.1. 従属関係

記号素と記号素の間にある関係を、統辞関係と呼ぶ。基本的な統辞関係には、**従属** (subordination)、**自律** (autonomisation)、**等位** (coordination) の三種類がある。まず従属関係について説明しよう。従属は**限定** (détermination) とも呼ばれる。

文を構成する表意単位は、必ずしも互いに同等の統辞ステイタスを持っているわけではない。従属は、表意単位の間に見られる非同等性 (階層性) を示すための概念である。

(7) Elle portait *une tenue bleu roi*, [...]. (J. Echenoz)
彼女は群青色の服を着ていた。

(7) の une tenue bleu roi はある色合いの服装 (tenue) であり、bleu roi はある色調を帯びた青色 (bleu) である。この une tenue bleu roi において tenue が中心的であるのに対して、une や bleu roi は周辺的である。また bleu roi において bleu が中心的であるのに対して、roi は付随的である。第一次分節にはこのような中心性と周辺性、つまり**階層性** (hiérarchisation) が絶対に必要である。さもなければ言語表現のほとんどが、記号素の単純な羅列でしかありえなくなってしまう。たとえば une tenue bleu roi の四つの記号素の意味関係は、「単一性＋服装＋青色＋王様」のような概念の平板な並置から想像や連想によって組み立てるしかないことになる。このタイプの伝達手段に限界があることは言うまでもない。

一方が中心的で他方が付随的な統辞関係を、従属あるいは限定と呼ぶ。より明確に定義すれば、次の三つの条件が満たされるとき，X は Y に従属する (X が Y を限定する) と言われる。(i) X の出現が Y の存在に依存する。(ii) X の付加が Y の統辞的ステイタスに本質的な影響を与えない。(iii) 発話の他の部分 (le reste de l'énoncé) に対して X が持つ統辞関係が、Y のそれとは異なる。

(8) J'ai un petit ami. (M.Levy) 恋人がいます。

たとえば (8) において、un と petit は ami に従属している。(8) での un や petit の出現は ami の存在に依存する。(8) から ami を消去すれば、それにともなって un や petit も (8) から姿を消す。また un と petit を付け加えることは、(8) における ami の統辞ステイタス (直接目的) に本質的な影響を与えない。そして un や petit

と発話の他の部分との統辞関係が、ami と発話の他の部分との統辞関係と異なることは自明である。

(8) における ami はまた、un petit ami という連辞の中心部分として、動詞の ai に従属している。(8) から ai を除去すれば、ami はこの文の直接目的辞という存在理由を失うことになる。

上の三つの条件のうち、従属関係にとって本質的なのは (i) だけである。(ii) と (iii) は、従属を自律 (6.2.2.を参照) や等位 (6.2.3.を参照) から明確に区別するための補助的な条件と考えてよい。

(9)　　Et toi, tu *penses à quoi* ? (F.Vargas) で君は何を考えているの？

従属関係の判別に曖昧さがあるように思えることがある。たとえば (9) において、à quoi が pense に従属しているのか、あるいは quoi が pense à に従属しているのかの区別は、考え方にもよる。これは判定が曖昧な場合があるということに過ぎず、従属が依存を本質とする統辞関係であるという定義を変更する必要はない。灰色が存在するからといって、白と黒の区別が無意味になるわけではない。

6.2.2. 自律関係

前置詞や従属接続詞を、まとめて**機能辞** (fonctionnel) と呼ぶ。機能辞とは、他の記号素や連辞が文中でどのような機能を担うかを表示するための記号素である (6.4.2.を参照)。

(10)　　Il travaille *avec moi*, [...]. (T. Benacquista)
　　　　彼はわたしと一緒に働いている。

(11)　　Tu es si mignonne *quand tu souris*... (A. Gavalda)
　　　　笑うと本当にかわいいね...

たとえば (10) の avec は、moi がこの文の中で果たす機能を表示する。(11) の quand は tu souris が、この文の他の部分に対してどのような統辞関係を持つかを示している。

機能辞と他の記号素の間にある統辞関係を従属とは呼ばない。確かに avec の出現はある意味では moi の存在に依存しているし、逆に moi の出現もまた avec に依存している部分がある。しかしこれは単なる依存関係ではなく、avec の存在は、moi と発話の他の部分との統辞関係に本質的な影響を与える。従属という概念は階層性を明確化するためのものである (6.2.1.を参照)。一方が他方のステイタスに影響するような関係を従属に含めるべきではない。

以上のように、機能辞が他の記号素とつくる統辞関係を、自律関係と呼ぶことにする。自律という用語には、6.4.3.で再度言及する。

6.2.3. 等位関係

発話の他の部分に対して同一の統辞関係を持つものは、等位関係にあると言われる。
    (12)　*Arthur et Pablo* descendaient Filmore Street. (M.Levy)
        アルチュールとパブロはフィルモアストリートを下っていた。

(12) において Arthur と Pablo は、descendaient の主辞という統辞的ステイタスを共有している。つまり Arthur と Pablo は発話の他の部分 (descendaient Filmore Street) に対して同一の統辞関係を持つのだから、これらは等位関係にあると言ってよい。等位関係にある表意単位は互いに同じ階層にあるのだから、従属とは別物である。

6.2.4. その他の統辞関係

複数の記号素が一体化するという統辞現象がある。
    (13)　Ça leur *est facile*. (S.Brussolo) それは彼らにとって簡単だ。

たとえば (13) において、est と facile は一体化して**複合的述辞** (prédicat complexe) を構成している。(13) の leur は単体の est にも facile にも従属できないのだから、est facile という連辞全体に従属していると考えざるをえない。この用法の être は**繋辞** (copule) と呼ばれる。

(13) における est と facile の統辞関係は、一体化するという点で、表意単位と位置の間の関係や、機能辞がつくる一体化の関係と同等である (6.4.1.と 6.4.2.を参照)。

6.3. 統辞機能の定義
6.3.1. 従属について

統辞機能に定義を与える。統辞機能は記号素や連辞が，発話の他の部分に (統辞的に) 従属する場合にのみ生じる。従属することが、統辞機能を持つことの定義である。
    (14)　Il faut trouver une autre idée. (*Elle*, 2 mai 2005)
        別の考えを見つけることが必要です。

(14) において trouver...の統辞機能は、faut に従属することによって生じる。つまり trouver...は faut に従属するという統辞機能 (faut の直接目的) を持つ。一方 faut はこの文の他の部分に従属せず、述辞として「そこにある」だけで、明確な統辞機能

を担ってはいない。

　同様に、(14) における une と autre は idée に従属することによって、意図された統辞機能を担う。一方、une autre idée の内部において idée に明確な統辞機能はなく、une と autre による従属の対象として「そこにある」だけである。(14) の idée の統辞機能はこの連辞の外部に対して働く。つまりこの idée の統辞機能 (trouver の直接目的) は、une autre idée という連辞全体の中心部分として trouver に従属することによって生じる。

6.3.2. 自律関係について

　自律と呼ばれる統辞関係は、明確な統辞機能を持たない。

　　(15)　Il gérait le tout *avec sagesse*, [...]. (T. Jonquet)
　　　　　彼はすべてを慎重に管理していた。

　　(16)　On fait quoi *avec* ? (A. Gavalda) それを使って何をするの？

　(15) において、avec も sagesse も単独では明確な統辞機能を持たない。これらが統辞機能を担うのは、avec sagesse という連辞全体が発話の他の部分 (直接的には gérait) に従属するからである。確かに avec は sagesse がこの文に組み入れられるという統辞現象において、何らかの役割を担っている。しかしこの働きは、avec sagesse という連辞が (15) で担っているような明確な統辞機能とは別物である。逆に avec が統辞機能を持つのは、(16) でのように、それが単独で発話の他の部分に従属する場合である。

　　(17)　Leguennec cherche *Relivaux*. (F.Vargas)
　　　　　ルグネックはルリヴォを探している。

　　(18)　Elles m'attendaient *sagement*, [...]. (N. de Buron)
　　　　　彼女たちは、大人しくわたしを待っていた。

　(17) の Relivaux が持つ統辞機能 (cherche の直接目的) は、主辞である Leguennec との相対的な位置関係によって表示される (6.4.1.を参照)。(15) の avec と sagesse の関係は、(17) における Relivaux とその「位置」との間にある関係に近い。(17) の Relivaux がそれに相応しい位置で cherche に従属することによって特定の統辞機能を担うのと同様に、(15) の sagesse は avec を伴って gérait に従属することで特定の統辞機能を獲得している。表意単位と結びつかない限り位置には明確な統辞機能がないのと同様、(15) の avec に明確な統辞機能はない。(17) において Relivaux とその位置が一体化しているのと同じく、(15) の sagesse は発話の他の部分に従属するた

めに avec と一体化していると考えなければならない (6.4.1.と 6.4.2.を参照)。実際、avec sagesse の統辞的なステイタスは、(18) の sagement に匹敵している。

6.3.3. 等位関係について

等位という統辞関係は、明確な統辞機能を持たない。

(19) *Philosophie et spiritualité* s'organisent contre l'horreur. (*Elle*, 19 septembre 2005) 哲学と宗教は恐怖に対抗して作られる。

(19) において s'organisent の主辞機能を受け持つのは、philosophie et spiritualité という連辞全体である。(19) の philosophie と spiritualité はそれぞれ、この連辞内部において等位で結ばれている受け身的な存在に過ぎず、個別の統辞機能を持たない。実際、無冠詞名詞である philosophie と spiritualité は単独では主辞として不完全である。要するに philosophie と spiritualité は発話の他の部分に対して同じ関係にあるというだけで、これらの間に明確な統辞機能があるわけではない。

機能と統辞機能を区別する必要がある。統辞機能は言語における機能の一部分に過ぎない。確かに (19) の philosophie と spiritualité は、この文中で何らかの機能を担うために存在しているはずである。しかし (19) において主辞機能を担うのは、philosophie et spiritualité という連辞全体である。

等位関係にある表意単位は、発話の他の部分に対して同一の統辞関係を持つ (6.2.3.を参照)。つまり等位の定義の本質は関係の同一性にあって、それが文中でどのような働きをしているかという機能の問題からは独立している。この事実は等位が統辞的な関係ではあっても、統辞機能と呼ぶべきものではないということを明瞭に示している。

6.3.4. 述辞について

一般に述辞 (prédicat) は発話の他の部分に従属せず、従属関係がつくる階層構造の頂点に位置する (6.3.1.を参照)。これは述辞の定義そのものである。そしてこのことが、述辞を中心にまとまっている連辞全体が、談話から統辞的に独立する基盤となる。階層構造の頂点にあること、つまり統辞機能の不在は、独立の可能性を含意するからである。統辞機能は従属を前提とするのだから、統辞機能の不在は逆に非従属性 (つまり独立性) を意味することになる。

(20) La réalité *dépasse* souvent la fiction. (M. Chattam)
現実はしばしば虚構を超える。

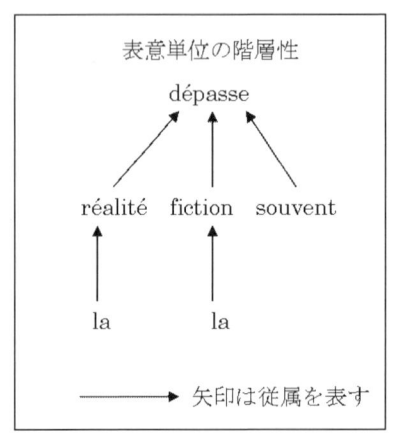

```
    表意単位の階層性
         dépasse
         ↗  ↑  ↖
    réalité fiction souvent
       ↑      ↑
       la     la

    ──────▶ 矢印は従属を表す
```

たとえば、(20) の述辞である dépasse は発話の他の部分に従属していない。このことは dépasse を階層構造の頂点とする連辞全体 (la réalité dépasse souvent la fiction) が、談話から統辞的に独立していることと同義なのである。

述辞に直接従属する構成要素の働きを一次機能 (fonction primaire) と呼ぶ。従属関係が述辞に近いほど、階層が上位だからである。たとえば、(20) における réalité、fiction そして souvent は一次機能示す要素である。一方、(20) の二つの la の働きは非一次機能 (fonction non primaire) と呼ばれる。

6.3.5. 主辞について

主辞 (sujet) は動詞に対する従属要素である。主辞機能は動詞がなければ現れない。他方、動詞は述辞に特化した記号素であるから (6.5.1.を参照)、主辞がなくても述辞である。実際、動詞は明示的な主辞がなくても、(21) でのような命令文の述辞でありうる。

(21)　*Faites*-moi confiance. (M.Chattam)　わたしを信頼してください。

(22)　Je crois que *suis fatiguée*. (M.Levy)　疲れているみたい。

(23)　Jamais *vu* une tempête pareille ! (M.Chattam)
　　　こんな嵐は見たことがない！

主辞の有無は動詞とその他の部分との統辞関係に本質的な影響を与えない。確かに主辞が欠ければ全体が文として不完全になることが多いが、動詞記号素が (従属節でない限り) 述辞としてしか使えないことに変わりはない。たとえば (22) や (23) に見られるように、動詞の活用部分に痕跡が残ることはあるが、主辞機能は表明されない場合がある。

6.3.6. 特有機能と非特有機能

統辞機能は、特有機能 (fonction spécifique) と非特有機能 (fonction non spécifique) に分けることができる。特有機能とは、記号素の下位分類に役立つような統辞機能である。非特有機能は逆に、記号素の下位分類に役立たない統辞機能を意

味する。
- (24) *Vous* connaissez *Juliette* depuis longtemps ? (G.Musso)
  ずっと前からジュリエットをご存知なのですか？
- (25) Il est 12h 30... je pars *à 13 heures*. (A.H.Japp)
  12時30分...13時に発ちます。

たとえば、動詞には直接目的辞を持つ場合と持たない場合がある。したがって直接目的の有無は動詞の分類基準となるから、(24) の Juliette は特有機能である。逆に主辞はすべての動詞が要求する義務的な機能 (fonction obligatoire) なので、動詞の分類に役立たない。よって (24) の vous は非特有機能である。同様に、(25) の à 13 heures もあらゆる動詞に従属する可能性があるため、非特有機能と考えてよい。

6.4. 統辞機能の表示方法
6.4.1. 位置

統辞機能の定義は、表意単位が発話の他の部分に従属していることである (6.3.を参照)。統辞機能の、つまり従属の表示方法は三通り考えられる。位置、機能辞の使用、記号素の性質、の三つである。まず、位置について見てみよう。

- (26) Seulement, Damas aime *Lizbeth*. (F.Vargas)
  ただ、ダマはリズベスを愛しているのです。

(26) において Lizbeth が担う統辞機能 (aime の直接目的) は、主辞である Damas との相対的な位置関係によって表示される。Lizbeth と Damas の位置を逆にすれば、統辞機能も逆になる。言い換えれば、Lizbeth とその位置の複合体が aime に従属していることになる (6.3.2.を参照)。

6.4.2. 機能辞の使用

統辞機能の表示のために、機能辞を用いることがある。機能辞とは、他の記号素や連辞が文中でどのような統辞機能を担うかを示すための記号素である (6.2.2.を参照)。

- (27) Tu viens *chez moi*, samedi soir ? (N. de Buron)
  土曜の晩、ウチに来ない？
- (28) C'est comme ça *parce que c'est comme ça*. (A.Nothomb)
  そういうことだから、そういうことなんだ。

(27) においては chez という機能辞が、moi の統辞機能を表示している。(28) の後半の c'est comme ça の統辞機能は、parce que という機能辞によって示される。前置

詞や従属接続詞のような機能辞と表意単位の複合体が、発話の他の部分に従属していることになる (6.3.2.を参照)。

6.4.3. 記号素の性質
統辞機能の表示が位置 (6.4.1.を参照) によるのでもなく、機能辞の使用 (6.4.2.を参照) によるのでもないことがある。この場合は消去法的に、発話の他の部分に対する統辞関係が記号素そのものに含意されていると考えざるをえない。

(29)　Ça tombe *bien*. (A.Nothomb) それは都合がいい。

(30)　La célébrité n'a pas de valeur *pour moi*. (*Elle*, 2 mai 2005)
　　　わたしには名声など無価値だ。

(29) の bien の統辞機能の表示は、位置によるのでもなければ機能辞の存在によるのでもない。したがって bien という記号素自体に、統辞機能の表示が含まれていると考えるしかない。

発話の他の部分に対する統辞関係が表意単位に含意されている状態を、**自律的** (autonome) と呼ぶ。つまり (29) の bien は自律的な記号素である。機能辞がつくる統辞関係を自律関係と呼ぶのは (6.2.2.を参照)、機能辞を含む連辞が自律的だからである。たとえば moi は非自律的な記号素だが (6.5.7.を参照)、(30) の pour moi は自律的な連辞である。機能辞の存在理由は基本的に、他の表意単位を自律化 (autonomiser) することだと言ってよい。

6.4.4. その他の表示方法
統辞機能を表示する過程で、非自律化といってよいような操作がなされることがある。

(31)　J'ai voulu parler *avant qu*'il parle. (S. Japrisot)
　　　彼が話す前に話したかった。

(32)　Je pense *que vous avez besoin de repos*. (A.Nothomb)
　　　あなたは休息を必要としていると思います。

(33)　*Quand je repense à lui*, j'ai de la peine. (F.Vargas)
　　　彼のことを思い返すと、悲しくなる。

たとえば (31) において que は、自律的でも非自律的でもない il parle を非自律的な単位としてまとめている (6.5.1.を参照)。実際、同様に que によってまとめられた (32) の que vous avez besoin de repos は自律的な連辞ではない。これが pense の直

接目的辞であることは、主辞との相対的な位置関係によって表示される (6.4.1.を参照)。つまり avant que による il parle の自律化には、que による il parle の非自律化と、avant による qu'il parle の自律化が共存していることになる。またこの二つの操作を、(33) の quand のような単一の記号素が担う場合もある。

6.5. 記号素の分類
6.5.1. 独立記号素

これまで述べてきたことをふまえて、記号素の分類を試みる。まず、統辞機能を表示する必要のない記号素を、**独立記号素** (monème indépendant) と呼ぶ。統辞機能の表示が不必要なのだから、独立記号素は自律的でも非自律的でもない (6.4.3.を参照)。

(34)　Vous fumez ? (M.Levy)　タバコを吸いますか？

(35)　── Avez-vous peur de vieillir ? ── *Non*. (F.Sagan)
　　　　「年をとるのが怖いですか？」「いいえ」

(36)　*Aïe* ! Faubourg Saint-Honoré, c'est cher ! (N. de Buron)
　　　　アイタッ！サントノレ街は高いよ！

独立記号素には、(34) の fumez のような動詞 (verbe)、(35) に見られるような oui、si、non、(36) における aïe のような間投詞 (interjection) がある。これらは発話の他の部分に従属しないのだから、原則的には統辞機能を含意しない記号素である (6.3.1.を参照)。

独立記号素は、従属接続詞や関係代名詞を使わないかぎり、従属関係がつくる階層構造の頂点にしか来ることができない (6.3.4.を参照)。言い換えれば、独立記号素は述辞に特化した記号素である。

6.5.2. 独立記号素の下位分類

独立記号素は、統辞的な基準で下位分類することができる。

(37)　Je crois que *je t'aime*, [...]. (F.Beigbeder)　きみを愛していると思う。

(38)　C'est possible que *oui*, c'est possible que *non*. (F.Vargas)
　　　　そうかも知れないし、そうじゃないかも知れない。

動詞は (37) の je t'aime のように従属節の中で用いることができ、主辞機能の存在を含意する。(38) でのように oui、si、non も従属節中に現れうる。しかし、主辞機能を伴うことはできない。間投詞は従属節中で使うことができないし、主辞機能も伴

わない。

6.5.3. 機能辞

他の表意単位と一体化して、統辞機能を表示するための記号素を、機能辞と呼ぶ（6.2.2.、6.3.2.そして 6.4.2.を参照）。

(39) Je vais *en Avignon*. (F.Vargas) わたしはアヴィニョンに行きます。

(40) Pourquoi tu fumes, *alors que ça donne des maladies* ? (*Elle*, 18 avril 2005) 病気になるのに、なんでタバコを吸うの？

機能辞としては、(39) の en のような前置詞 (préposition) や、(40) の alors que のような従属接続詞 (subordonnant) がある。従属接続詞は等位接続詞よりも、機能的には前置詞に近い (6.5.9.を参照)。

6.5.4. 自律記号素

それ自身に、発話の他の部分に対する統辞関係を含意している記号素を、自律記号素 (monème autonome) と呼ぶ (6.4.3.を参照)。

(41) Tu aimes *toujours* Puccini ? (M.Chattam)
あいかわらずプッチーニが好きなの？

(42) Je suis un type *pauvre*, donc un *pauvre* type. (F.Beigbeder)
俺は貧乏だから、可哀想なヤツだ。

(41) の toujours が aimes に従属していることが分かるのは、toujours が持つ性質のためである。(42) における形容詞 (pauvre) と名詞 (type) の統辞関係が従属であることは、形容詞という記号素に含意されていると考えてよい。

6.5.5. 様態辞

自律記号素 (6.5.4.を参照) の一つに、**様態辞** (modalité) と呼ばれるものがある。様態辞は、それが従属する記号素のタイプが一つに決まっている。フランス語では、**時制** (temps ; ex) 半過去や単純未来)、**法** (mode ; ex) 接続法や条件法)、**完了アスペクト** (aspect accompli ; ex) 複合過去)、**受動態** (voix passive) や**冠詞** (article) 類などが様態辞である。従属は統辞機能そのものを含意するから、様態辞は本質的に単機能 (unifonctionnel) である。様態辞はまた、他の記号素によって従属されることがない。

(43) Tu m'*attendais* pour ça ? (M.Levy) そのためにぼくを待っていたの？

(44) Il faut qu'elle *dorme* ! (S.Brussolo) 彼女は眠る必要がある！

(45) [...], vous m'appelez dès que vous *avez fini*. (B.Aubert)
　　　終わったらすぐに電話してください。

(46) Elle *est surveillée* par cinq flics. (F.Vargas)
　　　彼女は五人の警官に見張られている。

たとえば (44) の attendais では半過去が、(44) の dorme では接続法が、動詞に従属している。(45) の avez fini においては、動詞に完了アスペクトの従属がある (6.1.3.も参照)。(46) の est surveillée は動詞 (surveille) に受動態を従属させたものである。これらの記号素は動詞にしか従属しない。また、これらに従属する記号素は存在しない。

6.5.6. 非自律記号素

統辞機能の表示を位置や機能辞に頼らなければならない記号素を、**非自律記号素** (monème non autonome) と呼ぶ (6.4.1.と 6.4.2.を参照)。

(47) En fait, j'attends *quelqu'un*. (G.Musso) 実は人を待っているのです。

(48) Je n'ai jamais été tué par *quelqu'un*. (A.Nothomb)
　　　人に殺されたことなんかありません。

たとえば (47) の quelqu'un は、attends の直接目的であることを表示するために位置を利用している。(48) の quelqu'un は par によって自律化されている (6.4.3.を参照)。非自律記号素には、名詞 (nom)、代名詞の強勢形 (forme tonique des pronoms)、一部の不定代名詞 (pronom indéfini) などが含まれる (6.5.7.を参照)。

非自律記号素は決まった統辞機能を含意せず、複数の統辞機能に対応する潜在性を持つ。その意味で、非自律記号素は多機能的 (plurifonctionnel) な記号素である。

6.5.7. 接辞代名詞と非接辞代名詞

動詞がなければ現れないような代名詞を、**接辞代名詞** (pronom clitique) と呼ぶ (5.5.2.を参照)。それに対して、動詞がなくても現れうる代名詞を、非接辞代名詞あるいは代名詞の強勢形と呼ぶ。

(49) *Il te* connaît ? (F.Vargas) 彼は君を知っているのかな？

(50) *Moi*, personne m'a aidé. *Toi* non plus. (N. de Buron)
　　　誰もわたしを助けてくれなかった。君も助けてくれなかった。

(49) の il と te は接辞代名詞である。接辞代名詞は自律記号素の一つで、様態辞で

もある (6.5.4.と 6.5.5.を参照)。一方、(50) の moi と toi は非接辞代名詞である。非接辞代名詞は非自律記号素だと考えてよい (6.5.6.を参照)。

6.5.8. 独立化記号素
他の表意単位を独立記号素 (6.5.1.を参照) に近づけるための記号素を、独立化記号素 (あるいは提示詞 [présentatif]) と呼ぶことにする。
 (51) Les règles ont changé, *voilà tout*. (G.Musso)
    規則が変わった、それだけのことです。
 (52) Mais ne t'en fais pas, *il y a pire*. (F. Vargas)
    でも心配しないで、もっと悪いことだってある。
 (53) Notre conversation, *c'est secret* aussi, d'accord ? (M.Levy)
    わたしたちの会話も秘密だ、いいね？

(51) の tout は、voilà の存在によって動詞や間投詞の統辞ステイタスに接近している。つまり voilà tout は述辞に特化した連辞である。同様に (52) の il y a pire や (53) の c'est secret も述辞に特化した、独立的な連辞である。これらの用法における voilà、il y a、c'est は独立化記号素と考えてよい。

6.5.9. その他の記号素
等位接続詞 (coordonnant) は、等位関係を明示するための自律記号素だと考えられる。
 (54) *Marc, Lucien et Mathias* se séparèrent au métro. (F.Vargas)
    マルク、リュシアン、マチアスは地下鉄で別れた。
 (55) *Couturières, professeurs de maintien, de danse, de chant* se succèdent.
    (S.Brussolo) 仕立て屋に、作法、踊り、歌の先生たちが次々と現れた。

(54) の Marc、Lucien、Mathias が等位関係にあるのは、これらが発話の他の部分 (se séparèrent au métro) に対して同じ統辞関係にあるからである (6.2.3.を参照)。必ずしも等位接続詞が使われているからではない。実際 (55) でのように、等位関係は接続詞がなくても成立可能である。

(54) の等位接続詞は Marc、Lucien、Mathias が等位関係にあるから現れた記号素である。等位接続詞があるために、この三つの固有名詞が等位関係にあるわけではない。むしろ (54) への等位接続詞の出現は、Marc、Lucien、Mathias の存在に依存している側面がある。Mais ! のような間投詞としての用法は別として、他の表意単位

が存在しないのに等位接続詞だけが現れるはずがない。また等位接続詞の有無は Marc、Lucien、Mathias の間の統辞関係に本質的な影響を与えない。したがって (54) の等位接続詞は Marc、Lucien、Mathias に対する従属要素と考えられる (6.2.1.を参照)。等位接続詞は、複数の記号素を従属の対象とする点が特徴的である。

6.6. 内心構造と外心構造
6.6.1. 内心構造・外心構造の定義

連辞は、内心構造 (construction endocentrique) と外心構造 (construction exocentrique) に分けることができる。これらは従来、およそ次のように定義されてきた。連辞 XY が X あるいは Y と同じ位置に現れうるとき、この連辞を内心構造と呼ぶ。そして XY が X と Y のどちらとも異なる位置にしか現れない場合、この連辞を外心構造と呼ぶ。

内心構造と外心構造が持つ機能の違いを明確にするために、定義を次のように修正することにしよう。内心構造とは、一まとまりで統辞機能を担いうるような連辞のことである。外心構造とは、そのような可能性を持たない連辞を意味する。

(56) Marie portait *des lentilles bleues*. (A.H.Japp)
マリは青いコンタクトレンズを着けていた。

たとえば (56) において、des lentilles bleues という連辞全体は、lentilles を中心に一まとまりとなって portait に従属している。つまり des lentilles bleues は一まとまりで統辞機能 (直接目的) を持つことになるから、内心構造であると考えてよい。内心構造は従属を前提にしているのだから、独立性は低い (6.3.4.を参照)。

6.6.2. 外心構造と独立性

主辞と述辞がつくる連辞 (つまり動詞文 (phrase verbale)) は、外心構造である。

(57) La vie continue. (A.Gavalda) 生活は続く。

(57) の la vie continue は、従属接続詞などを使わないかぎり、発話の他の部分に従属する可能性を持たない。したがって、この連辞は全体で一まとまりの統辞機能を持たないのだから、外心構造と考えられる。連辞 (la vie continue) に積極的な統辞機能 (発話の他の部分への従属) が欠如していることが、独立文を構成するための基盤となっている。

外心構造が、非動詞文 (phrase non-verbale) の成立に利用されることがある。

(58) Finis les bavardages, finies les chansons. (R. Dahl)
お喋りは終わり、歌も終わりだ。

(59)　Eux, mentir ? (T.Jonquet)　彼らが嘘をつくだって？

(58) の finis les bavardages も finies les chansons も、まとまって統辞機能を担いうるような連辞ではない。これら外心構造の連辞が、内心構造である les bavardages finis や les chansons finies よりも文としての独立性が高いことに注目しよう。(59) の eux, mentir についても同様である。この連辞は、単体の eux や mentir よりも文としての独立性が高い。

明確な統辞機能を持たない外心構造は、発話の他の部分に従属しないという否定的な性格を利用することで、内心構造に対して相対的に高い独立性を獲得する可能性がある (6.3.4.を参照)。従属性と独立性はいわば反比例の関係にあるからである。非動詞文の成立には、この仕組みがかかわっていることが少なくない。

(60)　Même mon grand-père trouvait *ça démodé*. (T. Benacquista)
　　　　わたしの祖父でさえ、それを時代遅れと見なしていた。

(60) の ça démodé を連辞と見なすならば、これも外心構造である。(60) において ça démodé が文的な解釈を受ける現象には、この連辞が (57) や (58) と同様に外心構造であることも関係していると思われる。

6.7. 無冠詞名詞

統辞現象の事例研究として、無冠詞名詞がどのような位置で使用されるかを分析してみよう。大まかに結論を言えば、無冠詞名詞は、単体では明確な統辞機能を持たないような位置に現れる傾向がある。

(61)　Il y a *foule*. (S.Brussolo)　人だかりがある。

(61) の foule はこの文の述辞である (6.5.8.を参照)。述辞は階層構造の頂点に位置するため、統辞機能を持たない (6.3.1.と 6.3.4.を参照)。

(62)　La révolte fait *partie* du jeu. (F.Beigbeder)　反乱はゲームの一部だ。

(63)　La haine est *amour*. (F.Beigbeder)　憎しみは愛である。

(62) と (63) の無冠詞名詞は、動詞と一体化している (6.2.4.を参照)。動詞に従属しているわけではないから、これらの無冠詞名詞には明確な統辞機能がないと考えられる。

(64)　Il la regarda avec *tendresse*. (G.Musso)
　　　　彼は優しさを込めて彼女を見つめた。

(64) の avec tendresse の内部で、tendresse は avec と一体化している。(64) において統辞機能を担うのは tendresse ではなく、avec tendresse という連辞である

(6.3.2.を参照)。

 (65) *Fièvre* et *froid* se mélangent, m'abrutissent. (B.Aubert)
    熱と寒さが混じりあい、わたしをへとへとにさせる。

 (66) Il ne portait ni *casquette* ni *uniforme*. (S. Japrisot)
    彼は制帽も制服も身に着けていなかった。

(65) において主辞機能を担うのは fièvre et froid である。無冠詞名詞の fièvre と froid はこの連辞の内部で等位で結ばれているだけの、消極的な存在に過ぎない (6.3.3.を参照)。実際 fièvre も froid も、単独では主辞として不適切である。(66) に関しても同様で、この文の直接目的辞となっているのは等位接続された ni casquette ni uniforme である。

 (67) Les gens marchent vite, *tête* baissée, *parapluies* déployés. (B.Aubert)
    人々は頭を下げ、傘を広げ、足早に歩いている。

 (68) J'ai habité là, *enfant*. (F.Vargas) 子供の頃、わたしはそこに住んでいた。

 (69) *Adolescents*, on était inséparables. (T. Benacquista)
    未成年の頃、わたしたちはいつも一緒だった。

(67) の tête baissée、parapluies déployés のような絶対構文で無冠詞名詞が用いられる場合、それが単体であることは稀である。(67) で統辞機能を持つのは tête baissée と parapluies déployés であって、tête や parapluies ではない。この構文において単体で使用できる無冠詞名詞は、(68) の enfant や (69) の adolescent など、種類がある程度限られている。

 (70) Je n'ai aucune preuve. *Imagination* pure. (F.Vargas)
    何の証拠もありません。純粋な想像です。

 (71) Brusquement, *silence*. (N. de Buron) 突然、静寂。

(70) での imagination pure は独立文である。述辞である imagination は他の表意単位の従属要素ではない。したがって、(70) の imagination は明確な統辞機能を持っていない (6.3.4.を参照)。同様に (71) の silence にも明確な統辞機能はない。

第 7 章　意味論・語彙論

7.1. 意味論・語彙論とは

　意味論とは、言語表現とその意味との間の関連を明らかにする研究領域である。意味論の対象は語彙、構文、文、発話などさまざまなレヴェルでありうる。

　語彙論とは、語彙を形成する単位 (基本的には単語) を分析・記述するとともに、それらの単位の間にある関係を明らかにする研究領域である。

　本章では、意味論と語彙論の交わり合う領域である語彙意味論を中心に扱うことにする。語彙論の中でも、語形成の問題については第 5 章で、また、文や発話を対象とする意味論については第 8 章で語用論との関わりにおいて触れる。

7.2.「意味の意味」

　意味 (sens) とは何か。この問いに答えるために、オグデンとリチャーズの有名な著書 (Ogden et Richards (1923) : *The Meaning of Meaning*) から、同様に有名な図を引用することから始めよう。

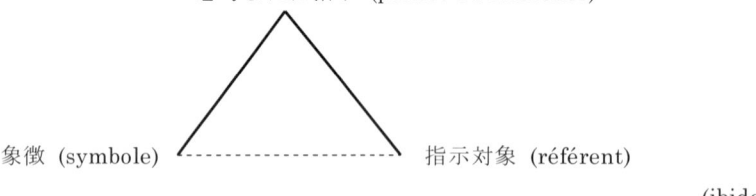

　　　　　　　思考または指示 (pensée ou référence)

象徴 (symbole) - - - - - - - - - - - - - - - 指示対象 (référent)

(ibidem, p.99)

　ここでいう象徴とは、言語記号のことである。思考は、言語記号によって表わされている意味内容であり、指示対象とは、現実の世界の中でその意味内容に対応する事物である。象徴と思考、そして思考と指示対象の間にはそのような対応関係があるが、象徴と指示対象の間には、直接の関係はない (図はそのことを点線で示している)。素朴な言語観によると、言語は現実を語るものであり、象徴が指示対象を直接に指し示しているとついつい考えられがちであるが、この図はその誤解を正そうとするものである。ある言語記号の意味とは、あくまでも図中で「思考」と呼ばれている、当該の言語記号に対応する概念なのである。言語の世界は三角形の左側の斜辺に納まって

いるのであって、右側には直接には関与しないのである。たとえば、étoile du matin (明けの明星) と étoile du soir (よいの明星) は、現実世界における指示対象としては同じ金星を指すが、意味が同じであるとは言えない。それどころか、指示対象が存在しない場合さえある。licorne (一角獣) のような想像上の存在、あるいは、pureté (純潔さ) のような抽象概念に関しては、指示対象は少なくとも現実の世界には存在しない。

なお、オグデンとリチャーズの3項図式は、フレーゲ (Frege 1892) の指示理論を承け継ぐものである。フレーゲは記号 (Zeichen [独], signe [仏])、意味 (Sinn [独], sens [仏])、指向 (Bedeutung [独], désignation [仏])[24] の3項をたてており、これらは順に、オグデンとリチャーズのいう象徴、思考、指示対象に概ね対応している。最後の「指向」、「指示対象」は若干異なるようにも見えるが、フレーゲ自身が「明けの明星」と「よいの明星」で「意味」は違っているが「指向」は等しいと言っていることからも、「指向」、「指示対象」ともに外界の事物を指し示すレヴェルが問題になっていることが理解できるであろう。

ミルネール (Milner 1989) は指示の理論を精緻化し、潜勢的指示 (référence virtuelle) と現勢的指示 (référence actuelle) という重要な区分を提唱した。潜勢的指示とは、ある指示対象がある言語表現によって指し示されるために満たすべき条件の総体であり、その言語表現の語彙的意味である。それに対して、現勢的指示とは、個別の使用、すなわち発話において目指されている具体的な指示対象の画定である。名詞 carotte (ニンジン) を例にとると、辞書レヴェルで carotte の意味を明らかにするのが潜勢的指示であるのに対して、たとえば名詞句 les carottes qui poussent dans ce jardin (この庭に生えているニンジン) によって具体的に何株かのニンジンを指すことが現勢的指示である。

潜勢的指示・現勢的指示の対立は、哲学的文脈でいう内包 (intension または compréhension)・外延 (extension または étendue) の対立に関連づけることができる。内包とは、ある言語記号によって指示しうるための条件となる諸属性の総体である。それに対して外延とは、ある言語記号によって指示される諸対象の総体 (個別例の集合) である。たとえば chien (犬) を定義する場合、« mammifère quadrupède de

---

[24] フレーゲの (ドイツ語の) 用語法は、こんにちの慣用とは異なる。こんにち、Bedeutung と呼ばれる言語的意味を Sinn と呼び、Bedeutung はフランス語の désignation に近い語源的な意味で使っている。つまり、外界の指示対象を指し示すレヴェルである。Bedeutung のフランス語の定訳は signification であるが、ここではフレーゲに独特の用法を尊重して、あえて désignation としている。なお、フレーゲの Bedeutung に相当する概念は、こんにちの用語では Bezeichnung とされることが多い。

la famille des canidés イヌ科の 4 足哺乳類 » といえば、それは内包による定義であることになり、{ フィド、ラッシー、ポチ... } と 1 匹 1 匹個別例を挙げてゆくなら、それは外延による定義であることになる。したがって、内包は潜勢的指示、外延は現勢的指示と親和性が高い概念である。

7.3. 意味的関係

以下では、複数の言語記号の間に想定できる、主要な意味的関係について概観する。
1) 複数の異なる言語記号が、同じ意味、あるいはほとんど同じ意味を表わす場合、それらの言語記号は**類義語**（synonyme）と呼ばれる。類義語同士の関係を**類義性**（synonymie）という。例：livre、bouquin はいずれも「本」を示す。ただし、文体的な差があり、bouquin は俗語的である。
2) 二つの異なる言語記号が、反対の意味を表わす場合、それらの言語記号は**反義語**（antonyme）と呼ばれる。反義語同士の関係を**反義性**（antonymie）という。例：vivant（生きている）/vs/ mort（死んでいる）のように、互いに全く相容れない**相補的**（complémentaire）なもの、chaud（暑い）/vs/ froid（寒い）のように、連続した尺度をなす**段階的**（graduable）なもの、そして、vendre（売る）/vs/ acheter（買う）のように、立場や方向を入れ替えることになる**相互的**（réciproque）なものがあるため、反義性の内実は多様である。
3) 言語記号は音韻的・書記的に同一であっても、複数の異なる（関連づけられない）意味をもつとき、それらは意味ごとに複数の語とみなされ、**同形異義語**（homonyme）と呼ばれる。同形異義語同士の関係を**同形異義性**（homonymie）という。例：chien には「犬」と「（銃の）撃鉄」という意味がある。ただし、この場合も、「犬」から「撃鉄」へと隠喩的な関係が認められるなら、5) で扱う多義性と解釈できるようになる。同形異義性と多義性の境界は必ずしも截然としないが、辞書では同形異義語と見なす場合は見出し語を立て直し、多義語と見なす場合は単一の見出し語の下に多くの語義を示しているので、一応の目安になる。
4) 音韻的に同一で、書記的に異なり、意味も異なる複数の言語記号を**同音異義語**（homophone）といい、それらの間の関係を**同音異義性**（homophonie）という。例：verre（ガラス）、ver（みみず）、vers（詩句）、vair（毛皮）。フランス語には同音異義語が多い。
5) 同一の言語記号に複数の意味があり、それらの意味の間に関連が想定できる場合、それを**多義語**（mot polysémique, polysème）といい、多義語である性質を**多義性**

(polysémie) という。多義性の実例については、7.7 節の事例研究で詳述する。
6) 一方の言語記号の意味が、他方の言語記号の意味を包含し、分類の階層で上位に位置する場合、前者の言語記号を**上位概念語** (hypéronyme または terme superordonné)、後者の言語記号を**下位概念語** (hyponyme または terme subordonné) という。上位概念語であるという性質を**上位概念性** (hypéronymie)、下位概念語であるという性質を**下位概念性** (hyponymie) という。例：voiture（自動車）、moto（バイク）、bicyclette（自転車）などを véhicule（乗り物）という語で包括することができるので、véhicule は前3者の上位概念語であり、前3者は véhicule の下位概念語である。

7.4. 構造意味論

構造意味論 (sémantique structurale) は、ソシュールに源泉を求めることができる**構造主義** (structuralisme) に立つ意味論である。構造主義の最大の特徴は、言語体系の自律性を仮定することにある。すなわち、言語記号は言語外現実に直接言及するものではなく、シニフィアン（言語表現）をシニフィエ（概念）に結びつける働きを言語体系の内部で果たしている、という考え方である (1.3.3 節を参照)。そして、構造主義のもう一つの特徴であるが、それぞれの言語記号を定義する際にも、言語体系の圏域内に留まり、言語記号相互の関係において、それらの間の**差異** (différence) によって定まると考える。

たとえば、ポティエ (Pottier 1964, p.111) が記述する、各種の椅子を表わすいくつかの語の間の差異は、次のようなものである。

	座るもの	足がある	1人用	背もたれがある	肘かけがある
chaise	＋	＋	＋	＋	－
fauteuil	＋	＋	＋	＋	＋
tabouret	＋	＋	＋	－	－
canapé	＋	±	－	＋	±

横軸に示された5つの特徴をもつか（＋）、もたないか（－）、どちらでもよいか（±）の差異によって、縦軸に示された chaise（椅子）, fauteuil（肘かけ椅子）, tabouret（丸椅子）, canapé（ソファ）という4つの語彙素が区別されることになる。これら5つの特徴を、**弁別特徴**、そして語彙素の弁別に用いられる限りでは**意味素** (sème) と言う。

しかし、差異による意味の記述には、ヴァンドロワーズ (Vandeloise 1991) によって出された、概略次のような反論が存在する。

第1に、差異のみによって意味を記述するのであれば、たとえば chaise, fauteuil, tabouret, canapé の記述にあっては、それらが差異を示す「足がある」「1人用」「背もたれがある」「肘かけがある」の4つだけを考慮すればよいということになり、椅子として最も重要な「座るもの」という特徴を無視してよいという奇妙なことになる。

第2に、より一般的な問題として、循環論法が避けられないという問題がある。たとえば、S1, S2, S3, S4 という記号があるとしよう。構造主義の理論に従って、各記号の価値（意味）は、各記号の間の差異によって決まるとしよう。S_i と S_j の差異を $D(S_i, S_j)$ と表記し、S_i の価値を $V(S_i)$ と表記することにすると、各記号の価値は、他の記号との差異を総合して出てくるのであるから、次のようになる。

$V(S1) = D(S1, S2) \land D(S1, S3) \land D(S1, S4)$

$V(S2) = D(S1, S2) \land D(S2, S3) \land D(S2, S4)$

$V(S3) = D(S1, S3) \land D(S2, S3) \land D(S3, S4)$

$V(S4) = D(S1, S4) \land D(S2, S4) \land D(S3, S4)$

いずれの等式でも、左辺にある定義すべき記号が、右辺で差異を規定する要素として繰り返し使われている。したがって、差異による記述は必然的に循環論法に陥らざるを得ず、情報量はゼロである。

このような批判に対しては、次のような反論が可能であるかもしれない。第1点については、「座るもの」という特徴が介在しないのは、例示にあたってかりに chaise, fauteuil, tabouret, canapé という4語に語彙領域を限定しているからであって、他の家具を表わす語彙項目も入れれば当然「座るもの」という特徴も関与してくる。さらに家具以外を表わすものも入れれば「家具」という特徴も関与してくる。そのように広げてゆけば、第1の批判は回避できるであろう。第2点については、$D(S1, S2) \land D(S1, S3)$... の中で、比較項として用いられるのは S1, S2... の各記号の意味全体ではなく、それらが有する諸特性のうち、差異に局所的に関わる一部だけである。等式の右辺で S1, S2... の各記号の意味全体が動員されない以上、循環論法に陥ることは避けられる。

しかし、こうしてヴァンドロワーズの批判を回避したとしても、構造意味論に対してはより本質的な問題が提起される。それについては次節で見ることにしよう。

7.5. 認知意味論

　構造意味論のさまざまな問題点に対する解決策として、言語の機能は言語外現実を参照することによってはじめて完結するという考え方が徐々に強くなってきた。それが**認知意味論** (sémantique cognitive) という潮流である。以下ではクレベール (Kleiber 1990) の骨子に沿ってその概略を見ておこう。

　認知意味論は、構造意味論のもう一つの側面である、**必要十分条件のモデル** (modèle des conditions nécessaires et suffisantes) に対する批判もしている。必要十分条件のモデルとは、ある辞項 (terme) があるカテゴリー (catégorie) を指示するのに適切であるためには、その辞項がそのカテゴリーを定義する全ての特性をもっていることが必要であり、かつ十分であるという考え方である。しかし、このモデルは日常言語のカテゴリー構築には見合っていない。oiseau (鳥) という辞項を例として、その辞項が指すカテゴリーに属すると思われる moineau (すずめ), autruche (だちょう), poussin (ひよこ), kiwi (キウイ), pingouin (ペンギン) が、次のような特性をもつかどうかを比較してみよう。

	moineau	autruche	poussin	kiwi	pingouin
1. 飛ぶことができる	＋	－	－	－	－
2. 羽毛がある	＋	＋	＋	－	＋
3. S字型をしている	＋	＋	＋	＋	－
4. 翼がある	＋	＋	＋	－	＋
5. 卵生である	＋	＋	＋	＋	＋
6. くちばしがある	＋	＋	＋	＋	＋

　この表で、全ての成員がもっている特性は「5. 卵生である」と「6. くちばしがある」の二つだけである。したがって、必要十分条件のモデルは、その二つの特性のみを考慮することになる。この二つの条件は、確かに、生物学的に鳥類を弁別するには有効であるかも知れないが、日常言語で oiseau という辞項が使われる条件であるとは言いがたい。たとえば、スズメを見てそれを oiseau と呼ぶことはありふれているが、キウイやペンギンを見てそれを oiseau と呼ぶことはまずあり得ない。

　また、必要十分条件のモデルは、しかるべき特性を備えてさえいれば、いかなる成員も等しく十全な成員と見なし、特性を備えていなければ全く成員でないとするので、帰属に関しては「全てか無か」しかない。しかし、日常言語では、あるカテゴリーに属するかどうかの境界は曖昧であり、その境界の内側にあると見なされてもなお、成

員らしさの度合いが存在する。« C'est une sorte d'oiseau それは一種の鳥だ » とか、« C'est presque un oiseau それはほとんど鳥のようなものだ » などの文が可能であることを想起しよう。そこで用いられている une sorte de..., presque といった表現は「oiseau らしさ」を調整する働きを果たしている。そしてこの種の表現は、たとえば、« La chauve-souris est presque un oiseau こうもりはほとんど鳥のようなものだ » のように、必要十分条件のモデルではカテゴリー外と見なされる成員にさえ適用できる。このような例を見ると、必要十分条件のモデルが日常言語を捉えるには適していないことが分かる。

以上のような問題点に鑑み、認知意味論では、プロトタイプ (prototype) という概念を提唱する。プロトタイプとは、あるカテゴリーに属するのに最もふさわしいとみなされ、最も早く想起され、最もなじみの深い成員である。そのプロトタイプを中心として、類似性によって結びつけられた成員がだんだんと周縁へと広がり、境界は曖昧であるようなカテゴリーが組織される。認知意味論では、oiseau のカテゴリーを次のように設定する（この典型的特性を見れば分かるように、oiseau は日本語の「鳥」とはかなり違う）。

oiseau：プロトタイプ：moineau
典型的特性：1. 羽毛がある、2. 卵生である、3. 飛ぶことができる、4. ぴいぴいと鳴く、5. 木に住んでいる、6. 身体が小さい、7. 褐色である

しかし、カテゴリーにはいろいろなものがあり、中心的な成員を確定しがたいものもある。たとえば、ヴィトゲンシュタイン (Wittgenstein 1953) が挙げる「ゲーム」(jeu ; *game*) というカテゴリーを考えてみよう。ヴィトゲンシュタインは次のように言う。

「チェスなどのテーブルゲーム (jeux de table)、トランプなどのカードゲーム (jeux de cartes)、球技 (jeux de balle)、オリンピック競技 (Jeux Olympiques) など。共通点はあるか。［中略］すべて「面白いもの」と言えるか。チェスと五目ならべを比較せよ。常に勝者と敗者がいると言えるか。また、常に競争があると言えるか。ソリティア (patience) を想起しよう。球技では勝者と敗者がいるが、ボールを壁にぶつけて遊ぶ場合、その側面は消滅する。巧緻性と幸運が要求されるゲームを想起し、そしてテニスで要求される巧緻性とチェスで要求される巧緻性の違いも想起せよ。また、数え歌で遊

ぶ場合はどうか。「面白さ」という側面はあるが、なんと多くの他の性質がないことか。［中略］こうして検討した結果、重なりあい、交錯する類似性の複雑なネットワークがあること、そしてその類似性は時に全体的で時に局所的であるということが言える。こうした類似性を特徴づける表現として最良のものは、**家族的類似性** (ressemblance de famille) である。というのも、家族の成員のさまざまな類似性もまた、同じようなしかたで重なりあい、交錯しあっているからである」(ibidem, pp.31-32)

この引用から分かるように、日常言語では、カテゴリーが共通の特性をもっている必要はない。家族的類似の構造は次の図のようなものである。

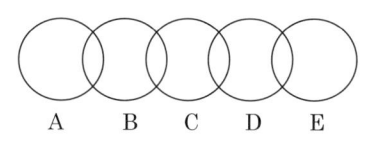

AとB、BとC、CとD、DとEの間にはそれぞれ局所的に共通点があるが、AとC、AとD、AとEなどには共通点はない。しかし、全体として連続的に捉えられ、類似していると考えられる。ゲームというカテゴリーは、このような家族的類似によって編成されているのである。家族的類似によってカテゴリーが編成されると考えると、もはや、唯一の中心、あるいはカテゴリーの代表としてのプロトタイプはなくなり、**プロトタイプ効果** (effet prototypique；要素ごとにカテゴリーへの帰属の度合いが違うこと) があるのみとなる。

7.6. 指示的意味と手続き的意味

これまでいくつかの語彙記述の方法を見てきたが、採り上げる語彙項目のタイプによって、望ましいと思われる記述方法も違ってくるということが当然考えられよう。以下では大きな枠組みとして、古くからある二分法に注目してみよう。それは、フランスの伝統文法で言われてきた「実語 (mot plein)」と「虚語 (mot vide)」という対立である。「実語」とは、意義 (signification) をもたらす、情報的に豊かな語ということであり、「虚語」とは、その逆に、意義を提供することはほとんどないが、主に文法的、機能的な操作を行なう語ということである。この対立は、意味論における重要な概念として、多くの研究へと引き継がれている。現代言語学でよく使われる用語としては、「実語」にあたるのは、外界の具体的な対象や事態に言及する「**指示的意味** (sens référentiel)」をもつ語、すなわち「**語彙的形態素** (morphème lexical)」で

あり、「虚語」にあたるのは、心的操作 (opération mentale) に対応する「手続き的意味 (sens procédural)」をもつ語、すなわち、「**機能的形態素 (morphème fonctionnel)**」である。ただし、これら両者の間には明確な境界があるのではなく、相対的な程度の差があるにすぎない。古典的な品詞分類では、名詞は多く前者に属し、副詞や前置詞は圧倒的に後者、動詞などは中ほどに位置するであろう。

典型的な機能的形態素については、7.2節で見たオグデンとリチャーズの三角形のうち、指示対象 (référent) が常に存在しないという特徴がある。

他にも、「語彙的形態素」「機能的形態素」の対立に関連すると思われる分類としては、マルティネ (Martinet 1960, pp.118-119) の「語彙的記号素 (monème lexical)」対「文法的記号素 (monème grammatical)」、アジェージュ(Hagège 1995, p.9) の提唱する、「語彙的な表現手続き (procédés d'expression lexicaux)」対「文法的な表現手続き (procédés d'expression grammaticaux)」、ホッパーとトラウゴット(Hopper et Traugott 1993, pp.103-113) による「大カテゴリー (catégories majeures)」対「小カテゴリー (catégories mineures)」という対立があげられる。

マルティネによると、文法的記号素とは、条件法現在 (-rais など) や定冠詞のように、文法的機能を担う記号素であり、それらは閉じた目録 (inventaire clos または inventaire limité) を形成している。つまり、個数が限定されており、その個数がもし拡張されるなら、現存する文法的記号素の働きが変わってしまうものである。語彙的記号素とは、名詞などのように語数の拡張が自由なものである。つまり、語数が増えても言語体系の規則の変更を必要としないもので、開かれた目録 (inventaire ouvert または inventaire illimité) を形成している。

この区別をより明確にし、またそれぞれのカテゴリー間の歴史的推移をも説明しうると考えられるのが、ホッパーとトラウゴット(Hopper et Traugott 1993) らが用いる**文法化 (grammaticalisation)** という概念である。文法化とは、本来語彙的であった形態素が、歴史的に機能的形態素へと変化してゆく過程である。彼らはさらに、文法化の通時的過程において、意味変化の方向性が固定されているとする「一方向性仮説 (hypothèse d'unidirectionnalité)」を提出しており、その仮説を支持する現象の一つとして、「脱範疇化 (décatégorisation)」が採り上げられている。脱範疇化とは、名詞や動詞などの「大カテゴリー」から「小カテゴリー」(すなわち機能的形態素) へと移行してゆく意味変化の中で、語が当初有していた名詞や動詞のカテゴリーの特徴を失ってゆく現象のことを言う。その「特徴」とは、インド・ヨーロッパ諸語では、名詞に関しては性・数・格など、そして動詞に関しては、人称・

数・時制などである。

　フランス語の例を挙げよう。Paraître (現われる、〜に見える) という動詞は、本来は他の一般の動詞と同様、全時制、全人称に活用するが、伝聞を表わす非人称表現 il paraît que... (...だそうだ) になると、活用形が 3 人称単数に限られることはもちろん、時制も現在に限られ、動詞カテゴリーの特徴の多くを失っている。したがって il paraît que... は、paraître が文法化を被った例であると言える。

7.7. 事例研究：多義性と語義記述の実際

　フランス語の語彙の特質として、**多義的** (polysémique あるいは plurivoque) とされる語が大変多いという特徴がある。これには歴史的な経緯があって、17 世紀、「明晰で、美しいフランス語」を目指す立場から、純化主義者 (puriste) たちが、思わしくないと考える語を大量に辞書から取り除き、語彙を削減した結果が、こんにちも残っているわけである。語彙が削減された結果、残った語の守備範囲が広くならざるを得なかったのである。フランス語このこうした特徴に鑑み、以下では、一つの語が多義的であるということ、すなわち、**多義性**を、どのように捉えればよいのかという問題を、いくつか例を見ながら実践的に考えてゆきたい。

7.7.1. 手始めに、比較的簡単な例であるという理由から、« pied » という語を選んで採り上げてみたい。いくつかの辞書を参考にして、« pied » の語義を、次のように分けるとしよう。

« pied » の語義分類

　1. [足]　**1.1.** (人間の) 足。« Elle avait le pied gros et court 彼女は足が太くて短かった» (Balzac, cité dans le *Petit Robert*) **1.2.** (動物の) 足。« ...les petits *pieds* agaçants de ces mouches que tu poursuis... 君が追いかけている虫の、小さな、いらいらさせる足... » (Colette, cité dans le *Trésor de la Langue Française*) **1.3.** (植物の) 根元；一株。« le *pied* d'un arbre 木の根元；un *pied* de vigne 一株のぶどうの木 » (*Dictionnaire du Français Contemporain*) **1.4.** (物の) 足、下部、(山の) 麓。« Au *pied* d'une haute falaise... 高い崖の下で... » (H. Bosco, cité dans le *Petit Robert*) **2. [度量衡]** **2.1.** (古) ピエ = 32.4 cm = 12 pouces. « La mère avait ses cinq *pieds* cinq pouces... 母親は身長が 5 ピエ 5 プースあった » (A. de Musset, cité dans le *Petit Robert*)　**2.2.** (古) 尺度。現用は « un Napoléon au petit *pied* ナポレオンの小

型版、sur le *pied* de qqch. なにがしの割合で » などの熟語で。**2.3.** 物さし。*Pied* à coulisse ノギス。**2.4.** (古) 分け前、(話) 快楽。« C'est le *pied* ! こりゃ最高だね !» **2.5.** (英米) フィート。**3. [詩]** 脚 (詩の韻律の単位)。

どの語義も、互いに少しずつ関連しており、その関連は、あるもの同士では強く感じられるのに対して、それよりは繋がりが疎遠に感じられるところもある。そうした関係を一つ一つ繋いでゆくと、全体として、次の図のような意味のネットワーク (réseau sémantique) が編成される。

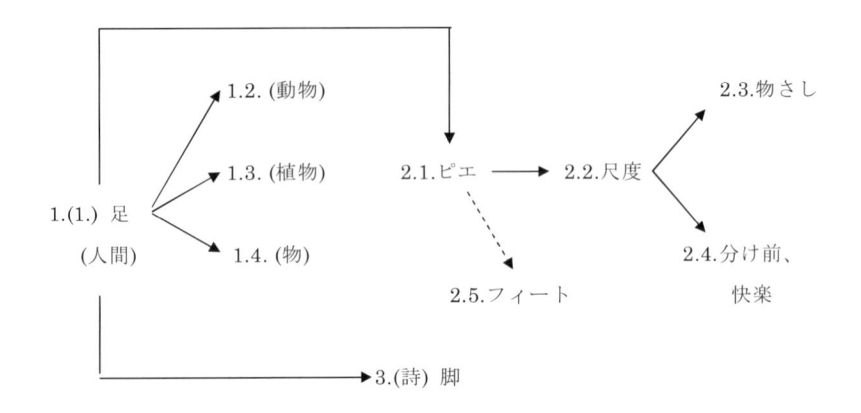

```
                 ┌──────────────────┐
                 │                  ▼
          ┌──→ 1.2. (動物)                        2.3.物さし
          │                                          ▲
          │    1.3. (植物)                           │
1.(1.) 足 ┼──→              2.1.ピエ ──→ 2.2.尺度
          │                         ╲                │
(人間)    │    1.4. (物)             ╲               ▼
          └──→                        ▼           2.4.分け前、
                                    2.5.フィート      快楽
          │
          └────────────────────→ 3.(詩) 脚
```

語義の間の関連をより詳しく見よう。図の中で、実線の矢印によって示したのは、« pied » がある語義から別の語義へと転用されることにより、意味が**派生**していることである。あるいは、« pied » の意味全体に対する新たな語義の累加として見るなら、意味は**拡張** (extension) しているといえる。

それぞれの派生・拡張は、メタフォール (métaphore) によって、あるいはメトニミー (métonymie) によってなされる。メタフォールとは、本質的には別のものの間に、部分的な同一性が認められること、すなわち**類似性** (similitude) によって結ばれる関係である。たとえば 1.1.「人間の足」から、1.3.「植物の根もと」や、1.4.「物の下部」に向けては、地面に接するところという点で類似性があるために、派生が可能になっている。一方、メトニミーとは、原因と結果、容器と内容、部分と全体のように、概念的に隣り合うような形で接点のあるもの同士の関係、すなわち**隣接性** (contiguïté) を介する。たとえば 1.「足」から、2.1.「(単位) ピエ」へと « pied » が転移するときは、「身体部分としての足」から「その長さ」へと隣接性を介して移行

第 7 章　意味論・語彙論　　　　　　　　　　　　　　　　　115

しているといえる。

　こうした関係を辞書の意味記述も踏まえていて、「2.3.」のように、何桁かの番号によって語義を分けているのは、単なる分類というよりは、階層的、樹形的な派生関係を描き出そうという目的からである。そのような観点から辞書を見直すと、それぞれの語義は、もはや、場合ごとに選び出す対象となる項目の枚挙としてではなく、連関に置かれた総体として見ることができるようになる。語義のなすネットワークが、全体としては放射状のカテゴリーを形成している、という多義性の捉え方である。

　ここで疑問が出るかも知れない。1.1. から 1.2. へ、1. から 2. へ、という形で方向性をもたせた意味の派生・拡張は、結局、フランス語の歴史に沿った « pied » の意味の変遷のことを言っているのか、ということである。たとえば、*Petit Robert* のような辞書をみると、語義ごとに、その意味での « pied » の使用が文献などで確認できる最も古い年代、すなわち初出年代 (datation) が添えられているところがある。多義性論でいう派生と、語義の歴史的変遷とは、しばしば重なり合っていて、語義提示の順も大体は新しいものが後になっている (辞書ごとに編纂方針も違っているので、例外もある)。しかし、ここでいう派生・拡張の前後関係は、必ずしも歴史的変遷に沿っている必要はない。むしろ、歴史的変遷とは一応切れたものとして考えた方がよい。共時的に考えても、語義同士の関連が、概念的に前後関係を伴って感じられるということの方が重要なのである。

　ところで、« pied » という語を初めに持ち出したのは、簡単なケースであるという理由からであった。一つ一つの語義がかなり具体的で、概念的な個別性が感じられやすい語であるということである。具体性とは、大体において外界の対象 (事物) に言及するようなもので、外界の対象同士の関連性ということからネットワーク的な捉え方をしやすいともいえる。つまり、こうした考え方には、おのずから「得意分野」とも呼ぶべきものがあり、語彙の性質によってその適合性は左右されるという予想が成り立つ。次節以降では、違ったタイプの例を考えてみたい。

7.7.2. 次に、« créneau » という語を例として考えてみよう。この語の主な用法として、次のようなものが認められる。

« créneau » の語義分類

1. (城や要塞の) 狭間、銃眼。« Les créneaux du château fort permettaient à ses défenseurs de tirer sur l'ennemi en restant à l'abri 城砦の狭間は、防戦者が隠れた

まま敵を撃つことを可能にするものだった » (Lehmann et Martin-Berthet 1998, p.75) **2.** 駐車スペース。« Je fais un créneau pour garer ma voiture 私は車を縦列駐車する » (idem) **3.** 空き時間。« trouver un créneau dans son emploi du temps スケジュールの中に空き時間を見つける » (*Grand Robert*) **4.** [商業] 新市場、未開拓分野。« Cet industriel a trouvé un bon créneau, ce qui lui permet d'exporter その実業家は、よい新市場を見つけた。そのことによって、輸出できるようになった » (Lehmann et Martin-Berthet 1998, p.75)

　この多義性はどのように考えればよいか。これらの訳語を見る限りでは、それぞれの語義の間の連関が、« pied » の場合ほど直接的には見やすくはない。また、実際に出てくる用例は、辞書的に与えられた訳語をそのまま適用するだけでは対応しきれないような捉えにくさがある。たとえば、**4** の項目に挙がっている訳語を見ると、その用法の « créneau » は、商圏を表わしていると思う人もいるかも知れない。しかし、次の実例ではどうであろうか。« Depuis dix ans, plusieurs associations se sont spécialisées dans le créneau de « soutien psychologique » aux chômeurs » (*Le Monde*) ここでは、「ここ 10 年来、いくつもの団体が、失業者に対する『心理的な支え』という部門を専門とするようになった」のように、団体としての活動の領域を表わしていることが分かる。次の例でも同様である。« Le sport est un domaine dans lequel les départements et les régions n'ont pas encore véritablement trouvé leur créneau spécifique d'intervention » (idem)「スポーツは、県や地方（の行政）が、独自に介入し得る範囲をいまだに見つけられないでいる分野である」という具合で、行政が機能することのできる「余地」のように解釈できる。

　つまり、« créneau » という語自体が表わしている意味は、**4** の用法に限って見ても、商圏だけではなく、指し示される事物の性質に応じて、もっと柔軟に変化しうる何物かであると考えられる。逆に言えば、どのような具体的事物に適用されるかは決まっていなくて、それに関わりなく « créneau » の意味が定まっているということである。適用先が決まっていないということは、もはや **1** から **4** の用法の区分とも関係なく、« créneau » の**本質的意味** (sens essentiel) が統一的に規定できるということにもなる。その本質的意味は、たとえば、「一定の行為を可能ならしめるべく空けられた空隙・間隙」のように示すことができる。この本質的意味は、文脈に置かれることによってさまざまな結果的解釈を生み出す「祖型」として想定できる図式である。同じ図式が、戦争や城砦に関して語る文脈に置かれたときは **1**、駐車の文脈では **2**、

第7章　意味論・語彙論

スケジュールが問題になるときは **3**、社会的な活動に関わるときは **4** の解釈を生み出すに至るわけである。同じ名詞でも、« pied » のように、どちらかと言えば具体的な事物を直接指し示すと考えられるタイプのものと、« créneau » のような、一定の抽象性をもつ図式的な意味のものとで、意味の捉え方、ひいては多義性の捉え方も違ってくるということが分かる。

7.7.3. 次に、動詞に目を転じて、« éprouver » の多義性を例にとってみよう。

« éprouver » の語義分類

1. (価値、性質、人を) 試す、テストする。« On éprouve un pont en plaçant dessus une forte charge 上に大きな荷重を載せることによって橋をテストする » (*Dictionnaire du Français Contemporain*)　**2.** (事態が人を) 苦しめる、辛い思いをさせる。« La perte de son père l'a bien éprouvé 父を失ったことは、彼を随分苦しめた » (*Grand Robert*)　**3.** 身をもって知る。« J'ai souvent éprouvé l'utilité de cette précaution 私はその用心の効用をしばしば痛感した » (*Dictionnaire du Français Contemporain*)　**4.** (感情・感覚を) 感じる、覚える。« Il éprouve un léger serrement de tête 彼は頭が少し締めつけられるのを感じる » (J. Romains, cité dans le *Grand Robert*)　**5.** (変化・損害を) 蒙る。« L'entreprise éprouva de nombreuses vicissitudes その企業は、あまたの変遷を経た » (*Grand Robert*)

　ここでは、程度の差こそあれ、それぞれの語義の間に連関が想定できる。特に **3～5** では、いずれも、事態の経験者が主語に立ち、何を経験するかを直接目的補語で表わしているという点で、意味の連続性が感じられる。**1～2** は、経験者 (あるいはそれに類するもの) が、直接目的補語の位置を占めているので、**3-5** とは逆になっているが、**1、2** 相互では意味に共通性があり、**2** も「試練」という日本語を思い起こせば分かるように、広い意味でいえば **1** と同様に、「試している」のである。それでは、**1～5** を通して、広く « éprouver » 全体としては、何らかの共通性はないのか。それは、直接目的補語によって表わされる人・物を X と書くとすると、「X を (ときに困難な) 実地に置く」ということが共通していると考えられる。このように考えれば、用法分類 **1～2** にあたる、X が事態の経験者などを表わす場合も、**3～5** にあたる、X が経験内容を表わす場合も、等しく理解することができるようになる。**1～2** では、試される対象が「実地に置かれる」ことから、「試す、苦しめる」という解釈になり、

3～5 では、経験内容 (感知されること) が「実地に置かれる」ことから「感じる、こうむる」といった解釈になるのである。経験者が、3～5 のように主語に立ったり、1～2 のように X の位置を占めたりすることから、両者の場合で « éprouver » が逆の状況を表わしているかのように見える不合理を、いずれの場合も「X を実地に置く」という図式が « éprouver » の本質的な意味として通底していると考えることによって解決できるのである。

7.7.4. 今度は副詞に目を転じて、多義性のもう一つの例として、« toujours » の場合を考えてみよう。« toujours » の意味は、次のように 3 大別される。

« toujours » の語義分類

1. いつも、常に。« L'esprit humain est toujours en marche　人間の精神は、常に活動している » (*Grand Robert*)　　**2.** まだ、相変わらず。« Pierre est toujours là ! (J'avais pourtant dit qu'il ne m'attende pas)　ピエールはまだいるよ! (待たないでって言っていたのに) » (Cadiot et alii 1985, p.105)　　**3.** とにかく、いずれにせよ。« Authentique ou pas, elle est bien belle, cette estampe, toujours　本物であろうが、贋物であろうが、とにかく、この版画はとても美しい » (Franckel 1989, p.302)

このように、« toujours » も、訳語を見る限りでは語義は多様で、一見捉えにくい多義性を呈している。しかし、この語も、上述の「本質的意味」という考え方によれば、統一的に理解することができる。**1～3** の分類に沿って順に見てゆこう。

1 の例文では、« toujours » は、「人間の精神が活動している」という「状態」に関わっている。「状態」とは、時間軸上に延長される、継続的な事態であり、それに対して用いられた « toujours » は、その事態の時間的継続において、どの時点をとってみても、その時間的な差異にも関わらず、等しく « en marche » であるということを標示していると考えられる。次に **2** は、「現在でもなお」「そのときにも相変わらず」のように、ある一時点に注目したうえで、事態の持続を問題にする用法である。その時点ではもはや事態が実現していない可能性を立てた上で、それを排除するものである。**2** の例文では、「待たないでと言った」という文脈が、ピエールはもういないという事態の可能性を立てているのに対し、« toujours » は、それにも関わらず実際にはそこにいるという事態を提示している。**3** の用法は、時間的な意味を含まないという点で、一見かなり異質のように思えるかもしれないが、« toujours » の働

きには共通性がある。**3** の例文では、まず、「本物であれ贋物であれ」という、版画の評価に差異をもたらしうる要素が導入されている。それに対して、実際には真贋に関わらず、等しく « bien belle » であるという評価がくだされることが、« toujours » を伴って示されているのである。

このように見てくると、« toujours » のいずれの用法においても、「仮想されうる差異が排除され、実際には叙述内容が変わらず妥当する」という意味的メカニズムが共通していることが明らかになる。これこそが、« toujours » の本質的意味なのである。この本質的意味が祖型となり、文脈的な要素とあわさることによって、さまざまな解釈を生み出しているのである。« toujours » の場合は、「仮想される差異」をもたらすのが、さまざまな時点であるときは **1** の解釈になり、特定の時点であるときは **2** の解釈になり、時間以外の要因であるときには **3** の解釈になるわけである。

7.7.5. これまでの観察を結論的にまとめておこう。多義語にもさまざまなものがあり、7.6 節でみた「指示的意味」をもつ語であるか、「手続き的意味」をもつ語なのかにより、性質が異なっている。以上では大体、指示的なものから手続き的なものへという順で例を見てきた。これまでの観察から分かるように、意味が指示的であればあるほど、独立した各語義をつなぐネットワーク的な理解が妥当し、手続き的であればあるほど、その手続きを本質的意味として図式化することがふさわしいと言える。いずれの手法にせよ、多義性は、単なる複数の語義の枚挙とはちがった形で捉え直すことができるものである。

なお、この事例研究でいくつかのマーカーについて抽出した「本質的意味」は、1.3.6 節で述べた「メタ言語的表象」にあたるものであり、多様な事例を検討することによって、事後的にこそ形成されるものであることを強調しておきたい。ここで「本質的意味」による接近法を採るからといって、さまざまな例において当該のマーカーが実際に用いられる、使用の側面を切り捨てようとしているわけではない。むしろ、さまざまの用法から本質的意味を抽象することは、さまざまな発話文中で用いられる限りでのマーカーが果たしている機能を統合した形で理解することであると言える。本質的意味は、使用のさまざまな文脈を観察し、共通点を糾合した結果としての、メタ言語的な操作図式である。そのように抽象される本質的意味は、**当該のマーカーを使用することが可能な文脈の総体の図式化**であるとも言えるのであり、言語体系の斉一性を表わしているものでありながら、あくまでも使用の多様性に立脚しているのである。「本質的意味とは可能な文脈の総体である」というのは、

決して誇張でも隠喩的な言明でもなく、研究の基盤をなす厳然たる事実である。実際、« toujours » の本質的意味に関して前節で立てたで仮説でいう「仮想されうる差異の排除」、特に「仮想されうる差異」という部分は、まさしく、実際の使用のなかで共通して見られる文脈的要素に他ならないのである。この要素こそは « toujours » の本質的意味の根幹をなしているのであり、もしこの要素を記述に取り入れなかったとすると、本質的意味を示すことはおおよそできなくなっていたと容易に想像される。多様な用例で文脈的観察を徹底することが、本質的意味を措定する上でも、またその有効性を確認する上でも、決定的に重要なのである。

第8章　語用論

8.1. 語用論とは

　語用論とは、言語表現とその現実の使用との関係を研究する分野である。使用とは、ある特定の時、ある特定の場所で、ある特定の言語的文脈・言語外的状況の中で、ある特定の発話者が言語表現を用いる、一回ごとの出来事である。そうした、言語表現が発せられる特定の状況（発話状況 situation d'énonciation）を参照することで初めて真に理解できるような言語表現は少なくない。たとえば、« Il fait chaud dans cette salle この部屋は暑い » という文の意味は、フランス語を少し知っている人であれば誰にでも分かると言えるかも知れない。しかし、« cette salle » が現実にどの部屋であるか、そして暑いのがいつだったかが分かるためには、発話状況、すなわちいつ、どこで、だれが、どのように（たとえば身振りで部屋を示しながら）文を発したかが分かっていなければならない。この例に見られるように、単に知的に文の意味が分かるということ（意味論的理解）と、状況の中での解釈が確定できること（語用論的理解）との間には隔たりがある。後者のレヴェルを問題にするのが語用論である。

　ただ、上記の « cette salle » の指示形容詞などは、状況における対象の顕示という語用論的レヴェルを、指示形容詞自体の機能という意味論的レヴェルのなかに取り込んでいると見なすこともできる。このように、扱われる言語現象が両方のレヴェルを貫いている例も少なくないため、語用論と意味論は、実は必ずしも明確に境界を画することができるわけではない。本来それらは統合的に探究されるべきである主張する学者（デュクロなど）もいる。しかし、典型的に語用論的であるとみなされるテーマがいくつか存在することも事実である。以下ではそれらのテーマを扱うことにしたい。

8.2. 発話行為
8.2.1. 言語は物在ではなく営為である

　言語は、「構造」や「体系」であると考えられ、言語学の一部の理論でも無反省にそうした存在が前提されることがある。しかし、言語の「構造」や「体系」は、果たして実体をもっているのであろうか。少なくとも、自然科学の研究対象が現実世界に存在しているような意味での、物在的な構造は存在しない。廣松渉の次の引用は大変示唆的である。

> 「言語について考察する場合、われわれはとかく「言語なるもの」を実体化しがちであり、日本語の歴史、日本語における音韻の変遷とか、活用形の変遷とかいう場合など、あたかも「日本語」なるものがあって、それが自然史的な変化を遂げるかのように表象してしまう。しかしながら、あらためて言い立てるまでもなく、当該の言語的交通の主体とそれの営みを離れて「言語」なるものが自存するわけではない。テープや紙に記録された音声や文字形象の如きエルゴンは、それが生きた言語的交通の契機として機能しないかぎり、単なる雑音や汚斑にすぎず、レアールな観点からいえば、言語は、発話的に表現され聴取的に理解されるごとにその都度、生産（再生産）されるといわねばならない。しかも、表現者と理解者との"共犯行為"が成立するかぎりでのみ、またその場面でのみ、言語ははじめて真に実在する」（廣松 1991, p.114）

語用論において扱われる事象は、いずれも、ここでいう「当該の言語的交通の主体とそれの営み」、「生きた言語的交通（＝コミュニケーション）」に直接的に根ざしている。しかし注意するべきことは、実は言語全般がその実際的運用によってのみ存在しているということである。

主体が言語を実際に運用することを**発話行為** (énonciation) という。発話行為の主体を**発話者** (énonciateur) という。発話行為の所産である語句の連鎖や文を**発話文** (énoncé；「言表」という訳語もある) という。発話文はあくまでも発せられた限りでの文であり、使用のレヴェル（語用論の領分）にある。これは、文が、文法的な要件を備えた記号列であり、言語体系のレヴェル（統辞論や狭義での意味論の領分）にあることと対比的である。

8.2.2. 確認文と遂行文

オースティン (Austin 1970) は、発話文に二つの種類があることを主張した。一つは世界の現実に言及し、それに関して語る文であり、これを**確認文** (constatif；*constative* [英]) と称する。例：« Pierre va à l'école à pied ピエールは徒歩で通学する »。もう一つは、それを発することが、何らかの行為を達することになるような文であり、これを**遂行文** (performatif；*performative* [英]) という。例：« Je te promets de t'amener au cinéma 君を映画に連れて行くと約束するよ » « Je déclare la séance ouverte 開会を宣言します » « Je vous condamne à quinze ans de réclusion 懲役 15 年に処する »。遂行文が存在することは、言語を行為として捉える考え方の有力な論拠になる。

確認文には、真 (vrai) か偽 (faux) かの相違がある。真偽を分けるのは、言うまでもなく、その文の内容が現実と合致しているか否かである。このことを**真理条件** (condition de vérité ; *truth condition* [英]) という。しかし遂行文には真偽はなく、適切 (heureux ; *felicitous* [英]) か不適切 (malheureux ; *infelicitous* [英]) かの違いがあるだけである。遂行文が適切か不適切かを分ける**適切性条件** (condition de félicité ; *felicity condition* [英]) は、ふさわしい時に、ふさわしいところで、ふさわしい者が、ふさわしい仕方で遂行文を発しているかどうかである (たとえば開会宣言は、実際に会が始まるときに、議長や司会者がしてこそ適切になる)。

遂行される行為を明示する動詞を、**遂行動詞** (verbe performatif ; *performative verb* [英]) という。ただし、遂行動詞が用いられれば、全ての文が遂行文になるわけではなく、以下に述べるような制約がある。

遂行文の基本型は、「**1人称主語＋遂行動詞現在形**」である。この基本型の要素は、一部省略することもできるが、異なる性質の要素に置き換えることはできない。たとえば、« Je te promets de t'amener au cinéma 君を映画に連れて行くと約束するよ » の代わりに « C'est promis 約束だよ » と言ったり、« Je déclare la séance ouverte 開会を宣言します » の代わりに、« La séance est ouverte 開会します » と言ったりすることはできる。しかし、« # Il te promet de t'amener au cinéma 彼は君を映画に連れてゆくと約束する » のように人称を変えたり、« # J'ai déclaré la séance ouverte 私は開会を宣言しました » のように時制を変えたりすることは、遂行文としては不可能である。

8.2.3. 発語行為、発語内行為、発語媒介行為

オースティンは、遂行文の理論を精緻化するなかで、行為が直接示されている場合とそうでない場合の区別が重要であることに気づいた。それが、発語内行為と発語媒介行為の区別である。

発語行為 (acte locutoire ; *locutionary act* [英]) とは、何らかの言語表現を発する行為である。(訳語として énonciation を発話行為、acte locutoire を発語行為としているので、混同せぬよう注意されたい)

発語内行為 (acte illocutoire ; *illocutionary act* [英]) とは、発語行為の<u>中で</u> (ラテン語 in + locutio) 達せられる行為である。

発語媒介行為 (acte perlocutoire ; *perlocutionary act* [英]) とは、発語行為を<u>介して</u> (ラテン語 per + locutio) 派生的に達せられる行為である。

たとえば、« Je te promets de t'amener au cinéma 君を映画に連れて行くと約束するよ » という文を発することは、明示的に「約束する」という発語内行為を果たしている。それと同時に、場合によっては、結果的に相手を喜ばせたり、安心させたりするという発語媒介行為をも果たすことになる。

発語内行為がもつ、「命令」「依頼」「約束」などの効力を**発語内効力** (force illocutoire ; *illocutionary force* [英]) と言う。発語媒介行為が聞き手に及ぼす「脅迫」「慰藉」「鎮静」などの効果を、**発語媒介効果** (effet perlocutoire ; *perlocutionary effect* [英]) と言う。「効果」は「効力」と違って間接的であることに注目されたい。

発語内行為、発語媒介行為を達するべく発話される言語表現は、明示的遂行文に限らず、さまざまな形式の表現でありうる。たとえば、« La porte ! 扉 ! » と言うだけで、場合によって扉を開けてくれという命令にも、閉めてくれという命令にも、あるいは扉に注意せよという警告にもなりうる。

8.2.4. 物語と言説：発話行為の次元

バンヴェニスト (Benveniste 1966) は、フランス語の時制を論じる中で、時制の使い分けが、テクストの性質の相違 (バンヴェニストの用語では「発話行為の次元 plan d'énonciation」) に対応していることを指摘した。そしてこの相違は、時制だけでなく、さまざまな言語現象をつかさどる原理になっているので、ここでその概略を見ておきたい。

フランス語の過去時制は、相対時制である大過去、前過去や、迂言的時制である近接過去を除いても、主たる時制として単純過去、複合過去、半過去の3つがあり、豊かな体系をもっている。この3つのうち、単純過去、複合過去は完了した過去を表わすのに対し、未完了の過去を表わすためには半過去が用いられる。こうした、完了相 (perfectif)・未完了相 (imperfectif) というアスペクト (aspect) [25] を示すためだけならば、過去時制は2つあれば十分なはずなのに、なぜ3つあるのか、という疑問が考察の出発点である。単純過去と複合過去の競合は、古い形である単純過去と、その代用形として用いられるようになった複合過去との、単なる新旧の共存と見なされる場合もあったが、バンヴェニストはその見方を断乎として排する。

彼によると、単純過去は、**物語** (histoire) というテクストの性質を示している。次

---

[25] ここでいう完了相 (perfectif) は、6.5.5 節でいう完了 (accompli) とは異なる。6.5.5 節でいう完了は、複合時制を作る際に助動詞を用いるという統辞的な次元の概念であるのに対して、ここでいう完了相は、事態の時間軸上での始点と終点、特に終点が視界に含まれていることを意味している。なお、このように呼び分けるのは本書の方針であり、用語法は研究者

の例を見よう。

　　Après un tour de galerie, le jeune homme *regarda* tour à tour le ciel et sa montre, *fit* un geste d'impatience, *entra* dans un bureau de tabac, y *alluma* un cigare, se *posa* devant une glace, et *jeta* un regard sur son costume, un peu plus riche que ne le permettent en France les lois du goût. Il *rajusta* son col et son gilet de velours noir sur lequel se croisait plusieurs fois une de ces grosses chaînes d'or fabriquées à Gênes ; puis, après avoir jeté par un seul mouvement sur son épaule gauche son manteau doublé de velours en le drapant avec élégance, il *reprit* sa promenade sans se laisser distraire par les oeillades bourgeoises qu'il recevait.
　　　　(Balzac, *Etudes philosophiques : Gambara*, cité dans Benveniste 1996, p.241)
　　歩廊を一回りして、若者は空と時計を代わる代わる眺め、苛立った身振りをして、たばこ屋に入り、そこで葉巻に火をつけて、鏡のまえでポーズをとり、それから自分の服装を一瞥した。それはフランスでは趣味の決まりから見て許されるよりもいささか派手だった。彼は襟と黒ビロードのヴェストの具合を直した。ヴェストの上には、あのジェノヴァ製の太い金鎖が何重にも巻きつけてあった。そして、ひらりと左の肩に、しゃれた襞のついたビロード裏のマントを引っかけて、町の女たちの色目を受け流し、彼はまた散歩を始めた。(バルザック『哲学研究 : ガンバラ』、Benveniste 1996, p.241 に引用)

　このテクストは、単純過去 (フランス語では斜字体、日本語訳では対応部分に下線を施した) を基調として書かれていることにより、物語であることが明確に感じられる。ところで、物語の性質はどのようなものであろうか。それは、有名になったバンヴェニスト自身の言葉を藉りると、「ここでは誰も語っていない。**出来事自身が独りでに物語るかのようである** (personne ne parle ici ; *les événements semblent se raconter eux-mêmes*)」(Benveniste 1966, p.241、強調引用者)、ということである。物語においては、発話者や対話者などの主体は姿を消す。物語の語り手、聞き手にできることは、ある出来事の次には別の出来事が、そしてその後にはさらに別の出来事が、継起的 (successif) に立ち現われてくるのを追体験することだけである。そこでは、語り手といえども主導的な言語主体ではなく、基本的には、すでに何らかの形で存在している物語の媒介者であるに過ぎないのである。したがって、物語には言語主体の痕跡である1人称、2人称は基本的には出現せず [26]、描写対象としての3人称だけが出てくる。同じ理由から、「ここ (ici)」や「今 (maintenant)」といった**直示語** (次

によって異なる。
[26] ただし、例外的に1人称や2人称が出現する場合もある。ヤコブソンがいうように、「語り手の『私』が作中人物として自己表現するような場合、その客体化された『私』は3人称

節8.3参照)も、基本的には出現しない。

　それに対して、言説 (discours) とは、発話者が自らの発話文を産出し、それを対話者に投げかけることによって対話者と向かいあい、働きかける次元である。したがって当然、1人称も2人称も排除されない。また、直示語ももちろん出現する。この、言説の次元に属するテクストであることを示す基調的な過去時制が、複合過去なのである。そのようなわけで、日常のやりとりの中で経験的な過去について述べるときには、単純過去は用いられず、複合過去が用いられるのである。小説でありながら、あえて複合過去を基調にして書かれたことによって特異な効果をあげたのが、カミュの『異邦人』である。その書き出しを見てみよう。

　　　　Aujourd'hui, maman *est morte*. Ou peut-être hier, je ne sais pas. J'*ai reçu* un télégramme de l'asile : « Mère décédée. Enterrement demain. Sentiments distingués. » Cela ne veut rien dire. C'était peut-être hier.
　　　　　　　　　　　　　　　　　　　　　　　　(Camus, *L'Etranger,* Folio, p.9)
　　　　今日マ<u>マンが死んだ</u>。それとも昨日だったのか、ぼくは知らない。養老院から電報を<u>受けとった</u>。「ハハウエシス。ソウシキアス。チョウイヲヒョウス」。これでは何もわからない。しかし昨日だったのかも知れない。(カミュ『異邦人』)

　ここでは、基調となる時制として複合過去が用いられている他、je (ぼく) が話しており、aujoud'hui (きょう)、hier (昨日) といった直示語が出てくるなど、明白に言説としての特徴が際立っている。複合過去は助動詞が現在形に置かれることからも分かるように、発話時点を基準として定位 (repérage) される出来事が提示されており、そのことが1人称の登場や、直示語の生起とも協調しあっている。ここでは、小説はもはや客観的な物語であることをやめ、私的な経験を個人的に話しているかのように生々しく読者へと投げかけられている。そこから『異邦人』の特異な喚起力が出てきているのである。また、複合過去に置かれた複数の出来事は、自律した継起として独りでに進んでゆく出来事ではなく、個別に発話時点に定位されるということにも注目しよう。そのことから、ある出来事から他の出来事への時間的・論理的前後関係が絶たれ、ばらばらの出来事が並置されているかのような「不条理 (absurdité)」の印象が出てくるのである。

　ちなみに『異邦人』のこの特異性について初めて明示的に論じたのは、言語学者ではなく、哲学者のサルトル (Sartre 1947) であった。最後にその、サルトルの所説に

の変換にすぎず、それはちょうど作者が横目で自分を見ているようなものである」(Jakobson 1977, p.120)

注目しておこう。

「カミュ氏が複合過去で物語を作ることを選んだのは、それぞれの文の単位の孤立性を強調するためであった。単純過去は、« Il se promena longtemps » (彼は長いこと歩いた) のように、連続性の時制である［訳註：ここでいう連続性は、上記でいう「継起」に相当する］。これらの言葉は、われわれを大過去や未来にも送る。文の現実性は、他動性と超越性を伴った動詞であり、行為である。しかし « Il s'est promené longtemps » (彼は長いこと歩いた；複合過去で) は、その動詞の動詞性を隠すことになる。動詞はこわされ、二つに分けられる。一方には物のように不活性となり、あらゆる超越性を失った過去分詞があり、他方には繋辞の意味しかもたない動詞 être がある。être は、属詞を主語に結びつけるように、分詞を名詞に結びつける。動詞の他動性は消え、文は凝固してしまう。文の現実性はもはや、名詞そのものになる。過去と未来の間に橋のように身を投じるのではなく、文は自足する孤立した小さな実体でしかなくなるのである」

(Sartre 1947, p.109)

8.3. 直示

直示 (déixis) とは、発話状況を原点として、発話状況との関わりにおいてのみ解釈できるような指示の体系である。その指示の体系に属する言語表現を、**直示語** (déictique) または**転換子** (embrayeur；英訳 shifter をカタカナ化して「シフター」と称する場合もある) と言う。具体的には、「私、ここ、今 (moi, ici, maintenant)」を中心とする座標によって位置づけを行なう場合であり、次の3つのカテゴリーに分かれる。

1) 人称の直示。発話状況への参加者を示すもので、典型的には人称代名詞がこれに属する。例：je, tu, il... ; me, te, le... ; mon, ton, son... etc.

2) 空間の直示。発話状況への参加者との関わりで空間的な位置を示すもので、典型的には指示詞がこれに属する。例：ce... (-ci, -là) ; celui-ci, celui-là... ; ici, là, là-bas, etc.

3) 時間の直示。発話時点 (moment d'énonciation) との関わりで時点や時間的区間を示すもので、典型的には時の副詞。例：maintenant, aujourd'hui, hier, demain, ce matin, cette semaine, cette année, etc.

直示（語）であるかどうかが端的に表われるのは、話法を変換するときである。たとえば直接話法で、« Pierre m'a dit : « je vais partir demain. » ピエールは私に言った、「僕は明日出発するよ」» という文では、台詞の中の人称代名詞 je が人称の直示、vais partir における動詞時制（近接未来）と、時の副詞 demain が直示（語）である。直接話法では元の発話者が言ったままを引用するので、あくまでもその文が発せ

られた発話状況に位置づけられるという解釈が可能である。しかし、同じ文を間接話法に変換し、« Pierre m'a dit qu'il allait partir le lendemain. ピエールは私に翌日出発すると言った » とすると、もはや、元の発話文の内容は、引用される側の文が発せられた状況にではなく、引用する側の文全体を発話する状況にしか位置づけられなくなるので、je が il に、vais partir が allait partir に、そして demain (明日) が le lendemain (翌日) という、いずれも非直示的な形に置き換えられることになる。

（なお、3人称の代名詞は、直示的に用いられる場合も非直示的に用いられる場合もある。上記の間接話法の例における qu'il allait... の il は、発話状況との関わりにおいてではなく、前文脈に出てきた Pierre をうけなおす、照応的 (8.5節を参照) な用法である。それに対して、いきなり吠えかかってきた犬を指して、« Attention, il est dangereux ! 気をつけて、そいつは危ないよ！» と言うような場合には、il は直示的に用いられている。）

8.4. 前提

ある一つの発話文の中には、明示的かつ中心的に言われている内容 (主張 posé) の他に、あらかじめ既知と見なされている内容 (前提 présupposé) が含まれている場合が少なくない。以下、デュクロ (Ducrot 1984, pp.13-46) による例示をいくつか見てゆくことにしよう。たとえば、« Pierre a cessé de fumer. ピエールはたばこをやめた » という発話文の中には、« Pierre ne fume pas actuellement. ピエールはいまはたばこを吸っていない » という主張の他、« Pierre fumait autrefois. ピエールは以前はたばこを吸っていた » という前提が含まれている。

前提を確認する簡単な方法は、発話文に疑問や否定をかけてみることである。たとえば、« Pierre n'a pas cessé de fumer. ピエールはたばこをやめなかった » と言っても、« Pierre a-t-il cessé de fumer ? ピエールはたばこをやめましたか » と言っても、« Pierre fumait autrefois » という前提は消えない。疑問や否定は、主張に対して作用するものであり、前提には作用しないからである。

ただし、ある文を単独で見た場合、主張と前提が何であるかを明確にすることは難しい場合もある。« Je suis allé en Allemagne avec Pierre. 私はピエールと一緒にドイツに行った » という文では、« Je suis allé en Allemagne. 私はドイツに行った » が前提で « J'ai voyagé avec Pierre. 私はピエールと一緒に旅行した » が主張である場合もありうるが、逆である場合もありうる。« Je ne suis pas allé en Allemagne avec Pierre. 私はピエールと一緒にはドイツに行かなかった / 私はピエールと一緒

にドイツには行かなかった » のように否定文にしても、この文に添えた二つの日本語訳から分かるように、どちらが前提であるかは曖昧なままである。それらのうちどちらかを確定するためには、より広い文脈を見なければならない。たとえば、« Avec qui es-tu allé en Allemagne ? 君は誰とドイツに行ったのか » という疑問が前文脈にあれば、« J'ai voyagé avec Pierre. 私はピエールと一緒に旅行した » が主張となる。

　一方、文内でも、どちらが前提であるかを明示する手段はある。**分裂文** (phrase clivée；初級文法でいう「強調構文 mise en relief」) である。« C'est avec Pierre que je suis allé en Allemagne. まさにピエールと一緒に、私はドイツに行った » とすると « J'ai voyagé avec Pierre. 私はピエールと一緒に旅行した » が主張となり、« C'est en Allemagne que je suis allé avec Pierre. まさにドイツへ、私はピエールと一緒に行った » とすると、« Je suis allé en Allemagne. 私はドイツに行った » が主張となる。したがって分裂文は、文の一角に埋もれかねない主張部分を卓立させる機能を果たしていると言える。

8.5. 照応

　照応 (anaphore) [27] とは、伝統的定義によると、既出の言語表現を再度テクストに導入するとき、表現をそのまま繰り返さずに、代理語 (substitut) によって受け直すことである。そのとき既出の語を**先行詞** (antécédent)、代理語を**照応詞** (anaphorique) という。照応詞は典型的には代名詞 (il, le, lui, en, ça, etc.) であるが、冠詞や指示形容詞つきの名詞 (l'homme, cet animal, etc.)、あるいは副詞 (ainsi, alors, etc.) など、品詞の所属は多様である。

　先行詞・照応詞の関係は、たとえば、« Pierre est sorti. <u>Il</u> avait trop chaud. ピエールは外に出た。<u>彼</u>はあまりにも暑かったのだ » のような場合、« il » が « Pierre » と同一の指示対象 (この場合は人物) を指す、すなわち同一指示 (coréférence) の関係が成り立っている。しかし、現実の言語使用においては、照応の過程は極めて柔軟であり、同一指示の関係も常に成り立つわけではない。たとえば、« Pierre a tué trois

---

[27] 論者によって用語法が若干異なる。ここでは anaphore を広義に用いたが、狭義には、anaphore は先行詞が文面で前方にある「前方照応」である。これに対して、先行詞が文面では後方にある照応を「後方照応 (cataphore)」という。例：« Quand <u>il</u> était petit, Pierre se faisait souvent gronder par son papa. 子供のころ、ピエールはよくパパに叱られていた » のような場合、« il » が « Pierre » を後ろ向きに指している。前方照応・後方照応を分ける場合、それらを合わせて「言語内照応 (endophore)」という。言語内照応は、「言語外照応 (exophore)」、すなわち直示と対立する概念である。

lions. Paul en a tué cinq. ピエールは3頭のライオンを殺した。ポールは5頭殺した » においては、« en » は « lions » を先行詞としてはいるが、同一指示ではなく、lion という語彙の意味 (7.2.1 節でいう「潜勢的指示」) のみが受け直されている。また、言語外の状況を参照することなくして先行詞が画定できない場合もある。メレールとデュプー (Mehler et Dupoux 1987) が挙げる例、« Le directeur limogea l'ouvrier, parce qu'il était un communiste convaincu. 部長はその労働者を解雇した。なぜなら、彼は筋金入りの共産主義者だったから » において、« il » の先行詞は « le directeur » であろうか、« l'ouvrier » であろうか。それは、言及されている出来事がアメリカ合衆国で起きていたなら後者であり、(メレールらの論文が公刊された当時は存在していた) ソヴィエト連邦で起きていたなら前者である。それどころか、先行詞自体が文面上には示されていない場合さえある。« Blindage des portes : pour l'empêcher d'entrer 扉の装甲：彼を入らせないために » (広告の実例) では、« l' » の先行詞は現われていないが、推論によって、« le cambrioleur 泥棒 » を指しているものと理解できる。

　このように見てくると、照応は、文面上に現われている先行詞をそのまま受け直すという伝統的定義では捉えきれない現象であることが分かる。照応はむしろ、照応詞に固有の性質（代名詞の場合は性数、名詞句や副詞の場合はその語彙的意味）に合致する先行詞が、文面のみならず、テクストの意味内容の集積（「談話記憶 mémoire discursive」と呼ばれる）のなかに存在することを前提とし、解釈者にそうした先行詞を探索せよという指令 (instruction) を与えることとして規定し直すことができる。従って、照応は、8.4 節で見た前提の現象とも関連が深い。

　照応はまた、8.3 節で見た直示とも密接に関連している。というのも、照応詞は直示語としても用いることができるものが圧倒的に多いからである。8.3 節末尾の例、« Attention, il est dangereux ! » を再度参照されたい。

8.6. 会話の含意

　グライス (Grice 1979, pp.61-62) は、会話における一般的原理として、以下に見るような**協調の原理** (Principe de coopération ; *co-operative principle* [英]) を提唱した。それにはさらに、量・質・関係・様態という、カントの4つのカテゴリーに範をとって分類された下位原理 (格率 maxime ; *maxim* [英]) が付帯している。

第8章 語 用 論

> **協調の原理**
> 　会話の各段階において、自分が参加しているやりとりの中で了解された目的あるいは方向性に沿って役割を果たせ。
>
> **量の格率** (Maximes de quantité ; *Maxims of Quantity* [英])
> 　1) 当座のやりとりのために必要とされるだけの情報を与えよ。
> 　2) 必要とされる以上の情報を与えるな。
>
> **質の格率** (Maximes de qualité ; *Maxims of Quality* [英])
> 　1) 偽と信ずることを言うな。
> 　2) 十分な根拠がないことを言うな。
>
> **関連性の格率** (Maxime de pertinence ; *Maxim of Relevance* [英])
> 　関連性があるようにせよ。
>
> **様態の格率** (Maximes de manière ; *Maxims of Mannar* [英])
> 　1) 不明瞭な表現を避けよ。
> 　2) 曖昧さを避けよ。
> 　3) 簡潔であれ。
> 　4) 順序よく言え。

　誤解してはいけないことは、これらの原理・格率は、現実の言語使用を律しようという教訓的目的で作られたものでもなければ、逆に現実の言語使用を忠実に再現しようとした記述でもないということである。むしろ現実の会話は、少なくとも表面的にはこれらの原理・格率には合致しないことが多い。現実の会話のなかで、文字通りに解釈しようとする限りでは情報不足であったり、一見無関係なことが言われていたりする場合、その逸脱の「真意」を見つけだすことが必要になる。その「真意」を導き出そうとする場合に、まさしく、これらの原理・格率を参照体系として用いることができるのである。原理・格率を手がかりにして導出される「真意」(と目されるもの)を、**会話の含意** (implicature conversationnelle) という。
　まず、原理や格率がそのまま遵守されているという了解のもとで会話の含意が導出されている例を見ておこう。たとえば、« Le drapeau est blanc. その旗は白い » といわれた聞き手は、量の格率からして、それだけで話者は十分な情報を与えていると見なし、旗には白以外の色はついていない、すなわち、« Le drapeau est entièrement blanc. その旗は全体が白い » という会話の含意を導出する。もう一つ例を引こう。

« Je me suis mariée et j'ai accouché d'un garçon. 私は結婚して、男の子を産みました » と言われた場合、聞き手は、様態の格率第 4 項からして、話者が順序よく話しているものと見なし、« Je me suis mariée et <u>ensuite</u> j'ai accouché d'un garçon. 私は結婚して、そして<u>その後で</u>男の子を産みました » という会話の含意を導出する。

次に原理・格率への故意の違犯が会話の含意を生みだす場合を見ておこう。たとえば、次のような同語反復 (tautologie) の例である。« Un homme est un homme. 男は男だ » 。このような文の文字通りの意味はいわば「自明の理」であり、情報量はゼロであるため、こうした文を発することは量の格率への故意の違犯であると見なすことができる。しかし、より大局的には協調の原理が守られていると仮定すれば、これは文字通りの意味を表わしているのではなく、おおよそ « Les hommes sont tous pareils. 男なんてみんな似たり寄ったりだ » というような会話の含意を生み出すために言われているということが理解できるようになる。さらには隠喩 (métaphore) の例を挙げることができる。« Pierre est un lion. ピエールはライオンだ » « Pierre est un porc. ピエールは豚だ » などと言うことは、文字どおりの意味では全くの偽であるため、質の格率への故意の違犯である。しかし、協調の原理が守られているとすれば、これらはおおよそ « Pierre est courageux　ピエールは勇気がある » « Pierre est grossier ピエールは低劣だ » のような意味であるとの理解に至る。

ただし、故意の違犯の場合、原理・格率から、「字義的解釈を斥けるべきである」ことを知ることはできるが、どのような会話の含意が導出されるかを具体的に予想することは困難であるという問題点が指摘できる。

8.7. 論証

論証 (argumentation) は、前節で触れた隠喩と同じく、修辞学に源泉をもつ概念であるが、現代言語学にも、さまざまの形で承けつがれている。

中でも注目に値するのは、デュクロら (Anscombre et Ducrot 1983 など) による、**言語内論証理論** (théorie de l'argumentation dans la langue) の潮流の研究である。この理論の基本発想は、論証するという行為 (acte d'argumenter) を、言語活動の最も根幹にある営為であると見なすことである。そして、その結果として、ある発話文や辞項のもちうる意味を、その発話文や辞項から出発して言い得ること、すなわち、可能な論証の中に見ようとすることになる。

« Il fait beau, mais je suis fatigué 天気はいい。しかし私は疲れている » という例について考えてみよう。ここで接続詞 mais が結合しているものは何であろうか。

第8章 語用論

mais は通例、「対立」を表わすとされるが、何と何との「対立」なのか。まず確認すべきことは、« Il fait beau いい天気だ » と、« Je suis fatigué 私は疲れている » という発話文の内容自体は、相互になんら対立していないということである。むしろ、それらが惹き起こしうる帰結の間での対立であると考えられる。たとえば、« Il fait beau <donc allons nous promener>, mais je suis fatigué <donc ne sortons pas> 天気はいい ＜だから散歩に出かけよう＞ しかし私は疲れている ＜だから出かけないでおこう＞ » の、＜　＞で示したそれぞれの帰結の間に対立を導入しているのである。

　デュクロたちは、この議論をさらに推し進めて、「ある発話文の意味は、その発話文に連鎖させることが可能な発話文の中にこそある」という考え方に至る。たとえば、« Il fait chaud 暑い » という発話文の意味は、単独では理解することができず、« Il fait chaud. Allons à la plage 暑い。海岸に行こう » や、« Il fait chaud. Restons à la maison 暑い。家にいよう » などの発話文連鎖に置かれることによって初めて明確になる。それら二つの連鎖において、初めの文は、それぞれ「海岸に行きたくなるような暑さ」「家にいたくなるような暑さ」というように、違った意味であり得るのである。« Tu conduis trop vite！おまえ、スピード出しすぎだよ！» という発話文についても同様である。« Tu conduis trop vite, tu attraperas une contravention！おまえ、スピード出しすぎだよ！交通取り締まりにひっかかっちゃうよ » という連鎖におかれた場合と、« Tu conduis trop vite, tu provoqueras un accident！おまえ、スピード出しすぎだよ！そんなんじゃ事故になるよ » という連鎖におかれた場合とで、違った意味を表わしているのである。

　« Il est prudent. Donc il n'aura pas d'accident 彼は慎重だ。だから彼は事故を起こさないだろう » のような論証は、« Il est prudent » のあとに外接する連鎖をなしている。これを « Il est prudent » にとっての外部論証 (argumentation externe) と呼ぶ。それに対して、« Il y a du danger. Donc il prend des précautions 危険がある。だから彼は用心する » のような論証は、« Il est prudent » という発話文自体に内在していると考えられる。これを « Il est prudent » の内部論証 (argumentation interne) と呼ぶ。もっと言えば、« prudent » という語彙自体にも、図式的に言うと « danger, donc précautions 危険、ゆえ用心 » のように表わすことのできる内部論証が潜在していると考えられる。外部論証のみならず、内部論証も存在するということが、論証が言語体系に内在するという仮説の強力な論拠になる。また、発話文や語彙といった言説の切片 (segment du discours) を、ただ結合や操作を待つだけの「意

味の原子」のように考えるのではなく、その内部にも論証を見るという考え方が可能であるということは、前章で示した「手続き的意味」の適用可能な範囲が、実は存外広いということ、つまり言語には操作・行為が遍在しているということを示しているように思われる。

8.8. 事例研究：丁寧の半過去

以下では、語用論研究の一つの事例として、フランス語の話し言葉で用いられる、いわゆる「丁寧の半過去 (imparfait de politesse)」について考えてみることしよう [28]。

---

[28] 過去時制が丁寧な表現として用いられるという現象は、多くの言語に見られる。
たとえば、柏野 (1999, p.34) は、英語の次のような例を挙げている。
(i) "**I wanted** to talk to you briefly about one of your patients," Jack said.
(R. Cook, *Chromosome 6*)
英語では I hoped, I thought, I wanted などの動詞で丁寧表現になるとのことであり、フランス語の丁寧の半過去の下位分類の一つである、語調緩和の半過去に類似したものであると見られる。
また、スペイン語の未完了過去形には、フランス語の接客の半過去に類する用法と、語調緩和の半過去に類する用法の両方がある。たとえば、
(ii) ¿Qué **deseaba**?
は、店員の「何がご入り用でしたか（いらっしゃいませ）」という常套句であり、接客の半過去に類する。また、次の例は、
(iii) ¿**Podía** decirme en qué se han invertido los 70 millones que figuran como capítulo de inversión? (*Cortes de Castilla-La Mancha, Diario de sesiones*, 12/12/1996)
県議会での質問であるが、「出資の項目に表われている 7 億ペセタが何に投資されたのかおっしゃっていただけますか」という具合に依頼を緩和するものであり、その意味では語調緩和の半過去に類する。しかし、(iii) をフランス語に直訳した
(iii') **Pouviez**-vous me dire à quoi sont investis les 70 millions qui... ?
という形式はフランス語では語調緩和の半過去とは解されず、細かな点で違いがある。
さらに、寺崎 (1998, p.34) によると、スペイン語の未完了過去は、次の例のように、
(iv) **Podía** usted usar encendedor. (E. Jardiel Poncela)
依頼だけでなく、許可をも語調緩和することができるところが特徴的である。
イタリア語の半過去にもまた、フランス語の接客の半過去に類する用法と、語調緩和の半過去に類する用法の両方がある。前者の例としては、
(v) **Desiderava**?
をスペイン語の (ii) と同様の店員の常套句としてあげることができる。後者の例としては、
(vi) **Venivo** a chiederle un favore. (Bazzanella 1990, p.445)
が、「あなたにお願いごとがあって来ようとしたのですが」と、依頼を緩和するものである。
また、金子（1995, p.249）によると、ドイツ語にはつぎのような例があり、
(v) Wie **war** Ihr Name, bitte ?（あなたのお名まえは何でしたか）
„Kellner-Deutsch"（ボーイのドイツ語）と貶まれているとのことである。この貶下は、フランス語の接客の半過去が、「偽りの追従の半過去 (imparfait de feinte obséquiosité, Veyrenc 1988, p.245)」と呼ばれことにも比せられうる。
さらに、日本語の次のような例、
(vi) ご注文は以上でよろしかったでしょうか。(北原 2004, p.34)
とも対照することができると思われる。フランス語と日本語の対照研究については渡邊 (2007) を参照。

代表的な例は次のようなものである。

(1) Je **voulais** vous demander un petit service. (Wilmet 1997, p.384)
　　（ちょっとお願いしたかったのですが）
(2) Qu'est-ce qu'il vous **fallait** comme ruban ? (Martin 1987, p.118)
　　（リボンはどれがご入り用だったでしょうか）

　「丁寧の半過去」には下位区分を認めることができ、(1) のように発話者の依頼や要求の語気を和らげる用法を「語調緩和の半過去 (imparfait d'atténuation)」、(2) のように、主に店員が顧客に用向きを尋ねるときに使う用法を「接客の半過去 (imparfait forain)」と呼ぶ。

　丁寧の半過去を説明する上では、従来の研究では、この用法の中で半過去が果たしている機能が、過去時を示す時制的な機能であるのか、それとも命題内容に対する話者の判断の態様を示す法的 (modal) な機能であるのかが論点になっており、両論がならびたっている。前者の説は、たとえばグレヴィス (Grevisse 1993, p.1251) の、« L'imparfait d'atténuation concerne un fait présent que l'on rejette en quelque sorte dans le passé, pour ne pas heurter l'interlocuteur. 語調緩和の半過去が関係するのは現在の事実であるが、対話者との衝突を避けるために、それがある意味で過去に押し退けられるのである » というような説である。一方、法的用法とする説は、たとえばルボー (Lebaud 1991, p.68) の、« C'est l'énonciateur qui opère la transition d'un système de repères (le sien) à un autre système de repères (celui de co-énonciateur). C'est là la condition de l'interprétation modale. まさに発話者が、ある定位体系（みずからの定位体系）からもう一つの定位体系（共発話者のもの）への移行を操作するのである。それが法的解釈の条件である » というような説である。これらの説には一長一短がある。まず、過去として捉える考え方は、相手に依頼や質問を切り出す以前から（すなわち、未完了ではあるが「過去」に）、依頼内容や質問内容が発話者や対話者の念頭にあったという事実と対応していて、その意味で自然な解釈であるといえる。しかし、そのことがなぜ丁寧さの意味効果を生むのかについては、なお説明を要する。一方、異なる定位体系への移行という、法的な捉え方は、現実からの乖離という点から、緩和や、ひいては丁寧さの意味効果を説明できる反面、抽象度の高い図式であるために、他の叙法や時制、たとえば条件法現在にも同様の図式が妥当してしまいかねないという問題がある。以下では時制的用法であるとする説に与しながらも、それを補完し、いかに丁寧さが生まれてくるかという問いにも答えることを目指す。

8.8.1. 語調緩和の半過去 (imparfait d'atténuation)

(1) では、依頼の意志を表わす vouloir が半過去に置かれていることによって、現在形であれば直截すぎて不躾になる要求が緩和され、「お願いしたい（したかった）のですが」という婉曲な依頼の表明になる。その点で、(1) は、(4) のように条件法現在でも言い換えることができ、(1) と (4) を較べる限りでは半過去と条件法に大差はない [29]。

(4) Je **voudrais** vous demander un petit service.

　　（（よろしければ、）ちょっとお願いしたいのですが）

しかし、語調緩和の半過去がいつでも条件法に言い換え可能なわけではなく、次のような例では違いが表われる。

(5) [清掃作業員が夜遅くに事務所に入ってきて、まだ人がいたことに驚いて言う]

　　Je **venais** vider la poubelle. (Wilmet 1997, p.389)

　　（ごみ箱のごみを回収しに来ようとしたのですが）

(6) * Je **viendrais** vider la poubelle.

　　（文頭の * は、このようには言えないことを示す）

(5) における語調緩和の半過去を、(6) のように条件法で言い換えることは不自然である。その理由は、(1) においては、「先ほどからお願いしたかったのですが...」というように、(5) においては、「先ほどからこちらに向かって参りましたのは...」というように、語調緩和の半過去にもなお、少なくとも部分的には、時制的価値が認められるからであると思われる。(5) で与えられている状況は、実際に発話者が事務所に来たときであることから、「先ほどからこちらに向かって参りましたのは...」という解釈を取り払うことが難しく、半過去の方が自然になるのである。ヴィルメ (Wilmet, ad loc.) による次の (7) のような言いかえも、実質的にはそのことを示しているように思われる。

(7) Je **voulais**/Je **venais**, mais **si ça vous dérange je ne veux plus.**

　　（お願いしたかったのですが ／ 来ようとしたのですが、もしお邪魔でしたら結構です）

半過去で示される事態は、(7) の言い換えの後半に表われているように、発話時点にはもはや無効になっている可能性も完全には排除されないものの、基本的には、「かねてよりのものではあるが、明白な、現在の事態 (un événement périmé, mais tangible et actuel)」(Veyrenc 1988, p.244 ; Berthonneau et Kleiber 1994, p.61) が

---

[29] 条件法に関しては、Watanabe (2001)、渡邊 (2004) を参照されたい。

問題になっている。そうであればこそ現実の依頼と解されるのであるが、一方で (7) の後半のような無効化の可能性も排除されないことから、潜在的には依頼の撤回の可能性もあるということになる。丁寧の価値はそこから出てくると考えられる。

ところで、語調緩和の半過去の時制的性質は、アンスコンブル (Anscombre 2004) が指摘する次の事実によっても証明される。カフェに客が到着した直後に直ちにギャルソンが註文を取りに来た場合には、客は (8) のように現在、条件法を用いることはできるが、(9) のように半過去を用いることはできない。しかし、カフェに入って暫く経っていれば、(9) のように言うことも自然である。このことは、半過去が時制的に指し示す、「いましがたの状況」を必要としていることを示している。

(8) Je **veux/voudrais** un jus d'orange. (ibidem, p.85)

（オレンジジュースが欲しいです / 頂きたいです）

(9) Je **voulais** un jus d'orange. (idem)

（オレンジジュースが欲しかったのです）

もう一つ、語調緩和の半過去で重要な点は、用いうる動詞の制約である。

(10) Je **venais** vous demander si vous ne pouviez pas baisser un peu le son.

(Schogt 1968, p.41)

（もう少し音を下げてもらえないかとお願いに来たのですが）

(11) Je vous **demandais** si vous ne pouviez pas baisser un peu le son. (idem)

（もう少し音を下げてもらえないかとお願いしていたのですが）

(10) はこれまでに見てきたのと同様の語調緩和の半過去であるが、(11) は、同じ依頼を繰り返してするときに、前回の依頼に言及する言いかたであり、「さっきも頼んだのになぜ応じないか」という非難の意味合いが出てくるので、語調緩和からはほど遠い。この制約について、先行研究の一部 (たとえば Berthonneau et Kleiber 1994) は、vouloir, venir などの「導入の動詞 verbes introducteurs」によって別の動詞の不定法を導かなければならない、と記述しているが、(9) のような例もあり、正確ではない。ここでも、本質はむしろ過去性にある。すなわち、実際の依頼から見て過去に位置づけられる事行（欲求、必要性など）を表わす動詞であるからこそ、半過去に置くことができるのである。

8.8.2. 接客の半過去 (imparfait forain)

接客の半過去にもまた、半過去の時間的価値が濃厚に表われている。ヴェランク (Veyrenc 1988, p.245) も指摘しているように、接客の半過去は、対話の初めの方で

現われるものであり、この半過去を用いつづけて長く対話を続行することは想像しがたい。かと言って、半過去で指し示されるような発話時点以前の状況が全く欠けているような場合にも、接客の半過去を用いることはできない。たとえば、ベルトノーとクレベール (Berthonneau et Kleiber 1994, p.74) は、到着したばかりの客にむかって、店員が次の (12) のようにいうことはほとんどあり得ないと指摘している。

(12) Qu'est-ce qu'elle **voulait**, la petite dame ? (idem)
　　（奥さまは何がご入り用だったでしょうか）

これら二つの制約はいずれも、前節でも見たような意味での「先ほどからの」、「かねてよりの」客の必要性を半過去が示すという、時間的価値を認めなければならないことを意味していると思われる。

さらに、語調緩和の半過去に関する議論と並行的なことであるが、この用法でも、半過去に置くことができる動詞には制約がある。たとえば、(12) の vouloir の代わりに demander を用いて、(13) のように言うことはできない。

(13) *Qu'est-ce qu'elle **demandait**, la petite dame ? (ibidem, p.78)

その理由もまた前節と同様で、demander (依頼する) は、現に接客が始まった後に客が行なう行為であるため、接客以前を指し示す半過去の時間性と不整合を来たすからである。

以上のことから、接客の半過去においても、過去性の標示が基盤になっているといえる。では、そこからなぜ丁寧さが出てくるのであろうか。それは、過去性の標示によって、店員が客の必要性や購買意欲にかねてより注意をはらっていたことを明示していることから、入念な接客であるという意味効果が出てくるからであると考えられる [30]。

ところで、この用法では、店員が客に (2) のように vous で話しかける他にも、先に見た (12) や、次の (14) のように、il, elle を用いて話しかけることができるということが注目に値する。

(14) Qu'est-ce qu'**il voulait**, le monsieur ? (Maingueneau 1999, p.96)
　　（旦那さんはなにがご入り用だったでしょうか）

この現象は、先行研究では、「2人称から3人称への転化」として記述されてきた

---

[30] この派生の道筋はやや迂遠に思えるかもしれないが、まさにそれが原因で、この用法について「丁寧なのか失礼なのかわからないというネイティヴの反応がある」(小熊 2002, p.141) のである。小熊 (2002) も指摘するように、接客の半過去と、« Et lui, qu'est-ce qu'il **voulait** encore !? (で、まだ何かご用ですかい !?) » のような侮蔑的表現とは紙一重である。こうした解釈の不安定さは、半過去から見れば、丁寧さが結果的な意味効果であることをよく示している。

のであるが、単に代名詞を 2 人称から 3 人称へ変換すると捉えればこと足りるわけではないことを指摘したい。(12) から la petite dame を取り去った (15) や、(14) から le monsieur を取り去った (16) は、接客の半過去としてはいずれも容認されない。

(15) * Qu'est-ce qu'**elle voulait**？
(16) * Qu'est-ce qu'**il voulait**？

そればかりか、表面的には (14) から le を取り去っただけの (17) も容認されない。(18) に見るように、その場合に許容される代名詞は、むしろ vous である。

(17) * Qu'est-ce qu'**il voulait**, monsieur？
(18) Qu'est-ce que **vous vouliez**, monsieur？
　　　（旦那さん、（あなたは）なにがご入り用だったでしょうか）

つまり、(12) (14) の la petite dame や le monsieur は、呼びかけではなく、遊離名詞句 (syntagme nominal disloqué) なのである。一見客を 3 人称代名詞 il, elle で指しているようでも、その指示は直接なされているのではなく、支えとして十全な名詞句の生起が必要となっているのである。

十全な名詞句を、あえて現実には 2 人称の対話者に関して用いることは、事態をあたかも物語や演劇のように描きだし、指示対象を登場人物 (protagoniste) として示し直す効果があると思われる。実際、(12) (14) のような文は、賑やかな市場や、混雑した商店でこそ自然である。その場合、傍観する他の客を「観客」に、対話者たる客を「登場人物」に擬しているのである。ただし、この点は丁寧さには関与せず、丁寧さの源泉はすでに見た他の接客の半過去と共通している。

演劇的効果は、上記であくまでも時制的であるとした半過去の機能とは一見相容れないように見えるかも知れないが、必ずしもそうではない。もとより、半過去によって示される過去の時空は、それだけでも発話時空からは隔たっているのであり、当然、物語の圏域にもなりうるものである。したがって、この人称の転換は、半過去の時制的価値とも協調しあっているのである。

第9章 記号学

9.1. 記号研究について

　言語学の歴史を概観すれば、« 言語は記号体系である » とソシュールが定義づけて以来、言語記号体系、すなわち、ラングに対するさまざまな法則性が明らかにされていき、言語学が飛躍的に進歩していったことが容易に理解できる。つまり、記号を考察するということは言語学にとって学的形成基盤と深く関わる根本的な問題であり、この問題を解明することによって、言語学の全体的な様相が理解できると断言してもよいほど重要な研究課題なのである。しかしながら、まず、次の二つの事柄を述べておく必要性がある [31]。それは、(1) « 言語記号は記号の一部であり、記号のすべてではないということ »、(2) « 言語記号は記号と呼ばれるものの中では特別なものであり、他のどのような記号体系をも説明できる唯一の記号であること » の二点である。この二つの点は言語学的視点から記号について語る場合にも、それ以外の記号も含めて記号全体について語る場合にも、考察の前提となるきわめて大きな意味をもつ基本事項なのである。もちろん、ここで行われる探究の目的は記号全般に関するものではなく、言語学的視点から記号というものの特質、とりわけ、言語記号の特質を検討することが問題となるのだが、こういった記号を対象とする研究分野、つまりは、**記号学 (sémiologie)**、あるいは、**記号論 (sémiotique)** という学問には、二つの異なる源流があることを最初に述べておかなければならないだろう。その一つはこの章の冒頭に挙げたスイスの言語学者ソシュールを始祖とする記号研究である記号学であり、もう一つはアメリカの哲学者パース **(Peirce)** によって始められた記号研究である記号論である。記号学と記号論というこの学的名称の違いが、ソシュールとパースとの理論的な差異をも表すものであり、この二つの用語を厳密に区分する必要があるという意見も記号研究者の間には存在する。だが、ここでは記号問題すべてに対するアプローチを行うのではなく、あくまでも、言語学内での記号研究分野としての

---

[31] ソシュールが言語学は記号学の一分野を形成すると主張したことをバルトが逆転させ、記号学が言語学の一分野となるだろうと主張した問題 (Barthes 1985 a 参照。なお、この論文の最初の発表年は 1964 年、Communication, n°4.誌上である) について一言だけ述べておこう。だが、どちらの主張が正しいかという視点でこの問題を語ることには大きな意味がない。重要なことは、ここで示した記号をめぐる二つの注目点のどちらも忘れてはならないということである。つまり、記号を研究するためにはどうしても言語記号の問題を避けることはできないが、だからといって言語記号の研究だけで記号の問題が考察し尽くせる訳ではない点にも注意しなければならないということである。

記号学の位置づけを行うことが問題なのである。それゆえ、記号学と記号論という区分を行わずに、記号研究分野全体をソシュールに倣い記号学と呼び、考察していく。

本論に入る前に、この章の構成について手短に説明しておこう。今指摘したように、この短い章の中で記号学全体の問題を詳細に研究することはできない。それゆえ、ここでは、9.2.で記号学の定義を行い、それに続いて、9.3.で記号学的考察を行うための基盤となる中心概念の解説を行い、さらに、9.4.で言語記号以外の記号の実際の分析例を示しながら言語記号体系とそれ以外の記号体系との関係性及び記号研究のこれからの方向性について考えていきたい。なぜなら、このような手順を踏むことにより、この学問に内在する基本的な問題点をコンパクトにまとめることができ、また、この学問の全体像を簡潔に描き出すことができると思うからである。

9.2. 記号学とは
9.2.1. 記号学の研究分野

前節において、この章では言語学的視点から記号に対する探究を行うと述べたが、記号研究の範囲という問題については手短に触れておかなければならないだろう。なぜなら、この問題を検討することによって、記号とは何かという事柄がよりよく理解できるようになるからである。つまりは、9.2.2.で行う記号というものの定義がより明確な形で提示できるからである。この問題に対して、さまざまな分類がなされている中で、ここでは記号というものが総合的に捉えられており、多角的な次元からの区分が行われているエーコの記号研究に関する分類を示そう (Eco 1976, pp.9-14)。エーコは記号を以下の19のカテゴリーに分けている。

1) 動物記号論 (zoosemiotics, zoosémiotique ; 最初が英語で後がフランス語。以下この分類に関する括弧内の表示はこの順番で行う)：動物における伝達形式。
2) 臭覚的記号 (olfactory signs, signes olfactifs)：臭いに関する記号体系。
3) 触覚的伝達 (tactile communication, communication tactile)：接触に関する記号体系。
4) 味覚コード (codes of taste, codes du goût)：味に関係する規則形式。
5) パラ言語学 (paralinguistics, paralinguistique)：叫び声やすすり泣きといった言語伝達を補強するものの研究。
6) 医学的記号論 (medical semiotics, sémiotique médicale [一般的には sémiologie médicale])：病気の兆候といったものの考察。

7) 身振り学と近接学 (kinesics and proxemics, kinésique [一般的には kinéologie] et proxémique)：ジェスチャーとそれに関係する規則形式。
8) 音楽的コード (musical codes, codes musicaux)：音楽に関する記号。
9) 形式化された言語 (formalized languages, langues formalisées)：論理式や化学式のような、ある特別な形式や規則をもつ体系。
10) 書き言葉 (written languages, langues écrites)、未知の文字 (unknown alphabets, alphabets inconnus)、秘密のコード (secret codes, codes secrets)：文字などの書記体として提示される体系。
11) 自然言語 (natural languages, langues naturelles)：コミュニュケーションのために一般的にわれわれが用いている言語体系。
12) 視覚的伝達 (visual communication, communication visuelle)：図像やモードといった視覚に訴えるコード形式。
13) 対象物の体系 (systems of objects, systèmes des objets)：建築物のような伝達手段としてのさまざまなオブジェの組織体。
14) 筋の構成 (plot structure, structure du canevas)：民話や神話などのプロットの体系。
15) テクスト理論 (text theory, théorie du texte)：文という単位を超えた言表連鎖の研究。
16) 文化的コード (cultural codes, codes culturels)：儀礼などある共同体で体系化された伝達ネットワーク。
17) 美的テクスト (aesthetic texts, textes esthétiques)：絵画などの美術作品。
18) マスコミ (mass communication, communication de masse)：産業社会における不特定多数の他者に向けられた規則形式。
19) 修辞学 (rhetoric, rhétorique)：言語表現の彩、文体、ジャンルに関するもの研究。

　確かに、このエーコが示した記号考察に関する分類はさまざまな部分で重なり合っており、厳密に区分されていないという問題点がある。しかしながら、記号研究の歴史における次のような経緯を思い起こすべきであろう。第二次世界大戦前後の西欧の記号学研究において理論的な探究だけではなく、ビュイサンス **(Buyssense)** などによって、実際に言語以外の記号の分析が行われていった。また、それよりもやや遅れて、プリエート **(Prieto)** などがそういった記号のより詳しい分析を行ったが、その研究対象は交通標識など単純で、限定的な記号体系であった。だが、それから僅かの

間で、記号学の取り扱う対象や研究分野は上述したように、多方面に渡るものとなり、その射程距離もきわめて広いものとなったのである。すなわち、記号学の発展と研究領域の広がりを知ると共に、記号というものが均質的なものではなく、異質で、数多くの種類があるという事実がエーコの分類を通して、ここで確認できたはずである。この確認を踏まえて、この章の考察をさらに進めていきたい。

9.2.2. 記号学の定義

前節の記述によって記号学の対象となるものの多様さが理解でき、この学問の範疇が明らかになったと考えられるが、それでは記号学とはいかなる特質をもった学問であるかという事柄についてこの節では考えてみたい。最初に、記号に関する学問の二人の創始者であるソシュールとパースの定義を提示し、さらに、この二人の研究成果を発展継承していったエーコの定義を挙げ、最後にここでの探究の立場を明確にするために、われわれの記号学に対する定義を提示する。

ソシュールは記号学について、「それは記号が何から成り立ち、どんな法則が記号を支配しているのかをわれわれに教えるものであろう」(Saussure 1916, p.33) [32] と述べている。さらに、言語記号の内部構造について、「(...) ラングは一つの記号体系であり、そこでは意味と聴覚映像との結合以外に本質的なものはなく、また、この記号の二つの部分は共に心的なものである」(ibidem. p.32) という指摘も行っている。この発言は異なるさまざまな記号の内部構造について語ったものではないが、それは言語記号のみの特徴ではなく、あらゆる記号に共通する根本的な特徴である。このソシュールの言葉の中で語られている意味の側面がシニフィエ (以後この章では SE と示す) であり、聴覚映像の側面がシニフィアン (以後この章では SA と示す) であるが [33]、この内部構造としての二面性がなければ記号は記号としての役割を担うことができないものである。だが、パースが言うように記号とは、「(...) ある人に対して、ある面ないしある資格で、あるものの代わりをする何か」(Peirce 1960, p.135) であ

---

[32] この文は条件法によって示されているが、それは、ソシュールの講義が行われた時点で、記号学という学問がまだはっきりとした形で成立していなかったからである。

[33] ソシュールは SA を聴覚映像として捉えており、また、ソシュールの理論を受け継いだマルティネなども SA を音的なものとして捉えているが、言語の SA が音であるとは限らない点を注記しておこう。なぜなら、手話 (langue des signes) は、SA としての視覚映像と SE としてのその映像が示す意味という二重分節構造をもった言語だからである。音声言語 (langue vocale) の場合、第二次分節レベルでの最小単位は音素であり、手話の場合は動素 (kième) (手の位置、形、動きに基づき視覚的に弁別される) であるが、どちらの言語も第二次分節レベルの最小単位である要素が結合して意味のレベルの最小単位が構成されるという特質をもっている。

るという事実も忘れてはならない。ソシュールは記号の内部構造に注目しつつ記号を定義づけたが、パースは記号の働きに注目しながら記号の定義づけを行った。それゆえ、このパースの定義によって、記号が SA と SE との表裏一体構造によって特徴づけられるだけのものではなく、それが示す指示対象によっても特徴づけられることが明確化できるのである。つまり、記号はその本性として記号が指し示す対象を必ずもつことを確認することにより、記号がわれわれの行うコミュニケーションのために用いられるものだということをはっきりと示すことができるのである。こういった側面を考えれば、エーコが行った記号論 [34]、すなわち、記号学に対する、「(...) 嘘を言うために利用し得るすべてのものを研究する学問である」(Eco 1976, p.7) という定義も奇妙なものではない。

ソシュールの記号に対する二分割法 (dichotomie) は記号が心的にどのような形式で現出するかという問題を表したものであり、実際にわれわれが行なう多様な言語活動において根本的な働きを担う記号が指し示す対象は問題とされていない。ソシュールのような視点を取ることによって、記号の成り立ちや記号間の関係は理解可能となるが、記号の実践的な使用に関する問題探究が困難なものとなる。すなわち、この視点だけを強調すれば、世界とわれわれとの関係が中立的で、抽象的なものとなってしまうのである。パース的な視点は今述べたソシュール的な定義の問題点を修正するために大きな役割を担うものであり、この二つの視点は記号を定義づけるためにどちらも欠かすことのできないものなのである。それゆえ、ここではソシュールとパースの定義を合わせて、« 記号とは SA と SE という二つの側面をもち、何かの代わりをするために用いられるもの » と定義しよう。そして、こういった記号というものを研究する学問を記号学と定義し、次の考察に移りたい。

9.3. 主要概念
9.3.1. 概念的な二つの源流

記号学の研究を行うために重要となる基本概念にはさまざまなものがあるが、この短い解説の中で、そのすべての概念を提示することは不可能なことである。この節では記号問題考察のために特に中心的な分析装置となる概念をピックアップし、ソシュール的な分析概念である三対の二分割概念とパース的な分析概念である三対の三分

---

[34] エーコは記号について研究する学問を、ソシュールのように記号学とは呼ばず、パースに倣って記号論 (semiotica [伊]) と呼んでいる。だが、エーコもわれわれと同様に、記号論と記号学との用語的な差異は重要なものではなく、記号研究を行う学問をどちらの名称で呼んでもよいという立場を取っている。

割概念とに分けて提示しながら、解説することにする。この方法を取ることによって、ソシュール的源流をもつ分析概念とパース的源流をもつ分析概念の違いが明らかになるだけではなく、ソシュール的な概念とパース的な概念の、それぞれの発展がどのようなものであったかを的確に示すことができるからである。だが、ここで検討する基本概念を提示する前に、パースの記号論に対する基本的考え方を手短に述べておく必要性がある。なぜなら、ソシュールの理論に関してはすでに他の章において何度も解説したが、パースの学的立場に関しては言語学という枠組みから逸脱する部分が多いために、言語学にとっても大きな問題である記号研究の一つの大きな基盤を確立したパイオニアの考えであるにも係わらず、これまでに示した章の中で何も触れていなかったからである。

パースはプラグマティズム (pragmatism [英], pragmatisme [仏]) [35] の創始者として有名であり、数多くの哲学的問題に対する膨大な研究を行ったが、その研究の中の論理学の一構成部門として記号論の考察を行った。それゆえ、パースの思想全体から見れば、記号問題の考察は中心的なものではなかったが、20世紀の記号研究にとって彼の探究は、必要不可欠なものであった。このパースの探究の特徴は以下のようなものであった。9.2.2.でも述べたが、ソシュールは記号研究を言語記号に限定していただけではなく、記号の内部構造の解明を中心に研究を進めていった。それに対して、パースはあらゆる記号を対象に、ソシュールのようにSAとSEという二大概念によって記号の内部構造の分析を行うという視点よりも、記号の解釈過程 (つまりは、われわれが行っているコミュニケーションの過程) という視点を中心として、記号がどのように用いられているかという点を考察していった。そして、記号をめぐる三大要素として、**表意体 (representamen [英], représentamen [仏])、解釈項 (interpretant [英], interpétant [仏])、対象 (object [英], objet [仏])** というものを挙げ、記号研究の根本的事象であるとした。表意体は記号の形式であり、ソシュール理論において SA に相当するもの。解釈項は記号の概念であり、SE に相当するもの。対象は記号が指し示すものである。たとえば、制限速度 60km/h を表す交通標識において、この標識それ自身が表意体であり、この標識によって 60km/h で走行しなければならないと理解することが解釈項であり、実際に 60km/h で走っている車が

---

[35] 20世紀前半のアメリカの中心的思想であり、実用主義、道具主義、実際主義などと訳される。イギリス経験論 (British empiricism [英], empirisme anglais [仏]：ロック (Locke) によって確立されたニュートン (Newton) 的な実験哲学が特徴) の影響が強く、実生活における経験や現実的な効果があるものを重視する思想である。パース以外のこの哲学の代表的な思想家としてはジェームズ (James)、デューイ (Dewey)、ミード (Mead) などが挙げられる。

対象である。このようにパース理論においては、記号がわれわれの文化や社会といったものの中でどのように運用され、どのように機能しているかという点が大きな意味をもつ。特にパース理論を発展させたエーコが指摘しているように、ある記号の解釈項はわれわれがもつ世界に対する知識である**百科事典的知識 (connaissance encyclopédique)** [36] を中心として形成されるという点は核心的な問題である。また、9.3.3.で詳しく述べるが、言語学の発展と共に、この学問内で、統辞論的視点や意味論的視点だけではなく、語用論的視点の重要さが強く主張されていったように、記号学においても、言語学内の統辞論的、意味論的視点に基づく考察に匹敵する研究だけではなく、語用論的視点に匹敵する研究の必要性が主張されるようになった点も注記しておこう。こういった学的流れの中で、パース的な視点がクローズアップされていき、ソシュール理論のみに依拠する記号研究からソシュールとパースの二つ記号学的源流を共に尊重する記号研究が行われるようになっていったのである。

9.3.2. 二分割概念

ここでは、まず、(1) コードとメッセージ [37]、さらに、(2) **形相 (forme)** と**実質 (substance)**、そして、(3) **連辞と範列**という二分割概念を考察するが、上述したように、これらの対概念はソシュールに始まる言語学研究の中で生み出されたものであり、主に言語記号の研究を通して、それぞれの概念に対する考察が展開されていったものである。それゆえ、これらの二項対立概念について検討していく前に、次の点を述べておかなければならない。それはこれらの概念が記号体系内での記号の位置というレベルから提示されたものであるという点である。つまり、ソシュール理論の中核を担う、記号体系は記号間の差異によって成り立つ体系であるという側面がこれらの概念によって強調されるという点である。では、三つの対概念の検討を行おう。

---

[36] エーコは、われわれが記号解釈のために用いる二大モデルとして、**辞書的モデル(modèle dictionnaire)** と**百科事典的モデル (modèle encyclopédie)** を提示している。最初のものは分析性と含意性の側面から記号を解釈するという特徴がある。つまりは、論理的に実証できること、さらには、階層化できることという視点から記号を解釈するものである。だが、われわれの記号解釈はこういった形式での体系化を行うだけのものではなく、世界との係わり方が問題となる解釈も存在する。そういった場合に用いられるものが百科事典的モデルであり、それは状況やコンテクストといった問題をも内包するものであり、われわれの記号使用の基盤をなす解釈モデルである (Eco 1988, p.144-154 参照)。

[37] もちろん、この対概念はソシュールが用いたものではなく、ソシュールの用語に従うならば、コードを SA に、メッセージを SE とすべきであろう。だが、ここでは言語記号だけではなく、すべての記号に共通する側面を強調するために、コードとメッセージという対概念を検討しようと思う。なお、ソシュール以降の多くの言語学者たち、たとえば、マルティネは言語記号の分析においても、コードとメッセージという二分割法を用いている (たとえば、Martinet 1960 参照)。

(1) トドロフは言語記号について、A)《 その記号がその記号の不在性に対立し、解釈者はその記号を他の同種類の記号と常に関係づけて考えるものである 》、B)《 意味の実在を前提としている 》、C)《 以下の三つの特性がある：a) その記号を使って、言語記号体系について、あるいは、他の記号について説明することができる、b) 嘘、迂言法、繰り返しなどの特殊な表現が可能である、c) その記号の送信者と受信者との間で共通知として存在していないものでも、文脈や状況によって理解され得る 》という三つの条件すべてが満たされたものであるという指摘を行っている。そして、A) の条件だけが満たされたものがコードであり、A) と B) の二つの条件だけが満たされたものが記号体系であると述べている (Todorov 1972, pp.136-137 参照)。つまり、コードとはある規則性をもった拘束の体系であるが、言語記号のように、そこに複雑な意味体系が含まれる必要性がないものである。また、メッセージはコードが示す内容、つまりは、コードが伝達する情報であるが、エーコが語っている「コードがメッセージの発信を統制する一方で、新しいメッセージがコードを再構成するというコードとメッセージとのこの弁証法は、言語の創造性ついての、また、《 規則に制御された創造性と規則を変更する創造性 》という二重の側面についての議論に対する基盤を構成する」という点にも注意を払わなければならないだろう (Eco 1976, p.161)。もちろん、エーコが「言語の創造性」と語っている部分を《 記号の創造性 》と言い換えることも可能であるという点もつけ加えておこう。

(2) ソシュールは、後にイェルムスレウ **(Hjelmslev)** が形相と実質として捉えた二つの概念の違いを表すために次のような例を挙げている (Saussure 1916, pp.151-152 参照)。形相が問題になる場合は、《 午後 8 時 45 分、ジュネーヴ発パリ行きの急行列車が今日出発したものであっても、明日出発するものであっても同じものと見なすという場合 》、さらには、《 ある市街地が破壊されて再建されたとき、破壊される以前の市街地と再建された後の市街地は別なものにもかかわらず同じものとして見なされる場合 》である。実質が問題となるのは、《 私が服を盗まれて、その服をある古着屋で発見したという状況 》である。そして、ソシュールは言語にとって重要になるのは形相の面であると述べているが、この点は言語記号のみならず、あらゆる記号に対しても述べ得ることである。また、イェルムスレウは言語記号の表現 (**expression**：E と略す) と内容 (**contenu**：C と略す) (E はソシュール理論における SA であり、C は SE) の両方の側面に形相 (F と略す) と実質 (S と略す) が存在すると主張した。つまり、A)《 E の S は実際に個々人が発

する音、たとえば、[p] » であり、B)《 E の F は音素であり、たとえば、/p/ » であり、C)《 C の S は E によって示された実際の意味、たとえば、veau (仔牛) が指し示すもの 》、D)《 C の F は記号の内容がもつ意味素であり、たとえば、veau のもつ bovin (牛の)、mâle (牡)、jeune (若い) といった意味的特徴 》であるが、このイェルムスレウの主張は、記号にとって形相と実質との関係性がいかに大きな問題であるかということを強調するものである (Hjelmslev 1959 及び Ducrot 1972 及び Barthes 1985 a を参照)。

(3) 連辞と範列という対概念については、すでに 1.3.4.で説明を行っているゆえに、ここでは次の点だけを指摘しておく。それはヤコブソンが、連辞的なものは換喩的なものであり、範列的なものは隠喩的なものであると主張した点である (Jakobson 1963 参照)。この主張は修辞学上の問題を考える上で興味深いものであるだけではなく、11.3.4.で述べる失語症における連辞的なものに対して問題を示す失語症と、範列的なものに対して問題を示す失語症という二つのタイプの失語症とも関連するものである。この問題は記号研究における一つの大きな根本原理に関係するものであるが、この点に対する詳しい考察は 11.3.4.で行う。

9.3.3.　三分割概念

ここで取り上げる概念はパースが提示した (1) 性質記号 **(qualisign [英], qualisigne [仏])** と単一記号 **(sinsign [英], sinsigne [仏])** と法則記号 **(legisign [英], légisigne [仏])**、(2) 指標 **(index [英], indice [仏])** とイコン **(icon [英], icône [仏])** とシンボル **(symbol [英], symbole [仏])**、(3) 名辞 **(rhem [英], rhème [仏])** と命題 **(dicisign [英], dicisigne [仏])** と論拠 **(argument [英仏同形])** という三種類の三分割概念である。これらのものを簡潔に提示するために、パースの理論に対してエーコが行った明解な解説を参照しながら、それぞれの概念についてまとめていこうと思う (Eco 1976 及び 1988 参照)。

(1) この三つの概念は記号それ自身の特性を基に三分割されたものである。性質記号は質やトーンといったものを表す。たとえば、声の調子やある衣服の色や生地などである。単一記号は抽象的モデル (法則記号) のレプリカを示す。つまり、それはトークン **(token [英], occurrence [仏])** である。その例として、ある小説が書かれている本、ある対象が写されている写真や映画といったものを挙げることができる。法則記号は単一記号の抽象的モデルを、すなわち、**タイプ (type [英仏同形])**

を示す。たとえば、お金としての価値をもつ紙幣やパロールに対するラングなどである。ここで注目すべきことはタイプとトークンの違いである。つまり、この二分割法を導入することによって記号それ自身とその記号の個別的使用とが区別できる点である。それは言語記号におけるソシュールのラングとパロールとの差異に等しい関係をもつものであるが、記号全体を考えた場合にソシュールの用語を使うよりもこの二つの用語を使う方がよい。なぜなら、青信号も、警官による進めの誘導ジェスチャーも、「前進してもいいですよ」という言葉も、道路交通において同じ意味を表す記号として機能するが、今述べたそれぞれの記号をトークンと呼び、これらのどの記号も有する《 進めという指示 》をタイプと述べることはできても、前者すべてをパロールと、後者をラングと呼ぶには無理があるからである。

(2) この分類は記号とその対象との関係に基づくものである。指標は記号と記号が指し示している対象が直接的に結びつくもので、たとえば、病気の徴候、方向を示す標識、煙や潮の香などの自然記号といったものを挙げることができる。イコンは記号と記号が指し示す対象が類似しているもので、デッサン、写真、パントマイムなどを例示できる。シンボルは記号と記号が指し示す対象の結びつきが恣意的なもので、たとえば、国旗、信号機、言語などである。この分類概念に関しては、言語記号の中のシフターがシンボルとして機能するだけではなく、指標の特質も有するという重要点を指摘しておこう。エーコがシフターについて、「それはメタ言語記号である。すなわち、具体的に発信された他の記号から作り出す必要性がある正しい用法を確立するものである」(Eco 1988, p.78) と述べたこと、つまり、指示という行為が言語記号をも含めたあらゆる記号の理解のために非常に大きな役割を担うということは注記すべき点である [38]。

(3) この三つの概念は記号と解釈項との関係を示す概念である。名辞はそれが他のどんなものとも関係せずにそのものとしてあるものであり、命題はそれが他のある一つの何ものかとの関係においてそのものとしてあるものであり、論拠はそれが他の多くの何ものかとの関係においてそのものとしてあるものである。言語記号を例にとって、これらの三つの概念のそれぞれの範疇に含まれる要素を提示しよう。名辞は「山」、「本」といった他の要素から遊離している名詞や記述であり、命題は「イレーヌは振り向いた」や「太郎は人間である」といった二つの項目の関係が示された文であり、論拠は多数の事項の多数の関係性が示された三段論法やテクストとい

---

[38] XがYの代わりをする場合、その代替性が何かによって指示されていなければならない。この代替性は記号の働きを考える上でも中核的な役割を担っていると述べることができる。なぜなら、その代替性のもつ規約こそが記号を成り立たせる根本的原理だからである。

ったものである。これらの概念は記号の広がりや展開を考える場合に重要な働きを示すものである。別な言い方をすれば、この三つの概念は記号の大きさというレベルでの3つの単位を表していると述べ得るだろう。

パースは今述べた9つの概念を組み合わせて、名辞指標的性質記号、命題イコン的単一記号、論拠シンボル的法則記号というように、記号を9種類に分類し、研究しようとしたが、明確な分類作業は完成することなく終わった。なお、パースの研究を受け継いだモリス (Morris) は記号研究を行う場合に、言語記号研究をモデルとして、統辞論的、意味論的、語用論的という三つの異なる視点からの考察を行うべきであると強く主張した。こういった研究方向性は言語学の学的展開とも一致することを注記しておこう。

9.4. 分析例と記号研究のこれからの課題
9.4.1. バルトの分析

ここでは言語記号に関する分析ではなく、言語以外の記号分析の例を具体的に示そうと思う。この提示によって言語以外の記号の特質が理解できるだけではなく、言語記号とそれ以外の記号の違いがよりよく理解されると思われるからである。だが、この短い節で今まで行われた言語記号以外の記号の分析を多数示すことは不可能であり、また、この章の主要目的は言語学的視点から記号という問題を考えることであるゆえに、ここではバルト (Barthes) の *Le troisième sens* (第三の意味) というテクストの中に書かれた映像に関する研究だけを取り上げ、考察していきたい。なぜなら、このテクストは言語学的視点からの考察においても、多くの有用な示唆を与える問題が探究されているからである。だが、実際にこの研究について検討する前に、この章の中でまだ触れていない言語以外の記号研究がどのように進展していったのかという問題と、このテクストの背景を知るために重要なバルトの記号学的立場について提示する必要性があるだろう。

第一の点については以下のようなことを述べることができるだろう。言語以外の記号研究は1960年代から本格的に行われるようになるが、その研究の中心的な役割を担った記号学者の一人がバルトであった。それは 1967 年にバルトが出版した *Système de la mode* の中で行っているモード、つまりは、流行の衣装についての研究がきっかけとなり、言語以外の記号研究が盛んに行われるようになったからである。だが、この研究はモード自身を記号学的に扱ったものではなく、モードを撮った写真

第9章　記　号　学　　　　　　　　　　　　　　　　　151

とその衣装について書かれたものとの関係性についての分析であり、つまりは、複数の記号が絡み合って表象されたものについての分析であるという点を指摘しておかなければならない。さらには、複数の異なる種類の記号が一つの、あるいは、多くの意味を示すという現象に対する考察は、実質的にはこの研究から開始されたという点も特筆すべき点である。この探究以降、音楽、映画、写真など複雑な記号体系をもつ記号が次々に分析されるようになっただけではなく、異なる記号が複合されて提示される現象に対する研究も数多く行われるようになったである。そういった分析は記号学を大きく発展させただけではなく、記号研究をリードしてきた言語学の研究にもフィードバックされていった。そういった研究の中でも、*Le troisième sens* の中で示された分析はとりわけ重要なものだったのである。

　第二の点については次のような指摘が可能であろう。バルトの記号研究は当初、近代言語学理論を基盤とし、構造主義的な視点に立ち、9.3.2.で検討した概念を中心的な分析装置としてさまざまな記号の機能について分析することを主要課題としていた。だが、その方向性は徐々に変化していき、記号構造の探究よりもテクストというカテゴリー内での記号の働きという視点に立った考察を行うようになっていった。このテクストという概念はきわめて複雑なものであるが、バルトはテクストのもつ4つの主要な特質を挙げ、この言葉を定義づけている：(1) « 美的生産物ではなく、意味の実践である »、(2) « 構造ではなく、構造化である »、(3) « 物ではなく、労働であり、戯れである »、(4) « 見出すことが重要となる意味をもつ、閉ざされた記号の総体ではなく、移動したものとしての痕跡の量感である »（Barthes 1987）。この定義からも判るように、テクストは定められた意味を示す記号によって構成されながらも、定められた意味を示すだけではなく、新たな意味を生成するものでもある。記号の連続性が生み出すこの新たな意味生成に関する問題へとバルトの記号をめぐる関心は移っていく。こうしたバルトの研究の方向性の変化という側面を考察する場合にも、この *Le troisième sens* というテクストは大きな位置を占めるものなのである。

9.4.2. 第三の意味の問題

　バルトはモード、映画、写真といったさまざまな記号の研究を行ったが、ここでは言語記号の考察にとっても大きな問題を投げかけた *Le troisième sens* の中の映画の一シーンに関する分析についての検討を行う。バルトはこのテクストの冒頭で、エイゼンシュタイン (Эйзенштейн [露], Eisenstein [仏]) の『イワン雷帝』(Иван

Грозный [露], Ivan le terrible [仏]) [39] の中にある二人の臣下がイワン雷帝の頭上から金貨の雨を降らせ、その金貨を浴びる皇帝の姿を映した一シーン（下記の写真を参照）に関して、このシーンには以下のような三つの異なるレベルの意味があると述べている。

(1) 第一の意味は情報のレベルに属するもので、そこではコードに対してそのコードに付随したメッセージのみが問題となる。つまり、分析のために提示された映画のシーンに関して、「(...) 装飾、衣装、登場人物、彼らの関係、(曖昧なものであったとしても) 私の知っている逸話への彼らの組み入れが、私にもたらされたあらゆる知識が、そこに集まっている」(Barthes 1987, p.43) とバルトが言うように、このレベルの意味はこの映画の外示 (dénotation) [40]として機能するもの全体である。そこで問題となることは、たとえば、二人の男がイワン雷帝の臣民である、その男たちが金貨を皇帝に浴びせている、皇帝が画面の中央にいるといった事柄である。
(2) 第二の意味は象徴のレベルに属するものである。それは、たとえば、金貨が富と権力の象徴であるといったものである。だが、バルトが主張しているように、このシーンの象徴するものは一義的なものではなく、いくつもの層があることを忘れてはならない。この映画の物語レベルや歴史的レベルでの、あるいは、黄金というも

---

[39] エイゼンシュタインがイワン4世をモデルとして作った映画。当初は三部作の映画として製作される予定だった。1944年に第一部が完成しスターリンの大絶賛を受けたが、1946年に完成した第二部はソ連共産党指導部の強い批判により、スターリンの死後まで一般公開はされなかった。第三部は1946年から製作が開始されたが未完に終わった。バルトが取り上げているシーンは第一部にある。
[40] この語及び共示 (connotation) の概念については 10.2.4.を参照。

のの精神分析学的レベルでの象徴的な働きが指摘可能である。一言で言うならば、このレベルの意味は比喩的なもの、すなわち、共示的な意味であると述べることが可能である。

(3) 第三の意味は、はっきりとその記号の SE を示すことはできないが、何らかの事象を示す働きをなしているもののレベルに属している。バルトが第一と第二の意味が**明白な意味 (sens obvie)** であるのに対して、第三の意味は**鈍い意味 (sens obtus)** であると述べているように、このレベルの意味は、はっきりとした意味として現われる手前にあり、意味として作動しつつあるものである。それは、それぞれの記号が体系内でもつ定式的な意味が問題となるレベルなのではなく、記号が複雑に結びつくことによって構築されるテクストの中で獲得される意味が問題となるレベルである。すなわち、このレベルでは**意味形成性 (signifiance)**、つまり、クリステヴァが、「われわれはラングの内部で実践され、語る主体の線上で、伝達的で、文法的に構造化された意味連鎖を配置する分化、多層化、照合化作業を意味形成性として示そう」(Kristeva 1969, p.12)と述べている事柄が問題となるのである。また、このレベルでは、定められた記号の意味が、その意味を超えて新たな意味を生成していくことが問題となるという点も注記しておこう。

第一の意味と第二の意味とは言語記号体系内での言語記号の機能を詳しく分析していったソシュール以降の近代言語学の成果に基づき研究可能な問題である。それに対して第三の意味は、言語学の一般的区分から見るならば、意味と言うことが困難なものであろう。それは学的に分類でき、体系的に位置づけ可能な意味ではなく、潜在的な意味作用と述べ得るものだからである。こういったレベルの意味を考察することにいかなる重要性があるだろうかという疑問が起こるかもしれないが、第三の意味を取り上げること、それはテクストというレベルでの意味の広がりについて考えることであり、バルトがこの意味をカーニバル的なものと呼んでいるように (この概念については 12.2.1.参照)、テクスト間の対話関係へと導かれるものである。そこにはバフチン的な問題領域が展開されるのであるが、この問題については 9.4.3.で詳しく検討していくことにする。

9.4.3. 意味のレベルの多様性

ここでは 9.4.2.で行った考察事象を、言語学という視点からさらに分析していこうと思うが、まず次の二点を確認しなければならないだろう。最初の点は記号それ自身

を考える場合に、その意味のレベルは外示的なものと共示的なものという二項対立的に捉えることが可能であるが、記号が単独で用いられる機会は実際にはそれほど多くはなく、記号はあるテクストを構築するために用いられるという事実である。すなわち、われわれが実際に営んでいる生活の中では、ある記号が単独に用いられる場合よりも、複数の記号が複雑に絡み合い用いられる場合の方がはるかに多いという事実を考える必要性があるのだ。もちろん、同種類の記号だけを結合し構築されるテクストがある一方で、映画や演劇といった異なる種類の記号が組み合わされて製作されるテクストも存在するということも忘れてはならない。二番目の点はある記号もしくはある記号の連鎖が示すものをわれわれが予想できる場合がある一方で、そういった記号の提示によって今までわれわれが知らなかった新たな意味が生み出されることもあり得るという事柄である。そのとき問題となることは定められた意味ではなく、可能性として開かれた意味の問題である。この二つの点はバルトが提示した三つの意味を言語学という視点から考える場合にもきわめて根本的な問題となる。それゆえ、ここではこの二つの重要事項とバルトが示した三つの意味の問題について詳細に検討していこうと思う。

　最初に指摘できることは以下のような事柄である。言語学、特に一般言語学の枠組みで言語記号について探究するとき、意味の最小レベルである記号素が二重分節構造の枠組み内でまず研究される。記号素には必ず意味が内在しているが、ある記号素の意味はバルトの意味の三分割法に従うならば、第一レベルの意味問題である。また、記号素が連続して文あるいは発話文が構築されるが、その構築において問題となる意味も、言語体系内で位置づけられた意味であり、これも第一レベルの意味問題である。バルトはこういった第一レベルの意味について、そこでは情報伝達という側面での記号論が展開されると述べている。つまり、そこでは構造化されている記号によって伝えられる某かの想定可能なメッセージが重要であって、記号体系内で秩序づけられている記号、あるいは、記号連鎖によって示される意味が問題なのである。すなわち、それは日常的なわれわれのコミュニケーションの基盤となる意味のレベルなのである。

　第二の意味は 9.4.2. で述べたように比喩的表現、それは文体論的な意味が問題となるレベルである (もちろん、それは言語記号以外の場合もあり得るゆえに、スタイルが問題となると言うべきかもしれない)。そこでは日常的なコミュニケーションが大きな働きをするのではなく、意味の多義的な側面が大きな役割を演じると共に、テクスト理論の視点から言えば、テーマ的な意味が問題となるレベルである。つまり、

テクストの作者がテクスト全体を通して語ろうとするものと、そのテクストの見手や聞き手や読み手といったテクストの受け手の解釈が問題となる。この二つのレベルは意味が直接的であれ、間接的であれ、受け手が発信された記号を共通知としての百科事典的知識に基づいて捉えることが可能なレベルである。

　それに対して第三の意味は、意味形成性のレベルの問題であり、共通知としてわれわれがもっている意味のレベルに従うだけでは捉えることができないものである。この第三の意味をここで詳細に分析することはできないが、次の点だけは強調しなければならない。記号の意味はその記号が属する構造によって定められた側面をもつゆえに予想可能なものである一方で、その意味はさまざまな方向に開かれたものとして予想不可能な側面をもっている。それゆえ、ヴィトゲンシュタインの用語で言うならば言語ゲームとしての特質が言語記号のみではなく、あらゆる記号に内在しているのだ。9.4.2. で示したバフチンの考えも、こういった記号がもつ意味の広がりを基盤としたものであり、その意味の広がりを対話という側面から捉えたものである。それはテクストという視点から考察した場合、無限の関係性が築かれる可能性をもった対話空間、つまりは、カーニバル的な多くの声、すなわち、意味が溢れ出す空間となるのだ。記号にこういった意味的側面がなければテクストを生産することは不可能である。この問題を言語学がどのように探究していくかは、この学問にとってのこれからの大きな課題の一つであろう。また、バルトの提示した三つの意味の記号学的連続性と断絶についてより厳密に研究していくことも、これからの言語学の学的発展にとって重要な問題の一つとなり得るだろう。

第10章　文体論

10.1. 文体研究をめぐる問題点

　言語の探究における文体論的アプローチは近代言語学の成立以降、言語学の探究領域としては副次的なものとして位置づけられてきた。なぜなら、近代言語学は言語（ラング）がそれ独自の体系をもつことを重視し、その体系を考察することを主要目的としたからである。だが、ジュネットが、「(...) 文体を文体そのものとして構成するような、あるいは、結果的に構成してしまうような文体理論はおそらく誤っているだろう」(Genette 1991, p.95) と述べているように、文体の問題を言語体系の問題に収斂させることは可能なことではない。それゆえ、文体論は言語学の中心問題にはなり得なかったのである。

だが、それだけではない。文体研究の歴史は古く、古代ギリシアの修辞学にまで遡ることができるが、中世以降、この研究は文学研究と深く結びつき、特に作家・作品研究の主要な探究アプローチの一つとなった。そのため、言語問題に属しながらも、文体研究は言語学の領域に属すものではなく、文学研究の領域に属すものであるという考えが浸透していったのである。しかしながら、文体には規則性があり、文体的特徴によって分類することが可能である。近代言語学が音韻論をモデルとして内的体系の分析を優先した結果、文体論は文学領域の問題として取り扱われる傾向が強くなっていったが、文体が言語に係わる問題であるというまぎれもない事実は変わることはない。言語学の進歩によってさまざまな理論が提示されている現在、言語学は文体の問題を、文学研究を行う学問だけに任せておけばよく、この問題を考慮せずともよいという考え方は学的真摯さに欠ける態度である。確かに、文体の問題は近代言語学の範疇を超える美学的問題なども含むが、言語学的事象である以上、文体に対する学的アプローチは言語学にとっても極めて大きな意味をもつものだからである。

10.2. 文体論とは何か
10.2.1. 文体論を取り巻く問題

　文体論というものを明確に定義することは容易なことではない。この学問が取り扱う領域は広く、音韻論的問題も、語彙論的問題も、統辞論的問題も文体論と深く関係する場合が多々あるからだ。しかし、その係わり方は一般言語学のレベルでの係わり方だけではなく、美学的、心理的、社会的、さらには、歴史的問題をも含むもので

ある。つまり、言語の自立体系をどれだけ厳密に規定したとしても、文体に対する考察はそういった体系化作業とはまったく別のレベルのものであり、近代言語学が確立するために排除してきた問題をどうしても導入しなければ、文体について語ることはできないのだ。

　文体論を定義づけるための困難さは、この研究分野の言語学の一般的範疇からの逸脱という問題だけではない。その探求対象の範囲があまりにも広いために、文体というものをどういった視点から捉えるかによってこの学問に対する定義の仕方が異なるのだ。つまり、文学作品のみを対象とした文体論が可能である一方で、文学テクストだけではなく話し言葉も考察対象として含めた文体論も可能なのである。それゆえ、ここでは文体論を完成した学問としては考えずに、たとえそれが学的厳密さから遠いものになったとしても、すでに語られているこの学問に対するいくつかの定義を比較検討しながら、近代言語学成立以降の文体論の大まかな特徴を見ることを主眼としてこの章を記述していきたいと思う。なぜなら、このことによって、文体論という学問の複雑さが了解されるとともに、この学問のこれから向かうであろう方向性が示唆できるからである。

10.2.2. バイイの文体論

　フランス語圏で近代言語学の成立以降に、文体論の問題と最初に正面から取り組んだ言語学者はバイイだろう。ソシュールが文体の問題についてのアプローチを行わなかったのに対し、ジュネーヴ大学でソシュールから一般言語学の講義を受け継いだバイイは文体論の問題の考察も精力的に行った。彼は、「(...) 文体論は情意的内容という視点によって形成されたランガージュの表現行為を研究するものである。つまり、ランガージュによる感性的行為である表現と感性に及ぼすランガージュの作用を研究するものである」(Bally 1951, p.16) という定義づけを行っている [41]。そして、文体研究と文体論とを区別し、文体研究は文学的な作家・作品研究の対象であり、言語学の対象外であると位置づけている。バイイにとって言語学的研究が行われる領域は文体論であり、それは言語コミュニケーション内の表現のヴァリアントを記述し、分類するものであった。

　トドロフはバイイの考えについて、「この文体論は、まず、記述的であって規範的ではない。さらに、作家や、文学一般にさえも係わりをもたない。バイイは文学作品

---

[41] 文体の問題はラングの問題ではなく、ランガージュ、つまりは、言語化能力（言語操作能力）、あるいは、言語活動と深く関係することが、この定義の中に含まれていることに注意する必要性がある。

の文体論ではなく、パロールの文体論を形成しようとする。ランガージュは思考と感情を表現するという考えから出発して、感情表現が文体論本来の対象を構成すると見なすのである。つまり、文体論は発話に関係するものではなく、発話の中に発話行為を導くということに関係するものなのである」(Todorov 1972, pp.101-102) と述べている。バイイは、彼の文体論に対する考え方を発展させるために、表現の効果を自然的効果 (effet naturel) と喚起的効果 (effet par évocation) とに二分している。この二分割法には一般言語学における音韻論、語彙論、統辞論の範疇で取り扱うことが可能な表現効果を自然的効果として限定し、ラングの体系内での探究を維持しながらも、表現から喚起されるものの領域を喚起的効果として設定することにより、文体論を言語学の範疇に取り込もうとする姿勢が現れている。

このバイイの考え方は、ドイツ語圏で、文体論の考察を積極的に行ったロマンス語研究者フォスラー (Vossler) やその影響を受けたシュピッツアー (Spitzer) の観念論的、あるいは、ロマン主義的文体論とは正反対の性格をもつものである。観念論的文体論は表現行為を行う主体の中心性を強調し、テクスト内の文体論的特性を分析しようとするものだからである。さらに、バイイが文体論の範疇を限定したのに対して、観念論的文体論は歴史、文化、社会といった問題を導入することで、文体論の範疇を拡大する方向に進んだものだったからである。この学的方向性の違いは以下のような混乱をもたらした。すなわち、文体論は言語学的にも、文学的にも、さまざまな方法を使いながら探究可能なものとなったが、その反面、文体論を厳密に規定することが困難となるという問題点が生じたのである。

10.2.3. ギローの文体論

ギローはバイイとは異なり、文体論と文体研究を二分せずに、個別的なテクスト研究も、コミュニケーション一般に対する表現研究も文体論の研究対象としている。そして、文体論を定義づけるために、まず、この学問の研究対象である文体についての定義づけを行っている。彼は、「文体とは語る主体、あるいは、書き手の本性と意図によって決定された表現手段の選択から生じる発話の様相である」(Guiraud 1979, p.120) と語り、この定義に基づき、文体論には二つの方向性があると主張している。

彼は上記した二つの文体論的潮流に対して次のような説明を行なっている。まず、第一のもの、すなわち、個人的文体論は、「(...) ランガージュを語る主体の独特な表現として、つまりは、語る主体の特質、気質、世界観、技術の独自な指標として考察する」(ibidem, p.124) と述べ、第二のものについては、「(...) 意味を彩る情意的な、

あるいは、社会・文脈的な起源をもつ概念的ではないものの価値研究である (...)。それは、ランガージュの認知的な、あるいは、意味的機能に対立するランガージュの表現的機能の研究である」(ibidem, p.124) と述べている。ギローはこの定義の二重化によって、個別的なテクスト分析を通して文体研究をしようとする文学的文体論と、文体的特徴を類型化し、文体の言語的機能を考察しようとする言語学的文体論とを両立させようとしている。しかしながら、この二重化は厳密化というには程遠いものである。なぜなら、バイイ的な文体論とシュピッツァー的文体論の対立を解決したものではなく、学的な体系の曖昧性を認めていると批判することが可能なものだからである。この二重化をどのように統合し、文体論を定義づけていくのかという問題はギロー以降の文体論研究にとって大きな問題となっている。

10.2.4. ジュネット及びバフチンの考え

　ギローの後にも文体論に対する定義づけは数多く行われている。だが、そのことによって、文体論研究が実り豊かなものとなったとは言いがたい。また、前述したように、特に、言語学という範疇に限って言うならば、文体論研究は言語学の中心的な探究分野ではなくなってきている。それでも、文体論の問題は言語学の進歩による成果を取り入れ、さまざまな角度からのアプローチが行われている。ここではこうした成果を踏まえたジュネットの文体に関する定義を挙げ、さらには、バフチン (Бахти́н [露], Bakhtine [仏]) の文体に対する考え方を挙げながら、文体論の再定義化を試みたいと思う。

　確かに、ジュネットは文体論を一般言語学の範疇内での文体研究と見なし、テクスト分析を中心とした文体理論とを峻別し、自らの研究対象を文体理論に属するものとしている。だが、ジュネットの視点は文体論にとっても多くの示唆を与えるものであると思われ、また、ここでは、バイイ以来の伝統的な二分割法によって文体の問題を捉える必要性はないという立場に立っているゆえに、まずはジュネットの考えを分析しながら現代の文体論の方向性について概観していく。「(...) 文体とはテーマ的発見のレベルでも、全体的な配置のレベルのものでもなく、表現法のレベルで、つまりは、言語機能のレベルで、もっとも固有な仕方で作用するものである」(Genette 1991, p.144) とジュネットは述べている。この表現レベルという問題に対して、ジュネットは共示と外示という二項対立概念を導入することによって説明している。すなわち、言語システム内で言語記号がもつ文字通りの意味としての外示と言語記号が間接的に示す (暗黙裡に示す) 意味としての共示とを区分し、表現的機能は共示に関わる問

題であるとしている。この考え方はそれほど斬新的なものではないが、ジュネットはある表現が共示機能を担うためには言説内での位置が重要であると主張している。なぜなら、「言説プラス文体も、文体なしの言説も、言説なしの文体も存在しない。文体とは、それがいかなるものであれ言説のアスペクトなのであって、アスペクトの不在は明らかに意味のない概念である」(ibidem, p.135) からだ。この言説との密接な関係は、美学的意味でのあらゆるテクストがもつ文学性の側面から位置づけられるものであるとジュネットは考える。そこには、テクスト生産における他者との関係性が存在する。だが、ジュネットはこの関係性について明確に語ってはいない。

　今、文体があるということは、そこに他者との関係性があると述べたが、それはいかなる関係であるのかと考えた場合に重要となってくるものが、バフチンの主張している対話という概念のコミュニケーション内での中心性である。この対話理論については、後続する第 12 章で詳細に考察するが、ここでは文体論と対話との関係についてのバフチンの考えを手短に説明する。バフチンにとってあらゆる言語活動は対話的なものであるゆえに、文体論とは他者との対話を考察するための一つの学問である。この対話関係は、もちろん、たとえば小説を例に取るならば、そこには語る主体同士が面と向かって行う直接的な対話は存在しないが、作者と主人公との対話が、あるいは、主人公同士の対話が、つまりは、ポリフォニー (この概念についても第 12 章の記述を参照) が存在する。この対話性は多くの場合、**文体論的位相 (phase stylistique)** [42] の違いによって表現される。語る主体は状況に応じ、所属集団に応じ、社会的ポジションに応じて対話者とのコミュニケーションに用いる語りを変える。それは、対話的位置の変化であるが、文体論上の対話性の強調でもある。バフチンは小説のもつ内的対話性を指摘することによって、文体論が対話というわれわれの行う基本的な発話行為の考察を行う分野であると位置づけ、文体のもつ語用論的側面を見出し、文体論の可能性を新たに基礎づけていったのである。

---

[42] テクスト内での登場人物の言葉は、その登場人物の語り方の違いによって表される場合が多々ある。日本語の例を出すならば、「そうですわ」は女性の語りであり、「そうだ」は男性の語りである。性差だけでなく、日本語の場合、さまざまな終助詞や敬語表現などを使い、話し手と聞き手との社会的関係や所属する社会階層などを知ることが可能である。このような話し手の語りによって理解できる社会的、生物学的な特性を文体論的位相という。フランス語でも、たとえば、oui と ouais の違いによって文体論的位相を表すことが可能である。

10.3. 修辞学
10.3.1. 修辞学と文体論

　上記したように修辞学は、アリストテレス (Aristote) やキケロ (Cicéron) の研究に代表されるように、古代ギリシア時代にすでに確立していた文体論的問題を探究する学問である。現在でも修辞学的アプローチが消滅してはいないが、修辞学の学的意義が次第に薄れてきているのは確かなことである。それにはいくつかの理由があるが、特に古代の表現技術が時代の流れの中で衰退していったことと修辞学的問題を取り扱う分野が文体論へと移行したことが大きな原因として挙げられるだろう。だが、文体論を考える上で修辞学の基礎づけた多くの事象は文体論に非常に大きな影響を与えたという意味で、修辞学とはいかなる学問であるかを考えることは、文体論を研究するために重要な問題である。

　修辞学は端的に言えば上手く表現するための技術を探究する学問であるが、古代ギリシアにおいては、元来、他者を説得するための弁論術としての性格が強かった。だが、時代の変化とともに、よりよく書くための技術の研究という方向に向かっていった。この学問はギローが指摘しているように、「(...) それはジャンル、文体すなわち調子、文彩すなわち表現手段という三つの概念に基づいている」(Guiraud 1979, p.12) と述べることができるものである。この言葉の中には修辞学の主要構成要素であるジャンル **(genre)**、文体 **(style)**、文彩 **(figure)** という三つの中心概念が語られている。これらの構成要素は言語表現の中で個別的に機能するものではなく、お互いに関連しながら機能するものであるが、ここでは、これらの各要素を修辞学がどのように位置づけていたかを考察することによって、修辞学の特性を検討していこうと思う。

10.3.2. 修辞学の構成分野

　まず、修辞学の中心概念を解説する前に、この学問の全体像をよりよく捉えるために、この学問の構成分野について語ることにする。アリストテレスの時代以降に整えられた修辞学は次のような構成分野から成り立っていた。(1) 発見 (inventio ; invention)、(2) 配置 (dispositio ; disposition)、(3) 表現法 (elocutio ; élocution)、(4) 発話行為 (actio ; action)：抑揚、口調、身振り、表情など、(5) 記憶 (memoria ; mémoire)：よりよく語るために必要な記憶に関する技術 (括弧内の表記は最初がラテン語、次がフランス語である)。

　(4) と (5) については、修辞学のもつ弁論術としての特質がよく表れたものであり、修辞学が元来、弁論術として成り立っていたことを示している。だが、エクリチュー

ルの重要性が増すことによって、(1)、(2)、(3) が修辞学の中心分野となっていく。この三つのそれぞれの構成分野について、バルトは以下のように述べている。(1) については、「inventio は発明というよりも発見（論拠）を示している。すべてはすでに存在しており、ただそれを発見すればよい。それは、**創造的**というよりも、**抽出的概念である**」(Barthes 1985 c, p.125)。(2) については、「(...) dispositio を弁論の主要部分の配列 (能動的で操作的な意味であれ、受動的で物化した意味であれ) として定義しよう」(ibidem, p.148)。(3) については、「論拠が見出され、弁論の部分に大きく分割された後に残るものはそれらの論拠を語に書き換えることである。これが lexis、あるいは、elocutio と呼ばれる techné rhétoriké の第三部分の機能である (...)」(ibidem, p.155) [43]。さらに、次のことを述べる必要性があるだろう。(4) と (5) は文体論との関係が強いものであるとは言い切れないが、(1)、(2)、(3) は文体論の構成分野と重なり合うものである。つまり、文体論が確立する以前に修辞学は文体論の探究分野を基礎づけていたのである。

10.3.3. 修辞学におけるジャンルの問題

　修辞学において、表現行為によって産出されるもののジャンルは厳密に定められていた。これらのジャンルは韻文では 5 つのジャンルに、散文では 4 つのジャンルに分けられていた。それぞれのジャンルの作品には、そのジャンルに適合した文体や文彩があることが明確化されていき、次第に、この三つの要素の関係性が規定されていった。

◆韻文のジャンル
　(1) 抒情詩のジャンル (genre lyrique)：個人的な生を感情豊かに、感覚的要素を多用しながら表現している作品。エレジー (élégie)、バラード (ballade)、ソネット (sonnet)など。
　(2) 叙事詩のジャンル (genre épique)：さまざまな登場人物をもちマクロ的な歴史、文化的視点で書かれた作品。英雄伝 (histoire des grands hommes)、民族詩 (poésie populaire)など。
　(3) 劇詩のジャンル (genre dramatique)：古典主義までの悲劇 (tragédie) や喜劇 (comédie) (この時代まで戯曲は韻文で書かれていた)。
　(4) 教訓詩のジャンル (genre didactique)：真理や倫理問題に関係し、韻文で書か

---

[43] この techné rhétoriké (machine rhétorique：修辞機械) という言葉は修辞学の 3 大主要

れた作品。寓話 (fable)、風刺詩 (satire)、エピグラフ (épigraphe) など。
(5) 田園詩のジャンル (genre pastoral)：田園生活を描いた作品。農耕詩 (géorgique)、パストラーレ (pastoral：牧歌劇) など。

◆散文のジャンル
(1) 弁論のジャンル (genre oratoire)：論証、裁判に関係する作品。演説集 (discours) など。
(2) 歴史のジャンル (genre historique)：歴史的事実を扱う作品。年代記 (chronique)、回想録 (mémoires)も含まれる。
(3) 教訓的散文ジャンル (genre didactique en prose)：真理や倫理問題に関係し、散文で書かれた作品。哲学書 (livre philosophique)、批評集 (essai critique) など。
(4) ロマネスクのジャンル (genre romanesque)：小説の原形としての作品。元来は冒険的物語 (roman d'aventures) の要素の強いテクスト。

こうしたジャンルは、たとえば、戯曲が散文で書かれるようになり一つのジャンルとして形成されるようになる、田園詩のジャンルである牧歌の作品が衰退していくなどいくつかの変化は見られたが、こういった修辞学上のジャンルは文体論上のジャンルの原形となり、文体論はこの修辞学のジャンルをさらに細分化していくことになる。

10.3.4. 修辞学における文体の問題

前述したように、修辞学はジャンルと文体と文彩を密接に関係づける方向に進んでいった。そして、古代の修辞学は最終的に三つの典型的な文体を大別するようになった。単純体 (humilis stylus, style simple：以下、この節の括弧内の語において最初の語はラテン語、次がフランス語である)、中庸体 (mediocrus stylus, style tempéré [style moyen とも])、崇高体 (gravis stylus, style grave [style noble とも])である。ローマ時代の註釈家はこの三つの典型を、ウェルギリウスの三つの異なるジャンルの三大作品、単純体としての『牧歌』(Bucolica, Bucoliques)、中庸体としての『農耕詩』(Georgica, Géorgiques)、崇高体としての『アエネイアス』(Aeneis, Enéide)を基に、以下のようにモデル化した [44]。

構成分野のことを示している。
[44] ウェルギリウスはローマ時代の詩人。ラテン文学史上最も重要な詩人の一人と見なされている。ここで挙げる彼の三つの典型的な文体はウェルギリウスの輪 (roue de Virgile) と呼ばれている。

文体	社会的地位	名前	関係する動物	道具	住む場所	関係する植物
単純体	のどかな牧人	ティテュルス メリボエウス	羊	杖	牧場	果樹
中庸体	農夫	トリプトレムス カエリウス	牛	鋤	農地	ブナ
崇高体	将軍	ヘクトル アヤクス	馬	剣	都市・城	月桂樹・杉

　この分類はジャンルと登場人物の関係性だけではなく、それぞれのジャンルによって用いられる対象（語彙）も文体によって規定されることを示している。こうした連続性は語彙だけの問題に止まることなく、構文やテーマとも密接に関連するものであった。この文学作品のジャンルの三分割は、その後の文学的発展によってさらに細かいジャンル分けを必要としていったが、このことについては後述する。ここでは、ジャンルと文体との関係が修辞学という学問の全盛期に秩序づけられ、さらにその関係図が定式化していったことだけを強調しておく。

10.3.5. 修辞学における文彩の問題

　修辞学において、文彩は (1) **語の文彩 (figure de mots)**、(2) **構成の文彩 (figure de construction)**、(3) **意味の文彩 (figure de sens)**、(4) **思考の文彩 (figure de pensée)** の 4 つに大きく分けられている。ルブールは (1) について、「(…) 脚韻のように、言語の音的素材に係わるもの」、(2) について、「(…) 倒置法のように、文や言説の順序に係わるもの」、(3) について、「(…) 隠喩のような転義 (trope) のこと」、(4) について、「(…) 反語法のように、発話文とその文を発した主体との関係、及び、発言者とその発せられたもの、つまりは、指向対象との関係に係わるもの」(Reboul 1984, pp.36-37) と定義づけている。それぞれの文彩の具体例は以下の通りである。

(1) 音位転換 (métathèse=語や連続する語の中で、音の位置が逆転する現象 : スペイン語の mosquito [蚊] がフランス語で moustique となった例)、合音 (synérèse=隣接する 2 母音を単音節で発音すること: lion を [ljõ] と発音する場合)、分音 (diérèse=二重母音を分離して発音する場合: lion を [liõ] と言うケース)、頭音添加 (prothèse=子音で始まる語の語頭に母音を付加すること : ラテン語の stella [星] がフランス語で étoile となった例)、頭音省略 (aphérèse=語頭にある音を略すこと : autobus が bus になったケース)、末音添加 (paragoge=語末に音を付加

する現象：17世紀にmouchoi［ハンカチ］と言っていたものがmouchoirになった例）、末音省略（apocope=語末の音を略す現象：Frédéric［人名］をFredと言う場合）、母音合約（crase=語末母音または語末音節と次の語の語頭母音または語頭音節とを融合させること：de+lesをdesとする例）などがある。

(2) 省略法（ellipse=文中の語を省略する方法：« Au jeu de dames. チェッカーで(を)» の代わりに « Aux dames. » と言う場合）、くびき法（zeugma=共通の事項を一度だけしか表現しない方法：ミュッセ（Musset）の « L'Océan était vide et la plage déserte. 大洋は空虚で、砂浜には誰もいなかった » という詩句）、反復法（répétition=同じ語を繰り返す表現法：ド・ゴール（de Gaulle）の « Car la France n'est pas seule! Elle n'est pas seule! Elle n'est pas seule! なぜなら、フランスは孤立無援ではないからです。孤立無援ではないのです。孤立無援ではないのです » という言葉）、対立法（opposition=反意語を並置する表現法：モリエール（Molière）の « Il faut manger pour vivre et non pas vivre pour manger. 生きるために食べるのであって、食べるために生きるのではない » という文）、冗語法（pléonasme=同一事象を異なる言葉によって繰り返すこと：« Je descends en bas. 下に降りて行くよ »）、兼用法（syllepse=それぞれの節で用いられた指向対象が同じである語が意味的にも文法的にも異なる形態で表されたもの：ラ・フォンテーヌ（La Fontaine）の « Pour un pauvre animal, Grenouilles, à mon sens, ne raisonnaient pas mal. 哀れな動物であるカエルよ、私が思うに、おまえは悪く言われる必要はなかったのだ » ; un pauvre animalは単数、Grenouillesは複数）など。

(3) 直喩（comparaison=「...のような」［フランス語ではcomme、pareil à、semblable àなど］を使った比喩：« La lampe brille comme une étoile. ランプが星のように輝いている »）、隠喩（métaphore=ある事象の一側面をより具体的なイメージを喚起する言葉で置き換える表現：ボードレール（Baudelaire）の « La nature est un temple (...). 自然は一つの神殿 »という詩句）、換喩（métonymie=概念の連関性や近接性に基づいて語句の意味を拡張して用いる比喩：« la croix et le croissant キリスト教とイスラム教 »）、提喩（synecdoque=ある語句を上位カテゴリーにある事象、あるいは、下位カテゴリーにある事象を使い示す方法：« Le vison est plus cher que la loutre. ミンクはラッコよりも高価だ » ; それぞれの動物の皮がそれぞれの動物名のみで示されている）、婉曲法（euphémisme=対話者の不快を避けるために用いられるぼかし表現：vieillard（老人）を示すために

homme d'un certain âge と言う場合)、撞着語法 (oxymore=相いれない語を結びつける表現法：« meurtre juridique 合法的殺人» といった表現)など。

(4) 列挙法 (énumération=語や文を並置することで効果を狙う表現法：ラ・フォンテーヌの « Le lait tombe ; adieu veau, vache, cochon, couvée... 牛乳がこぼれる。さようなら、子牛さん、乳牛さん、ブタさん、雛たち » という言葉)、誇張法 (hyperbole=ある事象を過度に大きく、あるいは、小さく形容する表現法：« Je t'ai déjà dit mille fois que ce n'était pas bon. 美味しくないって、俺はもう千回もおまえに言っただろう »)、擬人法 (personnification=人間以外のものを人間に見立てて表すこと：ランボー (Rimbaud) の « Un soir, j'ai assis la Beauté sur mes genoux. ある晩、僕は美を僕の膝の上に座らせた » という詩句)、迂言法 (périphrase=ある語を全体として同じ意味をもつ複数の語からなる句を用いて表現すること：« l'homme du 18 juin »=ド・ゴール [BBC での彼の最初の放送日に因んで])、漸層法 (gradation=語句を重ねていくことによって、徐々に文の意味を強めていく方法：ロスタン (Rostand) の « C'est un roc !... C'est un pic !... C'est un cap ! Que dis-je, c'est un cap !... C'est une péninsule ! 岩だ。岩山だ。岬だ。岬と言うよりも半島だ » という言葉)、緩叙法 (litote=控え目に語ることによって、逆に、その語や文の意味を強める方法：コルネイユ (Corneille) の « Va, je ne te hais point ! 本当に、あなたが嫌いなんかじゃありませんの !» という言葉)、反語法 (ironie=事実とは逆のことを示すことによって事実を示す方法：ナポレオン三世 (Napoléon III) のユゴー (Hugo) の著作に対する « Meisseurs, voici Napoléon le Petit par Victor Hugo le Grand. 諸君、これが大ヴィクトル・ユゴーによる小ナポレオンだよ » という言葉)、アレゴリー (allégorie=寓意、つまりは、暗示的な表現方法：« Pierre qui roule n'amasse pas mousse. 転石苔を生ぜず ») など [45]。

10.4. ジャンル
10.4.1. ジャンルとは

ジャンルの問題は前述したように、修辞学がすでに細かく規定していたが、文体論の成立後に小説が散文の中心となり、小説に対してもさまざまなジャンル分けが行われるようになった。だが、ジャンルの問題は文学のみに係わるものではない。美術、映画、音楽など、あらゆる芸術作品に対してジャンル分けを行うことが可能である。

---

[45] 反語法やアレゴリーは比喩としても用いられる場合があり、意味の文彩として区分される

それゆえ、ジュネットはそういった区分を行うことが可能な作品すべてが、よりよく伝え、表現しようとする文学性をもつものであると主張している。しかしながら、ジャンルの問題を芸術作品と呼ばれるものだけに限定することは、この概念の意味をかなり狭くするものである。

　ジャンルを形づくるものが、主題や文体といったものである以上、それは芸術作品にのみ関係する問題ではなく、われわれが日常行うコミュニケーションとも深く関係する問題である。なぜなら、ジャンルとはある語り方の総体であり、ある語り方の典型だからである。われわれの語りは、必ず何らかのスタイル（文体）をもって行われ、それは、ある特定のジャンルに属するものだからである。また、芸術、とりわけ、文学の現状を考えた場合、さまざまな作品はジャンルを超えて、既成のジャンルを破壊し、新たなジャンルをつくり上げる方向に進んでいると述べることができるが、日常のわれわれの語りの型は変化しているが、完全に壊されずに典型的語りは残されている。特に、社会、文化的な規則と密接に結びついている語りは急激な変化を蒙らずに維持されている（たとえば、軍隊式の語りや政治討論での語りなど）。こういった側面を考慮するならば、ジャンルの問題を文学などの芸術分野に限定することは、われわれの日々行っているコミュニケーションの問題を極端に単純化してしまう危険性を孕むものである。それゆえ、ここでは日常的な語りのジャンルと複雑な構成をもった文学的ジャンルとを連続したものとして捉え、コミュニケーションにおけるジャンルの重要性を強調したバフチンの考えを中心に据えてこの問題を検討していこうと思う。

10.4.2. ジャンルとスタイル

　この二つの問題の繋がりについて、バフチンは、「言語的、あるいは、機能的スタイルとは、実際には、人間の活動やコミュニケーションの一定の領域のジャンルのスタイル以外の何物でもない。それぞれの領域には、定められたスタイルに照応するその特有性に適ったジャンルが見出される」（Bakhtine 1984, p.269）と述べている。われわれの言語行為の実践は、現前する、あるいは、不在の、もう一人の私というものも含めたある特定の他者に向けられるものであり、その他者とのさまざまな言語的相互作用を通して対話関係が展開する。この関係の下で、対話のテーマが構築されると同時に、対話ジャンルも形づくられていくのだが、このジャンルの実現は個々の語る主体が取るスタイルによって理解されるものである。つまり、ジャンルとスタイルと

場合もあるが、文字通りの意味によっても機能するため、ここでは思考の文彩に区分した。

の関係は、スタイルはジャンルによって変化するが、ジャンルはスタイルの実現なしには形成されないという相互補完的なものなのである。それゆえ、バフチンは、「スタイルのある場所にはジャンルがある。スタイルが、あるジャンルから別のジャンルに移動されると、そのスタイルに固有ではないジャンルへの挿入によって、スタイルの響きが変更するのを止められず、また、移動されたジャンルも破壊され、更新されるのである」(ibidem, p.271) という指摘を行っている。バフチンにとって、ジャンルという概念も、スタイルという概念も言語行為の実践と深く結びつくものであり、それは多様な対話関係を形成するものであり、この関係は**内的対話性** (dialogisme：この用語については第 12 章の記述を参照) によってつくり出される文学作品の中にも見出されるものなのである。

　こういった対話性の下にジャンルやスタイルといった概念を捉えるというバフチンの主張は、フランスにおいてもさまざまな分野の学問に影響を与えた。たとえば、トドロフはジャンルをテクストのクラスについての総体として定義し、テクストを構成するものは文ではなく言説であると語り、言説について、「言説は文からできているのではなく、発話された文、あるいは、より簡潔にいえば発話文によってできている。別な言い方をすれば、発話の解釈は、一方では発話された文によって、他方ではその発話行為自体によって決定される。この発話行為には、発話する話し手、話しかけられる受け手、時間と場所、先行する、あるいは、後続する言説といったもの、要するに発話行為のコンテクストが含まれる。さらに別な言葉で言えば、言説とは、常に、そして、必然的に言語行為なのである」(Todorov 1978, p.48) と述べている。この言葉にはバフチンの対話理論の影響が明確に示されている。また、フランソワ (François) は語用論的言語学探究の中心を対話分析に置き、その分析の基本的分析装置としてジャンルを挙げている (この問題については 12 章で詳しく検討する)。このように、ジャンルとスタイルとを言語行為におけるキー概念と考えることによって、文体論的問題は文学の領域を超えて、われわれのコミュニケーション全体に関わる問題となり、言語学の探究に新たな方向性を導入するようになったのである。

10.4.3. ジャンルとテーマ

　前述したように、バフチンにとって、われわれの行うコミュニケーションはすべて対話的なものである。この行為は、具体的にはわれわれの発話行為によって形成されるものであり、この行為を構成するための二大中心要素がジャンルとテーマ **(thème)** であると、バフチンは主張している。だが、ジャンルとテーマは独立的に

第 10 章 文 体 論

機能するものではない。テーマのない対話もなければ、ジャンルのない対話もない。表現形式のない語りも、何かについて述べていない語りも存在しないからである。それゆえ、ここでは、まず、言語表現におけるテーマの問題にについて解説し、それから、テーマとジャンルとの結びつきについて考察する。

　バフチンは言葉の意味の問題をテクスト内に現れる具体的な意味であるテーマと中立的・抽象的な辞書的意味（signification）に分け、分析している。テーマは多様な対話関係によって織り成されるテクスト内の言説的展開に基づき構築される意味の同位態（isotopie）[46]である。したがって、「(...) 発話行為のテーマは、そのテーマを構成している言語学的形態（語、形態論的、または、統辞論的形態、音、イントネーション）によってだけではなく、状況的言語外要素によっても決定される」(Bakhtine 1977, pp.142-143) ものであり、「テーマとは違い辞書的意味によって、われわれはその要素が繰り返されるごとに反復的で、同一的である発話行為の要素を理解する。もちろん、その要素は抽象的なものであり、つまりは、規約に基づいたその要素は、独立した具体的な存在としてある訳ではないが、発話行為の不可分で、不可欠な部分を形成することを妨げるものではない」(ibidem, pp.142-143) のである。それゆえ、「(...) テーマは言語的意味における現実的な上層部を構成する。実際には、テーマだけが明確な方法によって意味を形成する。辞書的意味は意味における下層部である。辞書的意味はそれ自身では何も意味せず、具体的なテーマの内部に存在する意味の可能性としての潜在的なものでしかない」(ibidem, p.145) のである。だが、ここで、注意しなければならないことは、「(...) 辞書的意味とテーマとの間に機械的な、絶対的な境界線を引くことはできない」(ibidem, p.143) という点である。

　バフチンのこうした意味の階層化はジャンルとスタイルとの関係と同一の視点から分析されたものである。意味の問題にしろ、表現形式の問題にしろ、それが発話行為によって産出されたものであるという視点に立てば、それは対話的な関係図を基にして展開するコミュニケーションであると述べることが可能なものである。つまり、文体の問題は語る主体が行う語り口、すなわち、スタイルであり、それゆえ、そこには表現形式のモデルとしてのジャンルの問題が浮かび上がってくるのだ。そして、そこには語や文の意味の問題だけではなく、語る主体が行うテーマ形成という意味生産の問題も現出するのである。

---

[46] グレマスが、「(...) 言説の何らかのメッセージあるいは連鎖は、それらが一つあるいは多数の文脈素をもっている場合に限って同位態であると見なしうる」(Greimas 1966, p.53) と指摘しているように同位態とは発話文の連続によって構築される意味的な単位、つまりは、主題（テーマ）を示す。

10.4.4. 一次ジャンルと二次ジャンル

　バフチンは言語行為の視点からジャンルを捉えることによって、ジャンルを**言説ジャンル (genre du discours)** と呼び、それを二つのレベルから分析していることには大いに注目できる。「言説ジャンルの際立った異質性や発話の一般的な特質を定義することが問題であるときに生じる困難さを小さく見積もってはならない。この点に関して重要なことは (単純な) 一次的言説ジャンルと (複雑な) 二次的言説ジャンルとの間に存在する本質的な違いを考慮することである」 (Bakhtine 1984, p.267) とバフチンは語っている。すなわち、日常的な話し合いの中に見られる簡単な挨拶や冗談、軍隊の中に見られる紋切り型の命令や事務的で形式的な言葉などの、いわば、言表ジャンルと呼びうる一次的言説ジャンル (genre du discours premier) と小説、社会評論、学術研究書などに見られる、いわば、テクストジャンルと呼ぶことが可能な二次的言説ジャンル (genre du discours second) との差異はあまりにも大きなものである。だが、最初に、次の点を強調する必要性があるだろう。「これらの二次的ジャンルは、その形成過程において、自発的な言葉のやり取りの状況の中で構成されるあらゆる (単純な) 一次的ジャンルを取り込み、変形する」(ibidem, p.267) ということである。つまり、フランソワが言うように、「言語学的手段という視点から、ジャンルは何よりもまず発話の型と言表連鎖の様態によって表明される」(François 1993, p.112) ものであり、それぞれの言表ジャンルがテクストの動きによって個別的な言表ジャンルからテクストジャンルへと構成されていくのである。それゆえ、「(...) ジャンルは何かを示したり、描写したり、説明するなど、ランガージュによって行われることによって特徴づけられる」(ibidem, p.112) ものであり、「(...) ジャンルという概念は、ラングとして想定され、一般化されたものとパロールの行為として特殊化されたものとの必要不可欠な中間項である」(François 1994, p.41) と見なし得るものなのである。

　このジャンルの二重構造化は、文体論的視点に立てば、あらゆる発話文には言表ジャンルが存在するが、その言表ジャンルはより大きな意味的まとまり (テーマ) を構築することによってテクストジャンルとなり、それが、たとえば、文学ジャンルといったさらに大きなジャンルを構成していく契機となるものである。この言表ジャンルからテクストジャンルへの移行、つまりは、バフチンにとっての一次的言説ジャンルから二次的言説ジャンルへの移行は対話関係を基に形成されていくものなのである。

10.5. 文彩と言語学的構成分野との関係
10.5.1. 文彩の広がりについて

　文体論的文彩の構成は、10.3.5.で示した修辞学的な構成を受け継いでいるが、現代の言語学において、より厳密に言えば、語用論的視点から、文彩と深く関係するいくつかの問題が提示されている。ここでは、この問題の中で特に重要である**暗黙裡の言 (implicite) と対象の束 (faisceau d'objet)** という二つの概念について触れていこうと思うが、まず、文彩と一般言語学の構成分野との関係に関して手短に示していきたい。

　10.3.5.で示した修辞学の(1)「語の文彩」、(2)「構成の文彩」、(3)「意味の文彩」、(4)「思考の文彩」の4つの構成分野のどれもが、文学作品の中に見られるだけのものではなく日常われわれが行う対話の中にも見られるものである。それだけではなく、一般言語学的な諸問題とも強く結びついた現象を提示するケースが多々ある。たとえば、(1) の中の音的な交換、省略、付加などは、ある言語から他のある言語へ変遷する起因として働く場合がある。音位転換はラテン語の formaticum (チーズ) がフランス語の fromage に変化する例、頭音添加はラテン語からフランス語の変化において [e] がつけ加えられた例 (spatula>épaule [肩])、頭音省略はラテン語 arena (砂漠) からイタリア語の rena になった例、末音添加はラテン語 sum (...である[一人称単数]) がイタリア語 sono に変わった例、末音省略はラテン語からフランス語の homo>homme (人間) の例などが挙げられる。このように、文彩として用いられるものが音韻変化の法則を説明するためにも有効なものとなっているのだ。

　もう一つ、(3) に関係する問題を挙げよう。比喩の問題である (3) はわれわれの行うさまざまな言語コミュニケーションの中に見出されるものである。直喩を使った、たとえば、« Marie est blanche comme la neige. マリーは雪のように白い » という発話文は「マリー」と「雪」とが比較されているだけではなく、話者の価値評価を示す働きをしている。また、« Je ne décide point entre Genève et Rome! 私はジュネーヴかローマか決めかねております! (「プロテスタントかカトリックか」の意味) » というヴォルテール (Voltaire) の換喩は文化的背景に基づく共通知が前提として存在していなければ理解できないものである。このように文彩の問題は文学的な問題に止まらず、言語学的にも音韻論、語彙論、意味論、統辞論、語用論などと深い関係を示すものなのである。

10.5.2. 暗黙裡の言

　この問題を考えるために、まず、一般的に言語学者が考えている暗黙裡の言について語る必要性があるだろう。多くの言語学者はこの概念は、前提 (**présupposé : présupposition** ともいう) と仄めかし (**sous-entendu**) によって構成されていると考えている。たとえばケルブラー＝オレッキョニは、前提について、「われわれは開在的に提起されてはいず (すなわち、原則的に伝達するメッセージの真の対象が構成されることなしに)、発話的枠組みの特異性が如何なるものであれ、すべての情報がその中に登録されているものを前提と考えよう」(Kerbrat-Orecchioni 1986, p.25) と、仄めかしについて、「それは、(...) 所与のある発話によって媒介伝達可能なものであるが、その実現は発話のコンテクストのいくつかの特異性に依存しているすべての情報を総括している」(ibidem, p.39) と定義している。つまり、言語記号の使用状況に内包されてはいるが直接的に言語記号によって表現されてはいず、語り手と聞き手との共通知を基にして導かれる言語的意味が暗黙裡の言である。その中で形式論理的に説明可能なものが前提であり、発話者間の共通認識と状況によって説明可能となるものが仄めかしである。しかしながら、暗黙裡の言に対するこの二分割法はわれわれの言語行為を極めて単純化したものであるという問題点がある。修辞学がすでに示しているさまざまな文彩は暗黙裡の言のレベルが二項対立的に表すにはあまりにも複雑な体系をもっており、さらには、われわれの言語行為が多義的なものであるということを示しているからである。

　われわれが言語行為を行う対話空間 (それはヴィトゲンシュタインの考えに基づけば、異なった多くの言語ゲーム (jeu de langage)、つまりは、規則性が交叉し、異なった多くの言語使用法が生まれ、そして消えていくゲーム空間であるが) を考慮した場合に、この二分法に適さない暗黙裡の言がディスクールの展開によって形成されていく。リクールは書かれたテクストに関して、「だから、よい読解というものは、コールリッジが推奨している*自発的な不信停止*の別名として、ある程度の幻想を認めるものであるとともに、テクストに、そして、テクストが提示する事柄に同化しようとする読者のすべての試みに対して、意味の余剰や作品の多義的意味性によって課せられた反対事実をも受け入れるものである」(Ricoeur 1985, p.308：コールリッジ [Coleridge] は 18 世紀から 19 世紀に活躍したイギリスの詩人・批評家) と述べているが、このことは、書かれたテクストだけについて語ることができるものではなく、実際の対話に対しても、その他のさまざまな対話に対しても語り得ることである。文彩は、この解釈空間を開示させるという意味においても、大きな意味をもつ言語行為

なのである。

10.5.3. 対象の束

スイスの論理学者であるグリーズが提唱している対象の束という概念は語彙の問題だけに係わるものではなく、**言表連鎖 (enchaînement des énoncés)**、あるいは、**ディスクールの動き (mouvement discursif)** と深い係わりをもつものであり、文体論的な問題と関係する概念である。グリーズは形式論理としての数学的論理 (logique mathématique) と実際の言語使用の中で構築される自然論理 (logique naturelle) とを峻別し、人間の行うコミュニケーションにおける、数学的論理に還元することができない自然論理の根本性を強く主張している。この自然論理は話し手と聞き手との対話空間内での相互作用を通して実現される論理展開に寄与するものである。また、対話者それぞれが文化的前構成体 (préconstruit culturel) と呼ばれる文化的な背景を通して抱く意味構築のためのイメージをグリーズは**図式化 (schématisation)** と呼び、自然論理の形成のための基盤として語っている。この図式化において対象の束が果たす役割は重要なものである。グリーズは、「私は対象に一般的に結びついた側面の総体を対象の束と呼ぶ。対象の束の要素としては、属性 (propriété)、関係 (relation)、作用様式 (schéma d'action) の三種類のものがある」(Grize 1990, p.78) と述べ、この例として薔薇の対象の束を挙げている。「赤い」ということや「刺がある」ことが薔薇の属性を示し、「～とかけ合わされた」や「～よりも美しい」などが関係を表わし、「萎れる」や「栽培される」などが作用様式を表わしている。対象の束はラング内にもさまざまな範列的広がりがあることを示しているとともに、ディスクールの展開におけるテーマ構築を支える一つの方法となり得るものであるゆえに根本的な概念である。

文体論的視点に立ってこの概念を考えるとき、テーマ構築のための表現的主要要素の連続による対象の束の役割がクローズアップされると同時に、ディスクールの動きの中で構築される意味と暗黙裡の言の関係もクローズアップされる。そこには、共通知の問題や比喩の問題が含まれている。それゆえ、対象の束の研究はラング内での対象のクラスという事象だけに止まらず、語用論的な言語行為に対する考察の大きな分析装置となる可能性が含まれるものなのである。こういった側面から、対象の束に対する文体論的な考察が新たに行われていくことを期待したいと思う。

第11章　社会言語学と心理言語学

11.1. 応用言語学について

　言語学は、大きく二分すれば、この学問の基礎分野を構成する一般言語学内の音声学、音韻論、統辞論、形態論、語彙論といった分野の研究と、それらの構成分野を総合して、ある研究対象の言語的特徴を社会、心理、歴史といった事象と関連づけて体系化することを目的とする応用言語学内の社会言語学、心理言語学、民族言語学、神経言語学といった分野によって成り立っているが、ここでは特に応用言語学の中で、中心的役割を担っていると思われる社会言語学と心理言語学について解説していきたい。

　だが、この解説を始める前に、一言だけ応用言語学全体の意義について考えてみたい。言語を取り巻く問題は多様であり、言語システムのみを考察対象としても解決不可能な問題が数多く存在する。それゆえ、言語だけではなく、言語と他の事象との関係性を探究する学問が必要となる。こういった学問、つまりは応用言語学の特徴をいくつか挙げると、たとえば、語る主体が言語活動によって他者と交流し、階級、民族、国家といった何らかの社会システムと関係する場合には社会学的探究と言語学的探究とが交差し、これら二つの分野を同時に扱う社会言語学が大きな意味をもつ。また、語る主体のエゴの問題が言語活動と深く係わる場合、心理学的探究と言語学的探究という二つの学問領域の探究が同時に必要となり、心理言語学の重要性が強調されるだろう[47]。さらには、言語使用という側面と人間の脳の働きとを関係づけて考えることも可能である。この場合には言語の問題と脳科学の問題とを共に考察しなければならない。この二つの領域にまたがる学問が神経言語学である。このように、応用言語学は言語システム内の問題のみを取り扱う一般言語学の成果と他の諸学問の成果を共に尊重しながら、言語問題全体に対してアプローチするものであり、その可能性はさまざまな方向に広がっているものなのである。

---

[47] 社会学的理論を基に言語問題を考察する社会学の一分野である言語社会学 (sociologie du langage) や、心理学的理論を基に言語問題を考察する心理学の一分野である言語心理学 (psychologie du langage) という学問も存在する。ベースとなっている学問の違いはあるが、探究方向はそれぞれ、社会言語学、心理言語学と同一のものであると述べ得る。

11.2. 社会言語学
11.2.1. 社会言語学の重要性

　フランスの社会言語学者カルヴェ (**Calvet**) は、近代言語学を確立したと言われているソシュールが行った一般言語学の講義をまとめた本に対して、「(...) « ラングはランガージュの社会的部分である » や « ラングは一つの社会制度である » といった断言が見出されるいくつかの文があるにもかかわらず、この本は « ラングはそれ独自の秩序しかもたない体系である » ということや、その最後の一文で断言されているように、« 言語学の独自の、そして、真の対象は、それ自体としての、それ自体のために考察されたラングである » ということを強調しているのだ」(Calvet 1993, p.3) という指摘を行っている。さらに、カルヴェはこの指摘のすぐ後で、「(...) この点に関しては、ブルムフィールド、イェルムスレウ、あるいは、チョムスキーのような異なる学者たちがソシュールを継承したのであった。彼らはみな、多様な理論と記述体系を精密に作り上げながら、自分たちの学問領域を狭く限定することで考えが一致していた。彼らは自らの研究対象として定義づけた抽象的な構造以外のものすべてを、彼らの関心事から排除したのである」(ibidem, p.3) と述べている。さらに、カルヴェは社会言語学者という立場から、ソシュール以降の言語学の主流であった構造主義言語学に対して、「ところで、諸言語はそれを話す人々なくしては存在せず、ある言語の歴史とはその言語の話し手の歴史である。だが、言語学における構造主義は言語に内在する社会的なものを頑として考慮に入れないことによって構築されてきた (...)」(ibidem, p.3) と語り、その立場を批判している。つまり、近代言語学は社会という問題や言語と社会の関係といったものは二義的なものとし、いわば、ラング中心主義の名の下に言語研究を行ったのである。そして、この理念が近代言語学の中心的イデオロギーだったのである。

　このラングという中心理念の探究は、言語学にとってプラス面とマイナス面とをもたらす結果を招いた。言語学が « それ自体としての、それ自体のための科学 » として定義された結果、この学問は社会や主体といった難解な問題を考慮せずとも、ラングの体系内での諸現象の規則性のみを考察するだけでよいものとなった。このことによって、特に一般言語学内の音声学、音韻論、統辞論などの言語学の構成分野は飛躍的な進歩を遂げた。これはプラス面である。しかし、言語学の探究対象をラングだけに限定した結果、言語学は言語現象全体を研究する学問ではなくなった。言語と社会、言語と主体、言語と歴史といった大きな問題が言語学の探究課題から切り捨てられていったのだ。これはマイナス面である。たとえば、ソシュールとその後継者である構

造主義言語学者たちにとって、語る主体とは常に一つで、変化しないものである。バフチンはこのことについて、「構造主義には唯一つの主体しかない。研究者自身という主体だけが。物は概念に変容される (さまざまな抽象レベルによって)。だが、主体は決して概念にはならない (主体自身が語り、そして答えるのだ)。意味とは人格的なものである。意味とは常に問いかけであり、誰かに対する問いかけであり、ある答えを予想する。意味は常に二人であることを内包している (最小限の対話)。この人格主義は心理的なものによって作られるのではなく、意味的なものによって作られるのだ」(Bakhtine 1984, p.393) と述べ、強く批判している。意味を対話的な側面から探究するバフチンにとって構造主義的言語学はラングという抽象的な言語体系内の規則性の考察にだけ適応可能な理論であり、主体の多様な声がこだます対話という現象を決して探究することができない理論であり、つまりは、言語が用いられる場である社会が括弧の中にくくられてしまい、実際に行われる言語コミュニケーションが宙吊りにされたものなのである。しかしながら、われわれのコミュニケーションにとって根源的なこの問題を解決しようとする動きが言語学の中にも現れた。その一つが応用言語学の一分野を担う社会言語学的研究である。

11.2.2. 社会言語学の研究領域

　社会言語学の探究領域についての説明に移ろうと思うが、歴史的に見て、この学問を最初に基礎づけたのはフランスの言語学者メイエ (Meillet) であろう。メイエはソシュールや彼の後継者たちとは異なり、言語と社会とが深い関係性をもっている点を強調した。だが、彼は理論的な探究に専心したため、具体的に何らかの対象の調査や分析は行なわなかった。大まかに言うならば、この学問の研究成果が実際に得られたのは、アメリカの社会言語学者のラボフ (Labov) が行った研究以降であると述べられるだろう。ラボフの考察はアングロ・サクソン系の国々でさまざまな反響を呼び、1960年代後半から70年代前半にかけて、社会言語学的研究はアングロ・サクソン系の国々を中心として飛躍的な進歩を遂げた。その影響を受けてフランスの社会言語学が具体的な成果を示すのは1970年代後半以降と言ってよいだろう。

　この学問の探究領域は、社会的変遷による言語変化という歴史的な問題から、社会階級による言語使用の違いといった問題、多言語の混在による言語干渉の問題、国家による言語管理や言語政策の問題、ある特定の状況下でのコミュニケーション展開の問題など幅広いものであるが、これらの問題に対するアプローチの方法を大きく二つに分けて考えることが可能である。一つはマクロレベルでの研究、つまりは、マクロ

構造 (macro-structure) の探究である。それはある共同体内での言語学的特性を追おうとするものである。たとえば、ある社会内での言語使用のクラス分けを行い、言語政策というような大きな視点から言語と社会との関係を問うものである。このレベルの研究では、ソシュールが言語の歴史的問題を通時言語学と共時言語学とに分け、通時言語学的研究を言語学の探究対象から除外したのに対して、社会言語学では時間的な言語の変遷という問題も重要な考察課題となっている点に注目できるだろう。歴史的な視点もまた社会言語学的探究の大きな側面を担っているのだ。また、社会階級と言語使用という問題においても、構造主義言語学がラングのみしか認めず、社会階級による語彙的、音韻論的差異を無視するのに対して、社会言語学はこの差異を体系化しようとするのである。

　ソシュール以降の言語学の中心となった構造主義に基づく言語研究を行なう言語学者と社会言語学者との違いはマクロレベルの差異だけに止まらない。社会言語学において、ミクロレベルでのミクロ構造 (micro-structure) の研究、つまりは、ある少人数のグループの言語行為を分析することによって、言語と社会の関係性を考察しようとする研究においてもその違いが見られる。小集団、たとえば、二人の語る主体の会話は構造主義者の研究対象とはならない。それは典型としての言語であるラングとはならないからである。しかし、われわれがある社会内で生活し、さまざまなコミュニケーションを行なっているときに直面する事柄はラング内の言語システムの問題ではない。また、われわれは国家レベル、階級レベル、地域集団レベルでのコミュニケーションを直接的に行なっているわけでもない。われわれの日常生活で問題となっていることはさまざまな言語的相互作用 (interaction verbale) [48]である。こういった相互作用が展開するコミュニケーションを実際に観察することは社会言語学にとって重要な任務である。このミクロレベルでの分析を通して、たとえば、ある社会階級内での話し方のタイプといったものが少人数のグループ内で話された日常会話を比較することによって導き出される。あるいは、コミュニケーション状況と言語使用の問題もこの種のコーパスの比較を通して可能になる。また、言語と所作との関係といったものに対しての考察も可能になる。しかし、それだけではなく、こういった種類のコーパスは対話という問題に対するアプローチにとっても根本的なものとなるのである。

　こういった社会言語学の研究対象をスピーキングモデル (speaking model) に

---

[48] 言語的相互作用は、言語学という視点だけではなく、社会学や心理学と言った他の学問においても、多様な間主観的関係が繰り広げられるコミュニケーションという問題を究明するために、きわめて大きな分析概念となるものである。

よって端的に示したのはアメリカの言語学者ハイムズである (**Hymes 1974 参照**)。このモデルは探究対象の頭文字を並べると SPEAKING という言葉になるため、このように名づけられた。S=setting and scene (状況設定と場)、P=participants (参加者)、E=ends (目的)、A=act sequence (行為連続)、K=key (基調)、I=instrumentalities (手段)、N=norms (規範)、G=genres (ジャンル) であり、社会言語学の探究のために必要不可欠な事象が理解しやすい言葉で表現されている点で興味深いものである [49]。

11.2.3. 社会言語学の研究例

社会言語学の視点に立って実際に考察された代表的な研究をいくつか挙げよう。まず、マクロレベルでの探究では、ラボフとトラッドギル (**Trudgill**) の調査と分析を挙げたい。ラボフの研究はニューヨークで行われたものである。数百人規模で、英語にとって重要な音素である子音三つ (/r/, /θ/, /ð/) と母音二つ (/e:/, /o:/) を選び、その音素が含まれている単語を**情報提供者 (informant [英], informateur [仏])** に発音してもらうことによって調査されたものである (Labov 1972 参照)。ラボフは情報提供者を6つの社会階級 (職業、教育レベルなどによって) に分け、この5つのそれぞれの音素についての正確な発音を行なう情報提供者のパーセンテージを階級ごとに調べ、すべての音素に対して正しく発音した情報提供者のパーセンテージを階級ごとにグラフ化した。ここでは母音の後に発音された /r/ に関する表を以下に挙げる。

表1 (トラッドギル 1975, p.128 より引用)

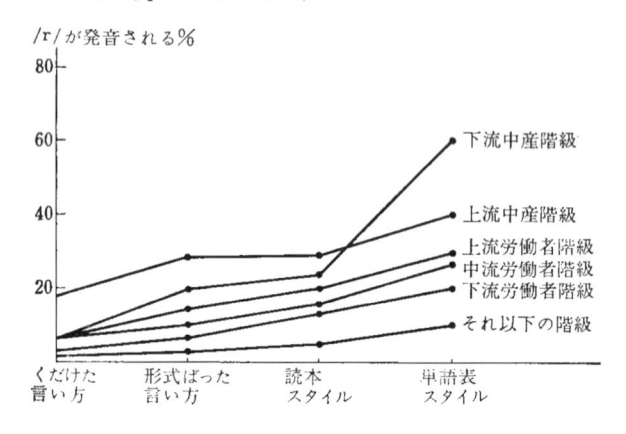

---

[49] ハイムズは、フランス語の parlant を使った社会言語学の探究におけるキー概念も提示している。それは、P=participants (参加者)、A=actes (行為)、R=raison (理由) あるいは résultat (結果)、L=local (場所)、A=agents (行為者)、N=normes (規範)、T=types (タイプ) である。

この表は概ね階級が上がるに従って正しい発音をする情報提供者が増えていることを示している。だが、単語のみの発音では階級が最も高い上流中産階級に属している情報提供者のパーセンテージを下流中産階級に属している情報提供者のパーセンテージが上回っていることが理解できる。ラボフはこれを下流中産階級の人々が上流中産階級の人々の発音を強く意識した過剰修正 (hypercorrection [英・仏]) の問題として説明している。こういった階級間の発音の特徴はラボフの研究以前は、単に階級が高くなれば正しく発音する人数が増えると思われていたもので、実際に調査しなければ、この表に現れたような現象については明らかにできなかったものである。

トラッドギルの研究はイギリスのノリッジ[50]で行われたものである (Trudgill 1972 参照)。トラッドギルは変異体の存在するいくつかの単語の発音に関する綿密な調査を行ったが、ここではその一例を挙げよう。ノリッジでは、tune (調子) は [tju:n] と [tu:n] という二つの発音がなされることが知られていたが (標準英語の発音は [tju:n] である)、この違いについての詳しい考察はまだ行われていなかった。トラッドギルはこの単語を情報提供者に発音してもらい、さらに、どのように発音するのが正しいかを聞き、その結果を表2のようにまとめた。

表2

	[tju:n] と発音すると主張した情報提供者の%	[tu:n] と発音すると主張した情報提供者の%	全体の%
実際に [tju:n] と発音した情報提供者の%	60%	40%	100%
実際に [tu:n] と発音した情報提供者の%	16%	84%	100%

この結果は、標準英語の発音をした人の 40%が自らの発音を過小評価しており、逆に、標準英語の発音をしなかった人の 16%が自らの発音を過大評価しているというものであった。トラッドギルはこの結果をさらに分析し、表3の結果を得た。

表3

	男性情報提供者の%	女性情報提供者の%	全体としての%
過小評価した情報提供者の%	6%	7%	7%
過大評価した情報提供者の%	0%	29%	13%
標準英語通りに発音した情報提供者の%	94%	64%	80%

---

[50] Norwich はイングランド東部のイースト・アングリア (East Anglia) 地方にある都市。ノーフォーク (Norfolk) 州の州都。人口は約 17 万 3300 人 (2002)。

情報提供者の性別の違いによる発音を比べると、標準英語通りに発音した男性の割合が女性の割合を上回るだけではなく、過大評価の割合が性別によって大きく異なることを示している。このことは、二つの大きな意味をもつと考えられる。一つ目は性別による発音の違いである。男女の性差が言語の実現においても違いをもたらすものであることが解明された点である。二つ目は、実際の言語行為の結果だけを研究したのではなく、言語意識の違いも明らかにした点である。自分が実際に発音したものよりも、そう発音する方が望ましいと考えたものを自分が発音したと主張した女性が少なからず存在したのだ。こういった考察も社会学的調査を基にしなければ解明できなかった問題である。

ミクロレベルの研究としてはギャルダン (Gardin) が行ったものとカルヴェが行ったものを挙げよう。ギャルダンは 1970 年のフランスで、労働者側の代表者と経営者側の代表者が行ったストライキに対する討論について、対話コーパスを用いて、両者の語彙的用法の違いについての分析を行った (Gardin 1980 参照)。その結果は、両者が用いる語彙がそれぞれの立場の違いを表し、社会的なポジションと語彙の使用の関係が明確に現れるものであった。たとえば、client (顧客)、personnel (従業員)、gens (人々) といった語の使用は経営者側の発言に集中しており、逆に、camarades (同志)、service ([公共]サービス)、classe (階層) などといった語は組合側の発言に集中していた。こういった語彙的な使用の違いと社会的ポジションとの関係は、ラングの問題を考察しただけでは得られないものであり、また、言語使用における社会的ポジションの重要性を浮かび上がらせるものでもある [51]。

カルヴェの研究 (Calvet 1993 参照) はギャルダンの視点とは異なった多言語使用に基づくものであり、セネガルのサン・ルイ市 [52] のある一家の家族内での会話について調査したものである。家族構成は父親、母親、息子三人、娘一人、従弟一人であるが、一番下の息子はフランス語を理解するがウォロフ語 (wolof) しか話せない。その他の家族の構成員はフランス語とウォロフ語のバイリンガルである。父親は家庭内ではフランス語のみを使用しているため、家族内での会話は父親がフランス語で話しかけたとき、末の息子以外はフランス語で答え、末の子はウォロフ語で答える。父

---

[51] 社会言語学、及び、対話理論における、ポジション (position) という語と位置 (place)、もしくは、言説的位置 (place discursive) という語の概念的違いについて注記しておこう。最初の語は、一般的には社会的な地位や立場に係わるものであり、ある語る主体のポジションは対話内でも変化はしない。それに対して、位置は対話内でのある主体の取る立場を示し、対話内で一定の場合もあるが、意見の変化のように、対話の流れによって変わることもあり得る。なお、位置については 12.5.を参照。
[52] Saint-Louis 市はセネガル第二の都市。人口約 15 万 5000 人 (2001)。セネガルの公用語はフランス語であるが、サン=ルイにはウォロフ語の話者が多い。

親がいないときは、フランス語とウォロフ語が同時に話される。だが、末の息子に対してはウォロフ語が用いられるのである。こういった家族内でも異なる言語が使用されるケースは世界の中で少なからず存在しており、構成員の言語能力や状況といったものと密接に関係するものであることをカルヴェは強調し、社会言語学の新たな探究分野であると主張している。

11.3. 心理言語学
11.3.1. 心理言語学の重要性

　心理言語学は 11.1.でも述べたように、社会言語学同様にその考察領域はきわめて広いものである。心理言語学はわれわれの言語化能力、つまりは、ランガージュと深く係わる問題を取り扱い、言語習得 (acquisition du langage)、言語喪失といった問題、こころの病におけるカウンセリングの問題、また、フロイトが『精神分析入門』の中で考察している言い間違いの問題とも関連する学問領域である（フロイト 1977, pp.25-98 参照）。このように心理言語学は、心理学の研究領域の中で特に言語問題と深く関連する事象を言語学の考察方法及び研究結果を基に分析していく学問であるが、一般言語学の探究と大きく異なる点が存在する。それは、語る主体のもつエゴの問題を考慮せずに心理言語学の研究はできないという点である。さらに、エゴというものをどのように捉えるかによって（エゴの範疇を人間全体と見なすのか、特定の個人や集団と見なすのか、特定の状況下で観察するのか、年齢や性別といったものを限定するのかなど）、探究の方向性が異なってくるという点である。

　言語学者の中で心理言語学の問題を初めてクローズアップしたのはヤコブソンであろう。ロシアフォルマリストの中心的指導者の一人であったヤコブソンは西欧の構造主義的言語探究アプローチのみを重視する姿勢、つまりは、ラングの体系のみを考察する姿勢を取らずに、ランガージュの問題も大きく取り上げ、さまざまな研究成果をあげた。特に言語習得問題と失語症における言語喪失問題に対するアプローチは心理言語学の発展に多大な影響を与えた。その後アメリカではチョムスキーの提示した**言語能力 (competence [英]；compétence [仏])** という概念の探究と関連して心理言語学的アプローチが、とりわけ、言語習得に対するアプローチが盛んに行われるようになった。フランスにおいてもこういった流れの中で心理言語学的探究が数多く行われるようになった。ここでは、心理言語学の諸問題の中で言語習得の問題と言語使用の混乱という二つの問題についての紹介を行っていこうと思う。なぜなら、これらの問題は心理言語学の中心的探究課題となっているものであり、さらには、語用論

の重要性が叫ばれている言語学の現状を考えても、言語記号と語る主体との関係を考える上で中心的な意味をもつ課題だからである。

11.3.2. 言語習得問題と援助行為

言語習得問題を考えるために、まず、**ヴィゴツキー (Vygotski)** [53] やブルーナー **(Bruner)** といった発達心理学者が行った探究について説明していく。もちろん、彼ら以前にもワロン (Wallon) やピアジェ (Piaget) といった発達心理学者がこの問題に対する根本的な研究を行っていたが、ここでは発達心理学の問題を詳細に語ることが目的なのではなく、ヴィゴツキーやブルーナーが述べている語る主体同士の間主観的関係が言語習得に与える大きさについて、つまりは、**援助行為 (étayage)** について語ることが問題なのである。

援助行為という概念について考察する前に、まずは一般的な事象を提示しよう。人間が言語を習得する過程で何が必要であろうか。もちろん、言語記号がなければならない。さらには、エゴ、つまり、主体がなければならない。しかし、その二つがあっても言語習得は可能ではない。なぜなら、主体があっても、言語記号が存在したとしても、言葉を話せるようになるためには、必ず、他者との多様な関係が存在していなければならないからである。人間は他者との関係なしに言語を習得することは不可能なのである。たとえば、野生児といわれる動物に育てられた子供や、森の中で他者との接触なく生きて来た子供の記録がある。インドで発見されたカマラとアマラと名づけられた狼少女についての報告をシング (Singh) が書いており、また、アヴェロンの野生児と呼ばれた少年の記録をイタール (Itard) が残している (シング 1977 及びイタール 1978 参照)。他にも数多くの野生児の記録があり、さまざまに点で装飾されたものも少なくないが (たとえば、シングの報告を疑問視する声もある)、これらの記録に書かれていることに共通していることは、他者との接触をもたなかった野生児たちは話すことができなかったという事実である [54]。

それゆえ、ここではこの他者との相互作用という事柄と密接に係わる援助行為の問題について考察しようと思うのである。この概念に関する最初の指摘を行ったのはロシアの発達心理学者であるヴィゴツキーであろう。発達心理学の研究の中で、ヴィゴ

---

[53] ヴィゴツキー (**Выготский**) のラテン文字表記はフランス語圏では一般的に Vygotski と表し、英語圏では Vygotsky と表すことが多い。
[54] 見つかった野生児たちの年齢が高い場合には言語習得が不可能だったケースが多く、この点から、言語習得はある時期を過ぎると不可能になるという考え方である臨界期説 (critical period hypothesis [英], hypothèse de la période critique [仏]) が 20 世紀の前半頃まで数多く唱えられた。だが、多くの反例も見つかり、この仮説は証明されてはいない。

ツキーは、大人が行ったある問いに対して子供一人だけでは答えることができないが、大人が何らかの手助けをしたときに答えられるようになる場合があることに気づいた。このように誰かが誰かを手助けすることによって一人だけでは答えられなかった問題に答えられるように導くことが援助行為である [55]。ヴィゴツキーは研究結果を基にして、子供の能力の領域を、« 問われた質問に対して子供が一人だけでも答えられる能力を示す領域 »、« 一人では答えられないが大人が何らかの手を差しのべることによって答えられる能力を示す領域 »、« 如何なる手助けを大人が行ってもまったく質問に対して答えることができない領域 » という三つの領域に分けた。ヴィゴツキーは、今提示した二番目の領域を**最近接発達領域 (zone of proximal development [英], zone de développement proximale [仏])** と命名したのだが、注目すべき点はこの領域が大人と子供の共同での作業に基づき子供の能力が発揮される領域であるという点にある。つまり、最終的に子供は自らの主体性によって問われたものの答えを引き出していくのだが、他者の手助けと自らの能力とが統合されることによってしかこの主体性は発揮できないものなのである。それも、「われわれは子供が常に自分一人で行うときよりも誰かと共同でするときの方がより多くのことをすることができると述べた。しかしわれわれは無限にではなく、また、子供の発達の、そして、子供の知的可能性の状態によって、厳密に決定され、限定された範囲の中でのみということをつけ加えなければならない」(Vygotski 1997, p.353) とヴィゴツキーが指摘していることが重要となる。さらに、ヴィゴツキーが、「これらの研究は、ある年令のある段階の最近接発達領域の中にあるものは、次の段階で発達の現レベルのものとなり、また、そういったものに変わっていくことを明確に示している。言葉を変えるならば、子供が今日、共同でできること、それを明日には、子供は一人だけでできるようになるのである」(ibidem, p.355) と主張している点にも注目する必要性がある。共同の作業から主体的な問題解決への移行は、主体性が間主観的な基盤によって形成されることの一つの証明となるものである。それゆえ、ブルーナーは、「大人は自らの意識によって、子供の能力では課題となったものを一人だけで成し遂げられないときに、課題を成し遂げられるようにするための社会的相互作用のコンテクスト内で、子供に対して援助行為を行なうことができるのである。子供の意識の発達は、課題が提示される間個人的相互連関コンテクストにおけるランガージュの使用

---

[55] こういった行為を scaffolding と名づけたのはアメリカの発達心理学者ブルーナーである。フランス語では étayage と訳されているが、この語の元々の意味は「支えるもの」である。この言葉をたとえば「助け舟」というように訳すことも可能であるが、ここではコミュニケーション内での相互作用という点を重視し、« 援助行為 » と訳す。

なしには不可能なものなのである」(Bruner 1983, p.290) と語っている。言説的位置の違いによる子供と大人との間主観的関係がなければ、子供は自らの能力を発達させることができず、また、この関係は対話関係を基盤とした言語行為の相互的な交流なしには実現不可能なものなのである。つまり、援助行為は言語習得問題解明のキー概念となるものなのである。

11.3.3. 援助行為の可能性

ヴィゴツキーやブルーナーは援助行為を子供の知的発達問題のカテゴリー内で考察しているが、この行為は対話者間のランガージュ能力が大人と子供のように極端な違いがない場合でも、たとえば、大人の日常的な対話の中にも見られるものである。援助行為が実際の対話を基礎づける一つの根本的な特徴であると述べたとしても過言ではないだろう。もちろん、子供と大人との話し合いと大人同士の話し合いとでは、対話者間の言説的位置の視点で違いがあり、援助行為の対話内でのディスクールの動きに与える重みが著しく異なっている。言語習得期の子供にとって援助行為は言語能力を発達させるために欠かせないものであるのに対して、大人同士の対話では言表連鎖の変化の中で部分的に対話者が上手く言い表せなかったものを代わりに話すという問題が言語能力全体の問題よりも中心的なものとなるからである。こういった援助行為の違いを明確に捉えるために、フランソワが、「(...) 他者が、失敗した、ある課題を成功するよう他者に教えることである**特定的援助行為** (étayage spécifique) と、現前する、あるいは、不在であっても、他者がいわば何かについて語る働きをすることからもたらされる**総体的援助行為** (étayage global) とを分けるべきだろう。この視点から、われわれは他者の述べていることを受け入れることによって、他者が興味のあるものを表明することによってだけでも、援助行為を行うことができるのだ」(François 1993, p.112、重要概念であるため引用者が原語もつけ加えた) と指摘している点を認めるべきであると思われる。この総合的援助行為はディスクール展開における《我》と《他者》との関係を考えるときに、非常に興味深い問題を提起するものである。

まず強調できることは、対話においてある参加者がたとえ他者の語ったものをただ聞いているだけであっても、そのことが発言者の言表連鎖の展開を助けることがしばしばあるという点である。たとえば、ある子供が、母親が目の前で頷いていることによって、自らの語りをよりよく行う場合が考えられる。さらに、大人が子どもに、「正義って何？」といった抽象的な質問を行い、子供が上手く答えられないでいるとき、

大人が子供のよく知っている漫画の主人公の名前を提示することによって、子供が質問にスムーズに答えられるようになる場合も考えられる。つまり、援助行為は対話内のディスクール展開に大きな作用をもたらすものであり、また、それは存在論的な主体の研究と認識論的な記号研究との接点を探るために忘れてはならない基本概念の一つなのである。

しかし、ここでつけ加えなければならない問題が一つある。それは対話内で他者に対して行うこと、あるいは、他者のために行うことすべてが援助行為になるとは限らないという事柄である。他者を助けようと思って行われたことがかえって他者に混乱を巻き起こし、上手く語ることを妨げる場合があるのだ。こういった問題、つまり、**反援助行為 (contre-étayage)** が存在し、ある言語行為が援助行為として機能するのか、あるいは、反援助行為として機能するのかは対話展開を追うことによってしか判断できないということを注記しておく必要性がある。この側面から、援助行為とディスクールの流れとの深い結びつきが理解できると思われる。また、この援助行為は母語習得にのみ係わる問題ではないことも強調すべきだろう。外国語習得において、教師の役割は小さなものではない。教師が如何なる方法を用いて、如何なる対話展開の下で生徒を助けるかが重要な問題となる。フランス語学習ということを例に取って言うならば、メタ言語として日本語をどのように用いるのか、フランス語のみを用いた学習方法の中で如何なる説明が可能であるかといった問題は、言語学の研究成果を踏まえることによって、よりよい方向に向かうものである。さらに、援助行為は哲学、言語学、心理学、教育学といった人間科学の諸分野の交叉する探究課題であり、今挙げた諸科学が単独でこの概念を探究していくことが非常に困難な問題でもある。つまり、各分野の共同研究が必要な問題なのである。それは援助行為と深く係わる言語習得研究においても、さまざまな学問領域との共同研究が欠かせないものであることを示しているのだ。

11.3.4. 言語使用の混乱とは？(1)：失語症について

言語使用の混乱について最初に言語学の立場からアプローチを行ったのは 11.3.1. にも書いたようにヤコブソンであろう。ヤコブソンは言語使用の混乱という側面では、特に失語症 (aphasia [英], aphasie [仏]) に関する問題究明を中心的に行い、ソシュールの二分割法の一つであるラングのもつ範列的関係と連辞的関係を基に失語症の症状を二分割した。失語症患者において、言葉を完全に失う患者は極まれにしか存在しない。失語症患者を観察すると、相似性の異常 (similarity disorder [英],

trouble de la similitude [仏]）と隣接性の異常 (contiguity disorder [英], trouble de la contiguïté [仏]）とヤコブソンが名づけた二つの異常性を示すタイプのものに分類することが可能である [56]。

　最初のタイプのものは言葉の範列的な結びつきに問題が起きるタイプのものであり、ある語を他のある語で置き換えることができなくなる失語症である。より正確に言うならば、ヤコブソンが指摘しているように、ナイフの代わりにフォークと言うなどの語彙間の換喩的な（語彙間の隣接的な）関係は理解できるが、メタ言語的機能が失われているため、ある語を、その語が属している上位カテゴリーに属する語を使って論証的に説明することが不可能となる失語症である。たとえば、鉛筆を指差しながら、「これは何か」と尋ねた場合、「書くもの」と答えることはできても、「鉛筆」とは答えられないという例を挙げることができる。第二のタイプでは、言葉の連辞的関係に問題が起き、統辞的な機能を用いる能力が失われ、語と語とを正しく結び合わせて文を作ることが不可能となる失語症である。このタイプの失語症においては、文法的機能をもつ語の喪失度が高く、単語の羅列によって言語コミュニケーションを行ったり、一語文を多用したりするようになる特徴をもつ。たとえば、このタイプの失語症患者がフランス語話者である場合、語が無標化し、不定法がそのまま使われるケースが観察される [57]。

　このヤコブソンの研究は、メタファーのもつ機能が文体論的な、特に文学研究でのみ重要な問題であると考えられていた 20 世紀初頭の言語学の立場に、新たな問題を投げかけるものであった。メタファーという機能は文学的な側面だけで意味があるものなのではなく、われわれが日常的な言語コミュニケーションを行う場合にも本質的な問題であることが解明されたのである。さらに、言語記号の法則性の探究だけでは言語コミュニケーション全体の働きを捉えることができず、語る主体の言語能力も考慮しなければ、この問題を明らかにすることが不可能であることが示されたのだ。そして、もう一点つけ加えなければならないことがある。それは、この研究が人間の脳の働きと言語の関係という問題に対して、医学的なアプローチと言語学的アプローチ

---

[56] もちろん、医学においては、この二分割法以外の失語症も存在するが、この二分割法は言語学的視点から見て興味深いものであるゆえに、ここではこの二つのタイプの失語症を考察する。

[57] 脳科学における失語症の分類はヤコブソンの分類とはまったく異なるものであるが、第一のタイプの失語症の原因は、左脳の前頭葉にある言語中枢 (zone de production des mots) の一つであるブローカ野 (aire de Broca) の異常によるもので、運動性失語症 (aphasie motrice) と呼ばれるものに近い。また、第二のタイプのものは左脳上側頭回後部のもう一つの言語中枢であるウェルニケ野 (aire de Wernicke) の異常が原因で起き、感覚性失語症 (aphasie sensorielle) と呼ばれているものに近い。

との相互研究という方向性に道を開いたということである。その意義は学的な進歩という点できわめて大きなものだったのである [58]。

11.3.5. 言語使用の混乱とは？(2)：統合失調症と言語
　こころの病といわれるものには 11.3.4. で提示した失語症の他にも、鬱病 (dépression)、癲癇 (épilepsie)、統合失調症 (schizophrénie)、パニック障害 (trouble de panique) といったさまざまな病気がある。それぞれの病気にはそれぞれの特徴があり、簡単にこころの病全体を定義づけすることはできないが、医学の進歩によって、少なくとも《 脳内の神経伝達物質の働きが十分になされていないこと 》によって起きる病気であることが判ってきた。しかし、言語使用という側面から見て、病気の種類によって言語表現が混乱するケースがある反面、ほとんど影響されないケースもある。鬱病と統合失調症という病気を比べると、脳内神経伝達物質のセロトニンが原因で起きるとされる鬱病とドーパミンが原因とされる統合失調症とでは言語使用の混乱という点では明らかな違いが見られる [59]。前者は思考パターンがかなり狭められるという現象が見られるが、言語使用の際立った混乱は見られない。それに対して、後者においては明らかな言語使用の混乱が観察される。ここでは言語学的にも多くの問題を投げかけている統合失調症における言語使用の混乱について概括していきたい。
　統合失調症の主要な特徴はドーパミンの過剰分泌によって起こされると思われる幻聴や幻覚による思考形式の混乱であるが、この混乱は患者の言語使用の中にも頻繁に現れる。しかし、失語症の場合とは違い、語と語との範列的、あるいは、連辞的関係が失われるのではなく、信念世界に混乱が起き、現実に対する論証的関係図が崩れ、妄想を抱くことによって言語使用に混乱が起きるものである。それゆえ、幻聴や幻覚が消えた場合、思考形態の混乱は止み、言語使用は正常な状態に戻る。まず、この言

---

[58] つまり、学的な進歩という点から見れば、ヤコブソンのこういった研究は心理言語学の発展に寄与しただけではなく、神経言語学という学問分野の確立に大きく寄与したと述べることも可能である。

[59] ドーパミン (dopamine) は脳内神経伝達物質の一つ。現在、ドーパミンの脳における過剰分泌は統合失調症の原因であるという仮説が最有力である。また、セロトニン (sérotonine) も脳内神経伝達物質の一つで、現在、鬱病はセロトニンの分泌異変が原因であるという仮説が有力である。しかしながら、このセロトニン仮説の他にもノルアドレナリン (noradrénaline) などの他の神経伝達物質の影響を指摘する仮説も存在している。こういった問題は心理言語学の取り扱う事象と言うよりも神経言語学の探究課題であると考えるべきかもしれないが、ここでは言語と主体との関係を考えるために、こういった問題へのアプローチも重要であることを考慮して、心理言語学の項目として取り扱う。

語的混乱はどのようなものかを説明する必要があるだろう。この混乱は対話的側面から見たときに最もよく理解することができる。患者は錯乱状態に至った場合を除き、文法的な混乱を示す言葉を話すことはない。問題は大きく分けて二つある。テーマ的な混乱とシフター的な混乱である。第一のものは、対話内でのテーマが必ず幻聴や幻覚によって引き起こされた対象と結びつくということである。患者はしばしば「宇宙人が世界を支配しようとしている」といったテーマや、「秘密結社に自分は命を狙われている」というテーマについて繰り返し語る。これは脳の損傷による言語能力の喪失ではなく、現実世界が幻聴や幻覚によって混乱する結果起きるものであると考えられる現象である。また、第二のものは特に幻聴によってもたらされるもので、主体の位置の混乱が原因であると考えられる。人間は内的対話を行うことが可能であるが、この内的対話においてもリクールが主張しているように我の中核であるエゴの自己同一性は維持されている (Ricoeur 1990 参照)。しかしながら、この自己同一性が崩れると、我の内部で響き合っている複数の声が統合されずに分裂し他者の声のように聞こえてしまうのだ。この混乱はシフターの使用という側面で数多く観察される (なお、シフターの概念については 8.3. を参照)。« 私 » があるときには X という名前で示され、あるときは Y という名前で表される。そして、自分は宇宙人であると語ったり、秘密結社の一員であると語ったりし、私が何者かという明確性が壊れていく。この現象は人称代名詞の使用だけに見られるものではない。われわれは « ここ » がパリであるとか、フランスであるとか、地球であるとかということを何の困難もなく理解し、« ここ » という言葉を用いているが、統合失調症にかかった場合、« ここ » が何処なのか言い表すことが困難になる。場所を示すシフターだけでなく、« 今 » といった時間を示すシフターもそうである。このように統合失調症の場合、ハイデガー **(Heidegger)** の用語を使うならば、**世界内存在 (In-der-Welt-sein [独], être au monde**、あるいは、**être dans le monde [仏])** する我の位置が混乱することによって、言語と語る主体との関係が大きく損なわれるのである。

　こういった混乱に対処するために、精神医学では薬物療法が行われる一方でカウンセリングによる治療が行われている。カウンセリングはもちろん言語を使って行われる。そして、それは対話形式で行われるものである。そこには対話理論に基づく言語学研究の成果を応用する可能性が確かに開かれている。対話の問題は、今提示した統合失調症のケースだけでなく、鬱病にも、パニック障害にも、あらゆる種類のこころの病の治療において中心的な役割を担う問題である。それゆえ、次の節ではこころの病と対話との関係性について考察していこうと思う。

11.3.6. 対話とセラピー

　こころの病という問題を考えた場合、11.3.5.で指摘したように、脳内神経伝達物質の働きの異常が見られるだけではなく、«患者は不眠、不安、自殺衝動といった症状に苦しんでおり、その苦しみを克服したいと思っている» という点も忘れてはならない事柄である。さらに、薬物療法は対処療法であって、実際に薬物によって、あるこころの病が治るものではないことも注記しておく必要性があるだろう。患者はセラピーを通して、あるいは、日常的な話し合いを通して、よりよい精神状態に向かうのである。そこには対話という問題が、それも対話内で行われる援助行為という問題が深く関連する 60。なぜなら、バフチンが、「語とは、私と他者との間に架けられた橋のようなものである。その橋の一方の先端を私が支えているとすれば、もう一方の先端は聞き手が支えている。語とは話し手と聞き手との共通領域であるのだ」(Bakhtine 1977, p.124) と述べているように、対話という問題はセラピーにとっても根本的なものだからである。バフチンの対話理論では、«誰が、誰に、誰のために、どのような主題について、どのような語り方で話すのか» という事柄が基本的な探究視点になるが、この視点はセラピーを行う場合にも有効なものである。言葉を用いてどのように患者をよりよい方向に導く手助けをするのかという問題が重要となり、こういった視点が対話内で間主観的なよりよい関係を形成するための基本的事象を構築するものだからである。

　11.3.2. の中で指摘したブルーナーの言葉は、言語習得問題だけに係わるものではない。こころの病をもった対話者とどのように話すかという問題を考える上で、核心的なものとなる。たとえば、統合失調症の患者が実際にはあり得ないにもかかわらず、「ここには盗聴器が仕掛けられている」と話したときにどう対応するかということはカウンセリングの問題であるだけではなく、心理言語学の研究にとっても主要な探究問題の一つとなる。バフチンの対話理論を高く評価しているド・シェイザー (de Shazer) やナラティヴ・セラピー (narrative therapy [英], thérapie narrative [仏]) 61 を提唱するセラピストたちは対話重視のセラピーを強調しているが、この問

---

60 もちろん、援助行為が行われる対話であっても、大人と子供との対話、外国語学習における教師と学生との対話、セラピーの一環として行われる対話では、その対話的な特質が異なり、同様の援助行為が行われるものではないが、このそれぞれの対話ジャンルにおいて多くの場合、援助行為が大きな役割を果たすことは間違いのない事実である。

61 ド・シェイザーはアメリカの解決志向短期療法 (solution focused brief therapy [英], thérapie brève centrée sur la solution [仏]) のスペシャリスト。ナラティヴ・セラピーはオーストラリアのセラピストであるマイケル・ホワイト (Michael White) やニュージーランドのセラピストであるデビッド・エプストン (David Epston) が提唱したセラピー理論である。ド・シェーザーもナラティヴ・セラピストも患者との対話を重視し、バフチン理論に強い影

題を言語学的視点からどのようにアプローチしていくかは、今後の心理言語学的研究における中心的な課題となるものである。この課題に対する探究の可能性という点で言うならば、たとえば、バフチンの対話理論の影響を受けたフランソワの対話分析理論を応用していく方法があると思われるが、この対話分析についての詳しい考察は次章で行うことにする。

響を受けている (ド・シェイザー 2000、及び、エプストン 2005 を参照)。

第 12 章　ポリフォニーと対話

12.1. 言語学にとって間主観的問題とは何か

　この章では、言語コミュニケーションにおける間主観的な問題と大きく係わるポリフォニーと対話についての考察を行うが、この二つの概念について一章を割いたことには二つの理由がある。第一の理由は、どちらの概念も一般言語学の範疇で取り扱うにしろ、応用言語学の範疇で取り扱うにしろ、その射程範囲がきわめて広いために、この章に先立つ多くの章と密接に関係する問題でありながらも、この二つの概念を十分に説明することができなかったためである。第二の理由としては、これらの概念は言語学のみに係わる問題ではなく、人間科学全体と深く係わるものであり、人間科学の中でこれら二つの概念がどのように位置づけられ、どのように探究されているのかという事柄を説明する必要性があると考えたからである。

　本論に入る前に人間科学全般が、さらには、言語学が間主観性(intersubjectivité)という概念をどのように捉えているのかということについて一言述べておかなければならないだろう。この語は西欧の近代的精神の中核にあったエゴという問題、つまりは、デカルトの考えに基づく理性中心的合理主義の源泉となった《観念的で絶対的な我》に対する異議申し立ての形で登場した概念であり、我が単独でこの世界に存在することはなく、他者とのさまざまな関係性を通して実現されるものであるということを示す概念である。エゴの単一性や絶対性を基に展開された観念論的なアプローチにおいては、エゴとエゴとの関係性や、エゴ内の自己の多重性といった問題が瑣末的なものとしてほとんど考慮されなかった。しかしながら、自己の存在基盤は自己だけではない。他者との関係性、我の世界への帰属性といった事象はエゴの成立にとって大きな意味をもつものである。それは、たとえば、発達心理学における自己の成長という問題に対する考察結果を見ても明らかなことである。また、自己が単一なものではないことを証明するために、精神医学における統合失調症患者の例を挙げることもできるだろう。ランボーの《 Je est un autre. 我は一個の他者である 》[62]という有名な言葉を提示する以前に、我の内部で自らの声が分裂して、自己の声を他者の声と思い込む統合失調症患者を観察することによって、エゴが単一で普遍的な自己同一

---

[62] ランボーが 1871 年に恩師イザンバール（Izambard）へ宛てた手紙の中に書いた言葉である。もちろん、文法的に《 je est 》という形は誤用であるが、この表現によって我の他者性が強調されており、多くのランボー研究家や文学研究家の注目を集めた言葉である。

性 (identité) だけによって成立しているのではなく、瞬間ごとに変化する我、リクールの言葉を使えば自己性 (ipséité) を生きる我によっても成立しているものであることが理解できる。エゴはエゴのみによって形成されるわけではなく、我と他者との関係、あるいは、自己内部の我と他の我との関係を通して実現されるものなのであり、人間科学全体にとって間主観性という概念はきわめて根本的な概念なのである。

　哲学的考察はこれ以上行なわずに、ここでの中心テーマである言語学にとって間主観的問題とはどのような意味をもつ概念であるかについて話す必要性がある。先行する章の中で提示したように、言語学の基本的な考察対象は言語記号である。しかしながら、ソシュールの考えに反して、言語の問題は言語記号体系であるラングのみに係わる問題ではないことに注意しなければならない。言語記号は実際にわれわれが行うコミュニケーション内で用いられなければ、機能することはできない。語る主体が用いるからこそ言語記号が言語記号として成立するのである。それゆえ、語る主体を一般化して考えることは、現実に行われている言語コミュニケーションの複雑さを大きく単純化してしまう。言語学がラングのみを対象とするのではなく、コミュニケーション全体に対するアプローチを行う場合、語る主体という概念は一つの中心的な問題となるのだ。だが、語る主体を対象とした探究において、考察レベルの設定を行わずにこの問題を語るとすれば、そこには抽象的で単純化された主体しか見出すことができない。前述したように、主体の実現は他者との関係性に基づいて展開される。特に、実際の対話の中では他者との相互作用の連続によって主体の位置が決まるものである。具体的な対話分析が言語学にとっても大きな問題となるのは、こうした理由によるものなのだ。さらに、われわれが内的対話を行う以上、すなわち、我の内部で対話関係を構築することができる以上、小説の中に現れる登場人物たちの表明する多くの声といった事象だけではなく、語る主体はさまざまな形でポリフォニーを実現しており、この概念の究明も言語学にとって忘れてはならないものとなるのである。

12.2. バフチンのポリフォニー理論
12.2.1. バフチンの二大中心理論

　ポリフォニー (多声性) とは、一つの発話文や言説の中に、複数の主体の声 (voix) が響き合っている様相を示す語である。この概念は往々にして機械的に前提とされがちである語る主体の単一性に疑義を呈し、それを複数的に捉えようとする発想に根ざしている。この概念を初めて提唱したのはロシアの思想家・文芸評論家のバフチンである。バフチンは、ロシアフォルマリスト **(Русский формалист [露], formaliste** russe [仏]) の思想家と言われることもあるが、その理論はきわめて独自性の強いものであるだけではなく、彼の考えは哲学、文学理論、心理学、社会学、言語学といった人間科学全体に影響を及ぼしており、ロシアフォルマリストの枠をはるかに超えるものである。[63]

バフチンの考えはわれわれの言語コミュニケーションの中核に対話というものを置くものであるが、その理論は大きく分けてポリフォニー理論 (théorie de la polyphonie) とカーニバル理論 (théorie carnavalesque) とから成り立っている。ポリフォニー理論を詳しく語る前に、まず、言語学的問題というよりも文学や哲学の問題と深く係わるカーニバル理論について手短に説明することにしよう。この理論はドストエフスキーの小説の中に見られるように、作者の声、主人公たちの声がカーニバルの喧騒のように反響し合っていくことを表したものである。このさまざまな声の反響は秩序化された理性的な声の連続ではなく、原初的な対話形式と見なすことが可能な生きる力に満ちた声の爆発である。だが、もちろん、それは狂気の世界を示したものではなく、小説という表現形式内での内的対話性と深く結びついたものである。問題はエゴが絶対的で単一なものとして表現されるだけのものではなく、多重的なものとしても提示することが可能であるという点にある。[64] カーニバル理論を言語学的にどう捉えるべきかという問題はあまりにも難解なものであり、ここではこれ以上の考察は控えるが、このエゴの多重性があるからこそ、ポリフォニーが可能となることを注記しておき、ポリフォニー理論の説明に移る。

バフチンは、「(...) あらゆる言葉は二つの側面をもっている。それは誰から発せられているのかということと、誰に向けられているのかということとに等しく規定されている。まさに、それは話し手と聞き手との相互作用から生ずるものなのである」(Bakhtine 1977, p.123) と述べている。われわれの言語行為は対話関係に基づいて行なわれるものであり、この関係がなければ、言葉は具体的な意味をなさない単なる抽象的産物に過ぎなくなってしまう。それゆえ、「すべての了解は対話的なものである。つまり、了解は対話の中での応答が応答として作用する発話行為である。了解、それは話し手の言葉に相対する言葉を向かい合わせることである」(ibidem, p.146)。誰に

---

[63] 1910年代中ごろから1930年にかけて、ヤコブソン、シクロフスキー (Шкловский [露]; Chklovski [仏])、トゥイニャーノフ (Тыня́нов [露]; Tynianov [仏]) などが中心となって行なわれたロシアの文芸運動。スターリンによる弾圧によりこの運動は衰退していったが、後に起きた西欧の構造主義にも大きな影響を与え、歴史的に重要な文芸運動であったと見なされている。
[64] こういった現象をバフチンはカーニバル性 (Карнавализация [露], carnavalesque [仏]) と呼んでいる。

よって語られたのかも判らず、抽象的な言語記号の集合体である文とは違い、**発話文**は、具体的な語る主体によってイントネーションを伴い語られたものであり、それに対して常に何らかの返答を行なう可能性があるものである。そこには対話的関係が存在している。上記したように、バフチンにとっての言語研究はとりもなおさず対話研究である。バフチンは、「もちろん、狭い意味で言うならば、対話は言葉による相互作用の最も重要な形態の一つを形成するに過ぎない。しかし、対話を広い意味で理解して、声に出した、顔をつき合わせた個々人の言葉によるやり取りだけではなく、それがどのようなものであろうが、あらゆる言葉によるやり取りとして理解することができるのだ」(ibidem, p.136) と語っている。ここで注意しなければならない点が一つある。それはバフチン自身が明示してはいないが、フランソワが指摘しているように、対話を大きく 4 つのレベルに分けて考えている点である。すなわち、(1) « 社会、文化、歴史的流れよって生み出される言語交流 »、(2) « 複数の語る主体が実際に行う言語的相互作用 »、(3) « あるテクストを書くこと、読むことによって行われる不在の他者とのやり取り »、(4) « ある一人の主体内部で行われる問いかけと応答 » である。いずれの場合にもさまざまな声が同時に聞こえることをバフチンはポリフォニーと呼んでいる。特に、文学研究の中でバフチンは作者と主人公という問題について、それまで作者の主体に従属するものと考えられていた主人公が、作者との対話者としての性格をもつものであると強く主張したのである。われわれは現前する他者とだけではなく、不在の他者とも、また、自分自身とも話し合うことが可能なのである。

　バフチンにとって実際に行なわれる対話だけではなく、あらゆるテクストの中に必然的になにがしかの対話関係があることが言語現実を考察する際に最も重要な問題である。「互いに対比された異なる二つの発話文が、互いにまったく未知の状態にあったとしても、ただ一つ、同じテーマが、同じ考えが付属的に触れさえすれば、それら二つの発話文は必然的に対話関係に入るのだ。それらは、同じテーマの、同じ考えの領域上で接触をもつのだ」(Bakhtine 1984, p.324)。この考え方は非常に興味深いものである。なぜなら、言語記号のレベルで関係性を問うことができない、異なる発話文であっても、あるテーマ的な、ある思想的な比較を通して対話関係が実現するということは、ある発話文が他の発話文との関係において多くの声をもち得るということを示しているからである。前述したように、一般的に言って、バフチンのポリフォニー理論は小説における作者と登場人物の関係が、作者に登場人物が常に従属するという一義的なものではなく、作者や登場人物たちの声が小説の中で響きわたっているという考えを表現したものであるとされている。しかし、バフチンの対話理論の中核

をなしているポリフォニーという考えは、きわめて広い射程をもったものであり、ラングだけの問題でも、単純な主体間の問題でもない。そこに見られる言語記号を通した相互作用は、歴史、社会といった大きなレベルの対話性をも含むものなのである。

12.2.2. 自由間接話法とポリフォニー

　バフチンは理論的概念を提示しただけで具体的な対話問題に対する研究を行っていないという批判がある。確かに、バフチンの論述には大まかな指摘が多く、厳密にテクスト分析を行っていない側面があることは否めない。だが、バフチンの**自由間接話法 (style indirect libre)** に対する分析は言語記号の働きとポリフォニーの問題を明確に語っており、さらには、文体論的な側面でも欠くことのできない探究課題である。それゆえ、ここでは文体論の章で触れることができなかった自由間接話法に関する問題をバフチンの主張しているポリフォニーという視点から考察していくことにする。

　バフチンは他者の言葉を表わす文体を二つに分けている。一つは**線的スタイル (style linéaire)** であり、もう一つは**絵画的スタイル (style pittoresque)** である。第一のスタイルの例は直接話法 (style direct) や間接話法 (style indirect) の形で示され、話者の評価やアクセントがほとんど存在することはなく、対象を中性的に描写した分析的なものである。バフチンは「ここでは、著者の言葉と他者の言葉との相互境界がこの上もなく画然としており、不可侵なものとなっている」(Bakhtine 1977, p.168) と述べている。第二のスタイルは自由間接話法に代表され、語り手の声と他者の声とが混じり合い、第一のスタイルが語り手の声の絶対的権威の下に他者の言葉を従属させるものであるのに対し、語り手の言葉と他者の言葉が同等な地位に配置されており、つまりは、多くの声をもった形で提示されるものであり、「このタイプの語りの特徴は他者の言葉のはっきりとした外的な境界線を弱めることにある。その上、ディスクールそれ自身はより強固に個別化し、発話行為のさまざまな側面が精密に明確化され得るのだ。それは受け取られた客観的意味やそこに含まれている断言だけではなく、発話的実現における言語的特異性をも表すものなのである」(ibidem, pp.168-169)。

　この二つのスタイルの違いを、ラディゲ (Radiguet) の『ドルジェル伯爵の舞踏会』(*Le Bal du comte d'Orgel*) の一節をそれぞれの話法を用いて、具体的に例示しよう (原文は自由間接話法で書かれている)。

(1) 直接話法

Anne d'Orgel respire. Il pensait : « Ainsi Mahaut ne me cache rien, elle est innocente. »　アンヌ・ドルジェルはほっとした。彼は、「ならば、マオは私に何も隠してはいないし、彼女は潔白なのだ」と思った。

(2) 間接話法

Anne d'Orgel respire. Il pensait qu'ainsi Mahaut ne lui cachait rien, elle était innocente.　アンヌ・ドルジェルはほっとした。彼は、ならば、マオは彼に何も隠してはいないし、彼女は潔白なのだと思った。

(3) 自由間接話法

Anne d'Orgel respire. Ainsi Mahaut ne lui cachait rien, elle était innocente. アンヌ・ドルジェルはほっとした。ならば、マオは自分に何も隠してはいないし、彼女は潔白なのだ。

(1) と (2) は線的スタイルであり、語り手と他者の言葉の境界が明確に区分けされているが、(3) は絵画的スタイルである。(1) と (2) において、それぞれの発話文の主語である « il (彼) » の声は発話文の語り手の声に従属する形で提示されているのに対して、(3) では « 彼 » の声と作者の声とは混じり合っている。この混合は、単に二つの声が一つの声になるということではなく、« 彼 » の声に対する語り手の応答として作用しているとバフチンは考える。つまり、そこには対話関係が存在していると主張しているのである。この主張は小説における文体論的変遷が線的スタイルから絵画的スタイルへと発展したという歴史的動きを考える上で興味深い考え方であるだけではなく、語る主体が主体内で他者の声と対話を行うという問題、すなわち、内的対話性を考える上でも非常に興味深い考え方である。ポリフォニーは実際に複数の主体間で行われる対話の中にだけあるものではなく、語る主体のエゴの内部でも起き、それが小説といった言語記号を用いた表現形式の中にも観察されるものなのである。

12.3. デュクロのポリフォニー理論

バフチンのポリフォニー理論を受けて、言語学的に独自の展開を行ったものがデュクロ (Ducrot 1984) のポリフォニー理論である [65]。デュクロはバフチンの功績を認

---

[65] 言語学以外でのバフチンのポリフォニー理論の展開という点ではクリステヴァ(Kristeva) が提示した間テクスト性 (intertextualité) という概念がある。この概念は語る主体の対話関係よりもテクスト間の連続を示すものである。その意味でクリステヴァの間テクスト性は

めながらも、次のような批判を行っている。「このバフチンの理論は、私が知る限り、常にテクストに対して適用されていた。つまり、テクストを構成する発話文に対してではまったくなく、発話文の連鎖 [66] に対して適用されていた。したがって、この理論は孤立した発話文からは一つの声しか聞こえないという公理に疑問を呈するまでには至らないのである」(Ducrot 1984, p.171) [67]。バフチンの視点は対話の言語学的な、社会学的な、哲学的な、歴史的な問題をすべて含んだ、マクロレベルでのポリフォニーへのアプローチであるのに対し、デュクロの視点は言語学の枠内でポリフォニーをどう捉えるかというミクロレベルの視点である。デュクロが単一の発話文を対象にすることによりポリフォニーを « 徹底 » したと述べ得るのは、「範囲を狭く取ってもなお、他者の声は響いている」と主張できるという意味での « 徹底 » である。また、バフチンは言説のさまざまなレベルに見られる声の複数性を特徴づけるためにポリフォニーの概念を案出したのに対し、デュクロはポリフォニーを言語現象に説明を与える理論的装置として用い、いわばラングの中に回収しようとしたのである。結局、バフチンとデュクロの視点は対立するものではなく、互いに補完し合って、いずれも言語を探究するための重要な視点になると思われる。

　以下、デュクロのポリフォニーについて概観しよう。ある一つの発話文には、それを発する**話者 (locuteur)** と、その内容、またはその内容の一部に対する責任を担う**発話者 (énonciateur**；デュクロにおいては、この用語が独特の意味合いで用いられることに注意されたい) が見られる。たとえば、« J'ai froid. 私は寒い » という発話文において、話者と発話者が « 私 » で一致しているのに対し、« La terre tourne autour du soleil. 地球は太陽のまわりを回っている » において、話者は « 私 » であるが、発話者はたとえば一般人称の on で表されるような « 衆の声 (vox publica) » である。この問題は**発信者 (émetteur)** という概念を用いるとより複雑になる。« Jean a dit que Paul était sympathique. ポールは感じがいいとジャンは言った » という発話文において、この発話文が « 私 » によって発せられたならば、この発話文全体の話者は « 私 » であり、発信者も « 私 » であるが、que 以下のことについ

テクスト考察のための分析装置として捉えることができるものである。それゆえ、バフチン理論の範疇を書かれたテクストという枠内に限定していると述べることもでき、限定という視点から見れば、その範疇は大きく異なるが、後述するデュクロの考え方と同様にバフチン理論の限定化が問題となっている概念である。
[66] つまりは、言表連鎖のことである。
[67] 上記したように、バフチンは線的スタイルと絵画的スタイルの分析において発話内のポリフォニーについても触れている。それゆえ、正確さを期すならば、デュクロの言葉は正しくはない。だが、確かに、バフチンにとってのポリフォニー理論の中心的問題は言表連鎖の連続性を捉えることにある。

てはJeanが発信者であり、発話者でも、話者でもある。さらに、« Jean a dit que la terre tourne autour du soleil. 地球は太陽のまわりを回っているとジャンは言った [従属節が一般的真理を表わすため時制の照応をしていない] » と « Jean a dit que la terre tournait autour du soleil. 地球は太陽のまわりを回っているとジャンは言った [従属節がジャンの発言時に合わせて時制の照応をしている] » という二つの発話文を比べると、que 以下に関する発話者は前者では « 衆の声 » であるが、後者では Jean が発話者となる。

　話者と発話者のポリフォニーがさらに複雑になる例として、話者が多数の発話者を演出 (mise en scène) するものがある。7.6.4.でも扱った副詞 toujours の非時間的用法をポリフォニー理論によって説明するキャディオらの研究 (Cadiot et alii 1985 参照) がそれにあたる。たとえば、« Allons au bistro ! On y sera toujours au chaud. ビストロに行こうよ。あそこならとにかく温かいよ » という発話文において、話者は次の5人の発話者 E1～E5 を演出した上で、E5 に同化している。

　　E1：事実 F＝{対象 O (ビストロ) が性質 P (温かい) を有すること}を述べ、P を O の有利な点であるとする。
　　E2：P が有利であることを結論 r＝« Allons au bistro ビストロに行こうよ » の論拠として示す。
　　E3：P は、それだけでは論拠として弱いものであるとする。
　　E4：P の弱さが、F から一切の論拠的価値を奪うとする。結果として E2 の観点を排斥し、それに反駁 (réfutation) する。
　　E5：P は、弱い有利性ながら、r の論拠として考慮されるべきものであるとする。結果として E4 の観点を排斥し、それに反駁をする。

　この説明は、副詞 toujours のここでの用法が、何らかの潜在的な反駁を防ぐものとして機能するという直観的印象を裏書きするものである。しかしながら、問題点は一人の発話者がどれだけの操作を担当できるのかが曖昧なことである。上の例に即して言うと、E4 の仕事も E3 ができるのではないか、あるいは逆に E5 の仕事は前半を E5、後半を E6 というように分担する方が他と釣り合うのではないか、結果として発話者が4人や6人ではなくて5人である必然性はあるのかという疑問が残る。しかし、大きな枠組みとして見ると、E3～E4 による反駁と、E5 による再反駁という二つの**論証的動き (mouvements argumentatifs)** が認められることは間違いない。このように再解釈してみると、この主張に関する基本的な発想は了解できるであろう (実際、ヌルケ (**Nølke** 1994) による改訂版ポリフォニー理論は、「発話者」の概念を廃

し、ここで論証的動きと呼んだものに相当する概念を《視点 (point de vue)》に置き換えている)。

　ところで、ここまで「話者」とひとくくりにされていた主体さえも、デュクロのポリフォニー理論では、さらに分裂するものであるとされる。上記した単に「話者」と呼んできたものは、実は**話者としての話者 (locuteur en tant que tel**；L という記号で示される**)**、すなわち、当該の発話文を発する限りでの話者である。話者の概念にはもう一つ、**世界存在としての話者 (locuteur en tant qu'être du monde**；λ という記号で示される**)**、すなわち、発話行為だけでなく存在全般として、経験的世界を生きる話者がある。たとえば、《Hélas! 嗚呼!》や《Chic! やった!》のような間投詞 (からなる発話文) と、《Je suis triste. 私は悲しい》や《Je suis content. 私はうれしい》といった属詞文との相違は、悲しみや喜びの感情が、属詞文では λ に付与されているのに対して、間投詞の場合は L に付与されているという相違に帰せられる。属詞文が客観的であるのに対して、間投詞の場合は発話文そのものが悲しみや喜びの色に染まっているという直観的印象を、L と λ の区分によって明確に説明することができるのである。

12.4. バンヴェニストの対話理論
　バフチンを源流とした対話問題の重要性への認識とは異なる源流をもつ対話問題に対するアプローチがあることを指摘しておかなければならない。その代表的なものがバンヴェニストの考察している人称代名詞の《je》と《tu》の言語学的位置の問題である。この問題について、バンヴェニストは、「ランガージュの実現はそれぞれの話し手が自らの言説の中で自らを私として指し示し、主体の設定を行う場合にしか可能ではない。その結果、私は他の一人の人物を設定しているのである。それは、《私》の完全な外部にありながら、私が君と言い、私に君と言う、私のこだまとなる人物である」(Benveniste 1966, p.260) という指摘を行っている。このことは、「(...)《エゴ》は常に君に対して超越的な位置にいるが、それにもかかわらず、この二つの言葉はどちらも、もう一方の言葉がなければ理解されない。それゆえ、これら二つの言葉は相互補完的であり、しかも、《内在/外在》の対立に従いながらも、同時に可逆的であるのだ。こういったことに比較できるものを探してみても、他に見出すことはできないだろう。言語活動における人間の条件は独特なものであるのだ」(ibidem、p.260) という言葉によってよりよく理解されるであろう。人称の問題はバンヴェニストにとっては、まず何よりも間主観的な問題であるのだ。ここには、語る主体同士

の対話関係が言語に反映している姿を見ることができる。それゆえ、バルトはこのことについて、「(...) 発話行為はラングを所有する度に更新される行為である (...)。主体は言語活動に先立って存在するのではない。ただ話すことによってのみ主体となるのである」(Barthes 1984, p.209) と語っている。それは、まさに、対話関係の中に現れる主体同士の関係である。

だが、間主観的関係を前提としなければ理解できない語は人称代名詞の « je » や « tu » だけではなく、シフターである « ここ (ici) »、« 今日 (aujourd'hui) » なども存在する。言語コミュニケーションにおいては、話し手と聞き手とが対話内の共通知を前提として « ここ » や « 今日 » といった語を述べる以上、これらの語は状況やコンテクストとしての対話空間がなければその意味を特定することが不可能なものである。こういった側面から考えれば、バンヴェニストが提示した対話問題は語というレベルにおいても言語記号の形式と内容といったものだけでは理解できないものがあるということを分析したものである。つまりは、一般にラングの考察には語る主体の間主観的関係が抽象的にしか含意されていないが、ラングのシステム内でも語る主体の具体的な対話関係が前提とされている語があることを明確に分析したものである。上述したバフチンによる言表連鎖のレベルでの考察、デュクロによる発話文レベルでの考察に対して、バンヴェニストは語彙レベルでの考察を通して言語コミュニケーションにおいて対話という問題がきわめて根本的なものであることを明らかにしているが、これらの考察対象レベルの異なった対話理論は対立的なものではなく、それぞれがそれぞれのレベルにおいて対話問題の言語研究にとっての中心性を強調しているものとして考えるべきものである。

12.5. フランソワの対話理論
12.5.1. フランソワ理論の分析概念

バフチンの対話理論の二大中心概念はテーマとジャンルであるが、この二大概念をさらに細分化し、さまざまな対話を言表連鎖の動きから考察しようとしているフランスの言語学者がフランソワである。フランソワは、「発展させたいこと、それは構造に関する言語学でも、想定された精神過程に関する言語学でもない。もしも、社会言語学が社会的状況からディスクールのある典型を作り出すものであるならば、社会言語学でもない。むしろ、ディスクールの循環に関する言語学について話すことである」(François 1993, p.89) という主張を行い、従来の言語研究では大きな比重を占めていなかった言表連鎖の展開を探究することの重要性を強調している。この展開を観察す

るための基盤的な概念、あるいは、分析装置が**テーマ領域 (champ thématique)** [68]、**ジャンル (genre)**、**世界 (monde)**、**言説的位置 (place discursive)**、**類縁性 (affinité)** である。

　テーマ領域はバフチンのテーマという概念と同様なもので、この用語についてフランソワは、「印された統辞論的な連続性なしに複数の発話文が多様なスタイルの中で問題なく*統一される*ものがテーマ領域であると思われる (…)」(François 1993, p.109) と述べ、マーカーによって支えられる形態的連続性とは異なる言表連鎖全体が向かう言語行為におけるテーマ領域の中心的役割を主張している。このテーマ領域内で大きくクローズアップされる概念が**セネット (saynète)** である。「*語を用いる一般的単位はセネットと呼ばれ、それはあるものの状態の表明や、ある態度の表現の相関的な判断を示す文というよりもむしろテクストの動き、パラグラフを示す (…)*」(François 1994, p.210) と語られているように、言表連鎖によるテーマ的な統一性を探究できる単位としてのセネットは、ディスクールの動きを解明するための一つの基本的な分析装置となり得るものである [69]。また、意味問題としてのテーマは一般言語学内での意味論で扱う意味ではなく、ディスクールの動きの中で浮かび上がってくる意味である**想起的意味 (signification dessinée)** [70]である点にも注意する必要性があるだろう。

　ジャンルについては、「話し手が語ろうと望むことは、何よりもまず、ある言説ジャンルの選択として実現される。この選択は言語によるやり取りの定められた範囲、テーマ的な必要性 (意味の対象)、対話者の構成的な総体などの特異的な機能によって決定される。それから、話し手の言説的な構想が、自らの個人性や主観性をなくすることなしに、選ばれたジャンルに順応し、適合し、定められたジャンルの形式の中で組み立てられ、発展していくのである」(Bakhtine 1984, p.284) というバフチンの立場をフランソワは継承している。発話及び言表連鎖の構築においては、ラングの、あるいは、言語記号内の規約や法則ではなく、語る主体の対話関係を通して行われるラ

---

[68] フランソワの《テーマ領域》という用語とバフチンの《テーマ》という用語に概念的な大きな差異はない。フランス語で《テーマ》を表す thème という語には文法用語としての《主辞》の意味もあり、言表連鎖の中で生まれる《テーマ》という意味を厳密化するために、フランソワは《テーマ領域》という語を使っていると述べ得るだろう。

[69] テーマ分析を行う場合に、対話内の言表連鎖をセネット分割する方法は一つの有効な方法であるが、対話分析のこの単位は音素や記号素といったラングの単位とは異なり、義務的に分割を強いる単位ではないことを強調しておこう。

[70] フランソワは、「(…) 想起的意味は話し手の言説の中で、また、予想されるものや、他者の言説との比較によって浮き彫りになる意味の中で、われわれが近づいていくものに属しているのである」(François 1993, p.34) と語っている。

ンガージュ行為が根本的な意味をもつ。このランガージュ行為の中で、特にジャンルは発話及び言表連鎖の様態を決定づけるための中心的な役割を担っている。学術的話し合いの中で、詩的な語りの中で、冗談を言い合うことの中で、異なる形式の語りが形成されていく。それゆえ、フランソワは、「(...) ジャンルは、提示する、描写する、説明するといったランガージュを通してなされることによって特徴づけられる」(François 1993, p.112) と主張している。ジャンルの違いは、ラングの体系内で示される言語規則のように厳密に同一化したり、クラス分けしたりすることが可能なものではないが、ランガージュ行為の多様さを表わすものであり、われわれが他者と築き上げる多様な関係の中で、話すことの方向性とさまざまな語りの形式を考える上で軽視することができない概念なのである。

　世界に関してフランソワは、「(...) ポケットの中の100フランと想像された100フランとはお金という同じテーマ領域に属しているが、同じ世界には属していない」(François 1988, p.26) と述べている。なぜなら、« 今そこにあるものに関して語ること » と « 想像された今そこにないものに関して語ること » とは同じ事柄ではないからである。このように語る対象をいかなる側面から提示するかを表す概念である世界は、ディスクール展開において中核的機能を有している。言表連鎖の連続性がテーマによって統一化されるとしても、あるテーマ内での連続的動きは均質的ではないからである。言表連鎖の様態において、上記したように話し方が変更される場合があるが、このジャンルの変化によって、問題となっている対象のコード化のレベルが変わる世界変化が引き起こされる。つまり、対話展開の中で、ジャンルや世界が変化するとき、言表連鎖の様態が変わり、それに伴いテーマ発展が行われることが多々あるのである。

　個別的な主体の相互作用によって構築される対話を研究する場合に、忘れてはならないものとして言説的位置の問題がある。フランソワは、「(...) われわれは自らが述べていることを類別化しないことが不可能であると同様に、他者に関して、そして、自らの述べたことに関して、言説的位置をもたないことは不可能なことであるのだ。きわめて多くの場合、言説的位置はテキストの中で変化するものである」(François 1990, p.47) という指摘を行っている。この問題は、対話者間の関係を考える上で基盤的な役割を果たすものである。特に、言説的位置の非同等性がディスクールの動きと深く係わる言語習得期の子供と大人との対話を研究するとき、根本的な意味をもつ概念なのであるが、重要なことは次の点にあると思われる。「いかなる状況であっても、同一の位置を取ろうとする一定した主体が存在する。だが、それとは反対に、テ

ーマやジャンルや聞き手に応じてきわめて多様なものとなる主体が存在する」(François 1993, p.117)。言表連鎖の中で、語る主体が言説的位置を変えることによって大きく対話展開する多くの対話が存在するのである。

　これら四つの視点、あるいは、概念が、対話展開の中で独立的に機能することはまずあり得ない。たとえば、対話の中で世界の変化がジャンルやテーマや言説的位置の変化を同時に引き起こす場合がしばしば観察されるのである。この関係性を表す概念が類縁性である。「*自動車というカテゴリーの中にハンドルというものが問題なく属していると言い得る語彙素間の類縁性がある。それと同様に、必然的ではないが、語られることが、その連続よりもむしろあの連続であることを予想させるテクスト的類縁性について語ることができるのである*」(François 1994, p.42) とフランソワが主張しているように、今挙げた四つの概念は独立的に機能するものではなく相互に関連しながら機能するものであり、ディスクール展開と深く関係し、対話全体の流れも決定していくものなのである。

　これらの概念、または、視点を基にフランソワはディスクールの動きを考察していくのだが、注目すべき事柄は、言表連鎖を言語研究の中心として考えるということが、われわれのランガージュ能力が対話性によって展開していくものであり、対話空間がバフチンの言うように他者との無限の関係性を構築可能なものであることを必然的に示しているという点である。このことは、また、言語記号の機能にだけ係わるものではなく、語る主体の差異や非同等的コミュニケーションを考察するためにも言表連鎖の様態が重要な問題であることも示している。

12.5.2. フランソワ理論を用いた分析例 (1)

　この節と次の節では、フランソワの対話理論をよりよく理解するために、彼の研究方法を用いて、具体的にコーパス分析を行おうと思うが、同一コーパスを用いて、二つの異なる視点から、分析例 (1) をこの節で、分析例 (2) を次の節で提示しようと思う。なぜなら、同一のコーパスであっても、対話分析においては探究視点の違いによって得られる分析結果は大きく異なり、また、その分析を応用できる範疇も大きく異なるからである。分析例 (1) では対話展開が問題となる探究を、分析例 (2) では援助行為を中心とした考察を行う。まず、次の対話コーパスを見て欲しい [71]。

---

[71] このコーパスは François (1984) の中で提示されたコーパスの一部分（pp.73-74）であり、フランスの幼稚園児とその先生との対話である。1976 年にオルトフォニストの資格取得のために書かれた学生の論文から取ったものであるとフランソワは書いている。

1.M.―Bon, alors une fois qu'on a rapporté les dossiers à la maison, vous allez aussi avoir des prix, des jolis livres pour ceux qui ont bien travaillé, et puis qu'est-ce qu'on va faire après ？ じゃあ、家に通信簿をもっていったら、一所懸命頑張った人には、ご褒美も、素敵な本も、もらえたりするわね。それから、その後は何をするのかしら？
2. ―On va les colorier. 塗り絵する。
3.M.―Quoi？ えっ？
4. ―On va colorier les livres. 本に塗り絵する。
5.M.―Mais non. そうじゃなくて。
6. ―On va aller à la grande école. 小学校に行く。
7.M.―Mais non, avant d'aller à la grande école, qu'est-ce qu'on va faire ？ そうじゃなくて、小学校に行く前に、何をするの？
8. ―On va apprendre à lire. 読み方を習う。
9.M.―Mais non. そうじゃなくて。
10. ―On va apprendre à travailler. 勉強を習う。
11.M.―Non. 違うでしょ。
12. ―On va aller en grandes vacances. 学期末のお休みをする。
13.M.―(a) Ah ! on va aller en grandes vacances. (b) Qui est-ce qui va partir en vacances ？ あ、学期末のお休みね。お休みにどこかに出かける人はいる？
14. ―Moi, moi, moi. 僕、僕、僕。
15. ―Moi, je vais en Pologne. 僕、ポーランドに行くよ。
16. ―Moi, je vais en Bretagne. 僕、ブルターニュに行くよ。
17. ―Moi, je vais là où il y a de la montagne. 僕、山のあるところに行くよ。

M=幼稚園の先生、Mと表示されていない発話は園児たちの発話である。

この対話において、まずテーマ、あるいは、テーマ領域は、1から13(a)までの《通信簿をもらった後に何を行うかという問題》と、それ以降の《学期末のお休みにどこに出かけるかという問題》の二つであると指摘することが可能である。すなわち、二つのセネットから構成された対話であると述べることが可能であり、それぞれのセネットは言表連鎖の中でそれぞれのテーマを発展させている [72]。

---

[72] もちろん、前節で指摘したように、セネットは義務的な単位ではなく、ここでこの単位を絶対的に用いる必要性はないが、この対話の展開を分析するためにセネット分割を行うことが有効であると考えるゆえに、ここではこの方法を用いる。

最初のセネットでは、先生の質問である発話 1 の意味を園児たちが上手く理解できず、mais non や non などの言葉が先生から発せられている。これは 1 の発話文のコード化のレベルを、つまりは、世界を園児たちが理解していないからであると考えられる。対話テーマを構成する要素として、あるいは、1 の先生の質問にとって、« ご褒美 » や « 本 » は主要な要素ではないにも関わらず、2 や 4 で園児は対話テーマにとって中心的な要素と見なして質問に答えていると指摘することができるだろう。さらに、6 と 8 と 10 の園児たちの答えも « 本 » という語がもつ類縁性に基づく答えであると考えられるものである。だが、先生が質問のレベルを厳密化していないために、これらの園児の答えとしての発話は質問の範疇を大きく逸脱した答えであるとは言えないものである。このセネットの言表連鎖を観察することによって、誤解が世界提示の曖昧性によって生じる一例を見ることができるだろう。

　二番目のセネットは、最初のセネットが先生の一つの発話に対して園児の発話が一つだけ続くという言表連鎖が連続して現れているのに対して、先生の発話に対して複数の園児の発話が発せられるという対話形式が見られる。この対話形式の違いは二つのセネットの言表連鎖の違いを表している。言説的位置に関してはどちらのセネットにおいても先生がイニシャティブを取り、園児がそれに従うというものである。ジャンルの問題もまた二つのセネットで共通している。つまり、先生が子供向けの話し方を行い、園児が学校用の話し方を行っている。世界に関しては、14 から 15 において、さらには、16 から 17 において世界変化が起きていると述べられる。つまりは、13(b) の質問に対して、14 では « 誰 » がという点に対して答えたものであるが、15 と 16 では単に « 誰 » だけではなく、具体的に « どこに行くか » ということを園児たちは答えている。さらに、17 では、先行する二つの発話の « どこに » の範疇が地名であるのに対して、« 山のある場所 » というより曖昧なコード化が行われている。テーマ展開の側面から見れば、この 13(b) 以降の言表連鎖は世界変化によって発展している。すなわち、この展開は対話における世界変化とテーマ領域との関係を示す一例となっているものである。

　この二つのセネットの対話展開の分析を通して、この対話の特徴として、先生が質問し、園児が答えるという形式の言表連鎖の多さや言説的位置が先生と園児という社会的なポジションと関係しているという点などを指摘できるだろう。これらは、このジャンルの他の対話とこの対話とを比較することによって、このジャンルの対話の大きな特徴として語ることができるものであるが、比較検討作業にはあまりにも多くの紙面を要するためにここではこの指摘を行うだけに止める。また、発話されたものの

中でどの要素をコード化し、テーマ化するのかという問題の中で、いわば園児たちが先生の質問の範疇をすぐには理解できないことによって対話展開がなされていることがこの対話の特徴となっている。この問題と先生が行っている援助行為がどのように対話展開に作用しているかという点からこの対話を分析することも興味深いものであるが、この点については次の節で触れることにする。

12.5.3. フランソワ理論を用いた分析例 (2)

この対話は大人と子どもとの対話であり、その展開は非同等的コミュニケーション (communication inégale) の下に行われている。つまり、大人と子供というレベルで言語運用能力 (performance) が同等ではない主体間の対話が展開されている。こういったタイプの対話においては、他のジャンルの対話とは異なり、第 10 章で説明した援助行為の問題が大きな意味をもつ場合が多々あり、ここでは、前章で行うことができなかった援助行為の具体的な考察という点も含めたコーパス分析を行っていきたい。

このコーパス全体の発話数は 18 であり、そのうち、先生の発話数は 8 で、園児たちのものは 10 である。さらに、最初のものの中で半数の 4 つは発話の形式が質問 (question) であり、二番目のものの発話の形式はすべてが答え (réponse) である。**12.5.2.**でも指摘したが、数量的視点から見ても、このコーパスにおいては先生がイニシャティブを取り対話展開がなされていることが判る。また、大人と子供との対話においてしばしば観察される、大人の質問 (A(Q)と表記する) に対して子供が答える (E(R)と表記する) という同一展開が連続する動きが見られる。つまり、これを図説するならば、A(Q)→E(R)＋A(Q)→E(R)＋A(Q)→E(R) (…)というものである。そして、このコーパスにおいても、こうした対話展開の中で、大人である先生が園児たちに対してさまざまな援助行為を行っている。ここではこの問題について詳しく分析していこう。

まず、先生は 1 の質問の意図を上手く理解できなかった園児たちに対して、7 で質問を言い換えていることに気づく。つまり、1 では提示されていなかった時間的カテゴリーを導入して、自らの質問の意図を理解させようという援助行為が見られる。また、13(a)では、12 で園児の一人が先生の 1 の質問の意図に適した答えを行なったことに対して、12 の答えを繰り返し言うことによってそれが自分の望んだ答えであることを暗に示し、対話展開を導く援助行為となっている。しかしながら、このコーパスにおいて、先生が行っていることすべてが援助行為になっているとは思われない。

なぜなら、園児の答えに対して先生は、しばしば、mais non や non という言葉による否定を行い、その答えが違うということを端的に語っている反面、そういった言葉は園児たちが問題を解決するための手助けになるよりも、園児と先生との共同作業による問題解決を断ち切ってしまう反援助行為として働いていると言うことが可能なものだからである。このように援助行為と反援助行為との違いは機械的に分類できるものではなく、対話展開の中でどのように機能するかによって定まるものであり、この点はこのコーパスの分析からも理解できるであろう。

　もちろん、この対話はさまざまな対話ジャンルの中の «子供と大人の話し合い» という一つの対話ジャンルに属するものの分析例である。具体的な対話を一つ分析しただけで、すぐに、対話問題におけるなにがしかの一般化した一つの結論を導くことはできない。なぜなら、たとえば、«政治的議論» と «子供と大人の話し合い» では対話ジャンルがあまりにも異なっているという問題があるからである。さらには、それぞれの対話にはそれぞれの固有性があり、その固有性を単純に一般化することはできないからである。しかしながら、個別的な対話分析結果を比較することを通して、対話ジャンルごとの対話的特質を導き出すことは可能になるだろう。さらに、その対話ジャンルごとの特質を比較することによって、対話全体の特性を考察することも可能になるだろう。すなわち、対話研究においては、それぞれの対話の特異性を尊重しながらも、対話という問題全体をどのように探究していくかという学的姿勢が重要となるのである。

　対話研究はラングのカテゴリー内での研究に止まることはなく、ランガージュ問題を解明するための中心的研究分野である。その意味で、これからの言語学にとって大きな可能性をもつ分野である。だが、それだけではなく、対話問題の研究はその射程の広さと複雑さゆえに、心理学、社会学、哲学といった他の人間科学の発展にも大きく寄与できるものでもあるのだ。

参 考 文 献

第 1 章

Auroux, S. (1992) : « La philosophie linguistique d'Antoine Culioli », *La théorie d'Antoine Culioli,* Ophrys.
Bühler, K. (1934) : *Sprachtheorie, Die Darstellungsfunktion der Sprache,* Gustav Fischer.
Culioli, A. (1990) : *Pour une linguisitique de l'énonciation,* 1, Ophrys.
Culioli, A. (1999 a) : *Pour une linguisitique de l'énonciation,* 2, Ophrys.
Culioli, A. (1999 b) : *Pour une linguisitique de l'énonciation,* 3, Ophrys.
Gleason, H. A. (1969) : *Introduction à la linguistique,* Larousse.
Hagège, Cl. (1985) : *L'homme de paroles,* Fayard.
Jakobson, R. (1963) : *Essais de linguistique générale,* Minuit.
Martin, R. (2002) : *Comprendre la linguistique,* P.U.F.
Martinet, A. (1960) : *Eléments de linguistique générale,* Armand Colin.
Merleau-Ponty, M. (1945) : *Phénoménologie de la perception,* Gallimard.
Mounin, G. (1968) : *Clefs pour la linguistique,* Seghers.
Reboul, A. et J. Moeschler (1998 a) : *Pragmatique du discours,* Armand Colin.
Reboul, A. et J. Moeschler (1998 b) : *La pragmatique aujourd'hui,* Seuil.
Shannon, C. et W. Weaver (1949) : *The Mathematical Theory of Information,* University of Illinois Press.
ソシュール著、小林英夫訳 (1972) :『一般言語学講義』岩波書店.
鈴木孝夫 (1990) :『日本語と外国語』岩波書店.

第 2 章

Chaudenson, R. (1995) : *Les créoles,* P.U.F.
Daniau, X. (1995) : *La francophonie,* P.U.F.
Ferguson, Ch. (1959) : « Diglossia », *Word,* 15, 2.
Gadet, F. (2003) : « La variation », M. Yaguello (dir.) : *Le grand livre de la langue française,* Seuil.
Hagège, Cl. (1982) : *La structure des langues,* P.U.F.
梶田孝道 (1993) :『統合と分裂のヨーロッパ』岩波書店.
Kloss, H. (1978) : *Die Entwicklung neuer germanischer Kultursprachen seit 1800,* Cornelsen Verlag.
Lefebvre, Cl. (1998) : *Creole Genesis and the Acquisition of Grammar,* Cambridge

University Press.

Marçais, W. (1930) : « La diglossie arabe », *L'Enseignement public,* 104, 12.

三浦信孝編 (1997)：『多言語主義とは何か』藤原書店.

Semplini, A. (1997) : *Le multiculturalisme*, P.U.F.

田中克彦 (1981)：『ことばと国家』岩波書店.

第 3 章

Bacquet, P. (1976) : *L'étymologie anglaise*, P.U.F.

Brucker, C. (1988) : *L'étymologie*, P.U.F.

Brunot, F. (1905-1938) : *Histoire de la langue française des origines à 1900* (11 tomes), Armand Colin.

Cerquiglini, B. (1991) : *La naissance du français*, Paris, P.U.F.

Febvre, L. (1962) : « Les principaux aspects d'une civilisation. La première Renaissance française : quatre prises de vue », *Pour une Histoire à part entière*, S.E.V.P.E.N.

Guiraud, P. (1964) : *L'étymologie*, P.U.F.

Mitterand, H. (1963) : *Les mots français*, P.U.F.

西川長夫 (1999)：『フランスの解体？：もうひとつの国民国家論』人文書院.

島岡茂 (1974)：『フランス語の歴史』大学書林.

Wartburg, W. von (1934, 1971[10]) : *Evolution et structure de la langue française*, Francke.

第 4 章

Dell, F. (1973) : *Les règles et les sons - Introduction à la phonogogie française*, Hermann.

Duchet, J.-L. (1981) : *La phonologie*, P.U.F.

Fouché, P. (1959) : *Traité de prononciation française,* Klincksieck.

Gougenheim, G. (1935) : *Eléments de phonologie française*, Belles Lettres.

Jakobson, R. (1963) : *Essais de linguistique générale,* Minuit.

Léon, M. et P. Léon (1997) : *La prononciation du français*, Nathan.

Léon, P. (1992, 1996[2]) : *Phonétisme et prononciations du français*, Nathan.

牧野武彦 (2005)：『日本人のための英語音声学レッスン』大修館書店.

Malmberg, B. (1954, 1994[17]) : *La phonétique*, P.U.F.

Martinet, A. (1960) : *Eléments de linguistique générale*, Armand Colin.

Tranel, B. (1987) : *The Souds of French*, Cambridge University Press.

Tranel, B. (2003) : « Les sons du français », M. Yaguello (dir.) : *Le grand livre de la langue française,* Seuil.

Walter, H. (1977) : *La phonologie du français,* P.U.F.

Walter, H. (1988) : *Le français dans tous les sens,* Laffont.

第 5 章

川島浩一郎 (2006) :「マルティネ『一般言語学要理』」『月刊言語』35, 11.

Martinet, A. (1979) : *Grammaire fonctionnelle du français,* Didier.

Martinet, A. (1985) : *Syntaxe générale,* Armand Colin.

ソシュール著、小林英夫訳 (1972)『一般言語学講義』岩波書店.

第 6 章

川島浩一郎 (2003) :「無冠詞名詞に関する一考察」『ふらんぼー』(東京外国語大学) 29.

川島浩一郎 (2005) :「「限定」の下位分類」東京外国語大学グループ《セメイオン》『フランス語を探る』三修社.

川島浩一郎 (2006) :「二次的叙述をめぐる一考察」『ふらんぼー』(東京外国語大学) 31.

Martinet, A. (1979) : *Grammaire fonctionnelle du français,* Didier.

Martinet, A. (1985) : *Syntaxe générale,* Armand Colin.

敦賀陽一郎 (1998) :「等位接続と統辞機能」東京外国語大学グループ《セメイオン》『フランス語を考える』三修社.

第 7 章

Cadiot, A. et alii Cadiot, A. et alii (1985) : « Sous un mot une controverse », *Modèles linguistiques,* 7, 2.

Franckel, J.-J. (1989) : *Etude de quelques marqueurs aspectuels du français,* Droz.

Frege, G. (1892) : « Über Sinn und Bedeutung », *Zeitschrift für Philosophie und Philosophische Kritik,* 100, trad. fr. dans G. Frege (1971) : *Ecrits logiques et philosophiques,* Seuil.

Hagège, Cl. (1995) : « Le rôle des médiaphoriques dans la langue et dans le discours », *Bulletin de la Société de Linguistique de Paris,* 90, 1.

Hopper, P. et E. Traugott (1993) : *Grammaticalization,* Cambridge University Press.

Kleiber, G. (1990) : *La sémantique du prototype,* P.U.F.

Lehmann, A. et F. Martin-Berthet (1998) : *Introduction à la lexicologie,* Nathan.

Martinet, A. (1960) : *Eléments de linguistique générale,* Armand Colin.

Milner, J.-Cl. (1989) : *Introduction à une science du langage,* Seuil.

Ogden, C. K. et I. A. Richards (1929) : *The Meaning of Meaning*, Routledge & Kegan Paul.
Picoche, J. (1995) : *Etude de lexicologie et dialectologie*, Conseil international de la langue française.
Pottier, B. (1964) : « Vers une sémantique moderne », *Travaux de linguistique et de littérature*, 2, 1.
Tamba-Mecz, I. (1988, 1994[3]) : *La sémantique*, P.U.F.
Vandeloise, C. (1991) : « Autonomie du langage et cognition », *Communication*, 53.
渡邊淳也 (2004) :『フランス語における証拠性の意味論』早美出版社.
Wittgenstein, L. (1953) : *Philosophical Investigations*, McMillan.

第 8 章

Anscombre, J.-Cl. (2004) : « Imparfait d'atténuation. Quand parler à l'imparfait, c'est faire », *Langue française*, 142.
Anscombre, J.-Cl. et O. Ducrot (1983) : *L'Argumentation dans la langue*, Margada.
Armengaud, F. (1985, 1999[4]) : *La pragmatique*, P.U.F.
Austin, L. (1970) : *Quand dire, c'est faire*, Seuil.
Bazzanella, C. (1990) : « 'Modal' uses of the Italian *indicativo imperfetto* in a pragmatic perspective », *Journal of Pragmatics*, 14.
Benveniste, E. (1966) : *Problèmes de linguistique générale*, 1, Gallimard.
Berthonneau, A.-M. et G. Kleiber (1994) : « L'imparfait de politesse : rupture ou cohésion ? », *Travaux de linguistique*, 29.
Blanchet, Ph. (1995) : *La pragmatique*, Bertrand-Lacoste.
Cadiot, A. et alii (1985) : « Sous un mot une controverse », *Modèles linguistiques*, 7, 2.
Ducrot, O. (1984) : *Le dire et le dit*, Minuit.
Grevisse, M. (1993[13]) : *Le bon usage*, Duculot.
Grice, H. (1979) : « Logique et conversation », *Communications*, 30.
廣松渉 (1991)『世界の共同主観的存在構造』講談社学術文庫.
Jakobson, R. (1977) : *Huit questions de poétique*, Seuil.
金子亨 (1995) :『言語の時間表現』ひつじ書房.
柏野健次 (1999) :『テンスとアスペクトの語法』開拓社.
北原保雄 (2004) :「よろしかったでしょうか」北原保雄 (編)『問題な日本語』大修館書店.
Lebaud, D. (1991) : « L'imparfait, une approche à partir de quelques effets

indésirables causés par le discours grammatical dominant », *Cahiers de CRELEF,* 32.

Lebaud, D. (1993) : « L'imparfait, indétermination aspectuo-temporelle et changement de repère », *Le gré des langues,* 5.

Maingueneau, D. (1999) : *L'Enonciation en linguistique française,* Hachette.

Martin, R. (1987) : *Langage et croyance,* Margada.

Mehler, J. et E. Dupoux (1987) : « De la psychologie à la science cognitive », *Le Débat,* 47.

Nølke, H. (1994) : *Linguistique modulaire,* Peeters.

小熊和郎 (2002) :「半過去と＜境界＞の消去」『西南学院大学フランス語・フランス文学論集』43.

Sartre, J.-P. (1947) : *Situations,* 1, Gallimard.

Schogt, H. G. (1968) : *Le système verbal du français contemporain,* Mouton.

寺崎英樹 (1998) :『スペイン語文法の構造』大学書林.

Veyrenc, C. (1988) : « Note sur l'imparfait du non-passé en français moderne », *Le français moderne,* 56, 3/4.

Watanabe, J. (2001) : « Le conditionnel du « discours d'autrui » », *Etudes de langue et littérature françaises,* 78.

渡邊淳也 (2004) :『フランス語における証拠性の意味論』早美出版社.

渡邊淳也 (2007) :「フランス語の「丁寧の半過去」と日本語の「よろしかったでしょうか」型語法」『フランス語学研究』41.

Wilmet, M. (1997) : *Grammaire critique du français,* Hachette.

第9章

Bakhtine, M. (1970) : *La poétique de Dostoïevski,* Seuil.

Bakhtine, M. (1984) : *Esthétique de la création verbale,* Gallimard.

Barthes, R. (1967) : *Système de la mode,* Seuil.

Barthes, R. (1985 a) : « Eléments de sémiologie », *L'aventure sémiologique,* Seuil.

Barthes, R. (1985 b) : « L'aventure sémiologique », *L'aventure sémiologique,* Seuil.

Barthes, R. (1987) : « Le troisième sens », *L'obvie et l'obtus : essais critiques III,* Seuil.

Buyssens, E. (1943) : *Les langages et le discours : essai de linguistique fonctionnelle dans le cardre de la sémiologie,* Office de publicité.

Ducrot, O. (1972) : « Glossématique », O. Ducrot et T. Todorov : *Dictionnaire encyclopédique des sciences du langage,* Seuil.

Eco, U. (1976) : *A theory of semiotics,* Indiana University Press.

Eco, U. (1988) : *Signe : histoire et analyse d'un concept,* Labor.

Hjelmslev, L. (1959, 1971) : *Essais linguistiques*, Minuit.
Jakobson, R. (1963) : *Essais de linguistique générale*, Minuit.
Kristeva, J. (1969) : *Σημειωτικη : recherches pour une sémanalyse*, Seuil.
Martinet, A. (1960) : *Eléments de linguistique générale*, Armand Colin.
Morris, C. W. (1946, 1955) : *Signs, language and behavior*, G. Braziller.
Peirce, C. S. (1960) : *Principles of philosophy : Elements of logic, Collected papers of Charles Sanders Peirce* ; vol. 1-2, Belknap Press of Harvard University Press.
Prieto, L. (1966) : *Messages et signaux*, P.U.F.
Saussure, F. de (1916, 1969) : *Cours de linguistique générale,* Payot.
Todorov, T. (1972) : « Signe », O. Ducrot et T. Todorov : *Dictionnaire encyclopédique des sciences du langage*, Seuil.

第 10 章

Bakhtine, M. (V. N. Volochinov) (1977) : *Le marxisme et la philosophie du langage (essai d'application de la méthode sociologique en linguistique)*, Minuit.
Bakhtine, M. (1984) : *Esthétique de la création verbale*, Gallimard.
Bally, C. (1909, 1951[3]) : *Traité de stylistique française*, Klinckstieck.
Barthes, R. (1985 c) : « L'ancienne rhétorique : aide-mémoire », *L'aventure sémiologique*, Seuil.
François, F. (1993) : *Pratiques de l'oral*, Nathan.
François, F. (1994) : *Morale et mise en mots*, L'Harmattan.
Genette, G. (1991) : *Fiction et diction*, Seuil.
Greimas, A. J. (1966) : *Sémantique structurale : recherche de méthode*, Larousse.
Grize, J.-B. (1990) : *Logique et langage*, Ophrys.
Groupe μ (1970) : *Rhétorique générale,* Larousse.
Guiraud, P. (1954, 1979[9]) : *La stylistique*, P.U.F.
Guiraud, P. (1955) : *La sémantique*, P.U.F.
髭郁彦 (2001) :「対話、ジャンル、スタイル―テクスト空間の広がりについて」『文体論研究』47.
Kerbrat-Orecchioni, C. (1985) : *L'implicite*, Armand Colin.
Reboul, O. (1984) : *La rhétorique*, P.U.F.
Reboul, O. (1991) : *Introduction à la rhétorique*, P.U.F.
Ricoeur, P. (1985) : *Temps et récit 3*, Seuil.
Riffaterre, M. (1971) : *Essais de stylistique structurale*, Flammarion.
Todorov, T. (1972) : « Rhétorique et stylistique », O. Ducrot et T. Todorov :

Dictionnaire encyclopédique des sciences du langage, Seuil.
Todorov, T (1978) : *Les genres du discours*, Seuil.

第 11 章

Bakhtine, M. (V.N.Volochinov) (1977) : *Le marxisme et la philosophie du langage (essai d'application de la méthode sociologique en linguistique)*, Minuit.

Bakhtine, M. (1984) : *Esthétique de la création verbale*, Gallimard.

Bruner, J. (1983) : « La conscience, la parole et la « zone proximale » : réflexion sur la théorie de Vygotsky », *Le développement de l'enfant : savoir faire savoir dire*, P.U.F.

Calvet, L. -J. (1993) : *La sociolinguistique*, P.U.F.

ド・シェイザー S. (2000) :『解決志向の言語学：言葉はもともと魔法だった』法政大学出版局.

エプストン D. (2005) :『ナラティヴ・セラピーの冒険』創元社.

François, F. (1993) : *Pratiques de l'oral*, Nathan.

フロイト G. (1977) :『精神分析入門』新潮社.

Gardin, B. (1980) : « Discours patronal et discours syndical sur la grève », B. Gardin, D. Baggioni et L. Guespin : *Pratiques linguistiques, pratiques sociales*, P.U.F.

浜田寿美男 (1999) :『「私」とは何か：ことばと身体の出会い』講談社.

Hige, I. (2001) : *Dialogue, interprétation et mouvement discursif, analyse de huit corpus japonais portant sur le commentaire de texte*, 2 volumes, Presses universitaires du Septentrion.

Hymes, D. (1974) : *Foundation in sociolinguistics : an ethnographic approach*, University of Pennsylvania Press.

イタール J.M.G. (1978) :『新訳アヴェロンの野生児：ヴィクトールの発達と教育 (野生児の記録 7)』福村出版.

Jakobson, R. (1963) : *Essais de linguistique générale*, Minuit.

Jakobson, R. (1969, 1980) : *Langage enfantin et aphasie*, Flamarion.

キングドン D.G.、ターキングトン D. (2002) :『統合失調症の認知行動療法』日本評論社.

Labov, W. (1972) : *Sociolinguistic patterns*, University of Pennsylvania Press.

Ricoeur, P. (1990) : *Soi-même comme un autre*, Seuil.

シング J.A.L. (1977) :『狼に育てられた子：カマラとアマラの養育日記 (野生児の記録 1)』福村出版.

Trudgill, P. (1972) : *Sociolinguistics : an introduction*, Penguin Books.

トラッドギル P. (1975)『言語と社会』岩波書店.

Vygotski, L. (1997) : *Pensée et langage*, La dispute.

第 12 章

Bakhtine, M. (1970) : *La poétique de Dostoïevski*, Seuil.

Bakhtine, M. (V. N. Volochinov) (1977) : *Le marxisme et la philosophie du langage (essai d'application de la méthode sociologique en linguistique)*, Minuit.

Bakhtine, M. (1978) : *Esthétique de théorie du roman*, Gallimard.

Bakhtine, M. (1984) : *Esthétique de la création verbale*, Gallimard.

Barthes, R. (1984) : « Pourquoi j'aime Benveniste », *Le bruissement de la langue, essais critiques IV*, Seuil.

Benveniste, E. (1966) : *Problèmes de linguistique générale 1*, Gallimard.

Benveniste, E. (1974) : *Problèmes de linguistique générale 2*, Gallimard.

Cadiot, A. et alii. (1985) : « Sous un mot une controverse » , *Modèles linguistiques*, 7, 2.

Ducrot, O. (1984) : *Le dire et le dit*, Minuit.

François, F. et alii (1984) : *Conduites linguistiques chez le jeune enfant*, P.U.F.

François, F. (1988) : « Continuité et mouvements discursifs : un exemple chez des enfants de trois ans », *Modèles linguistiques*, 10, 2.

François, F. (1990) : « Dialogue, jeux de langage et espace discursif chez l'enfant jeune et moins jeune », F. François et alii. : *La communication inégale, heurs et malheurs de l'interaction verbale*, Delachaux et Niestlé.

François, F. (1993) : *Pratiques de l'oral*, Nathan.

François, F. (1994) : *Morale et mise en mots*, L'Harmattan.

Hige, I. (2001) : *Dialogue, interprétation et mouvement discursif, analyse de huit corpus japonais portant sur le commentaire de texte*, 2 volumes, Presses universitaires du Septentrion.

髭郁彦 (2002) :「対話空間の探究―ディスクール概念の考察」『中大仏文研究』34.

Kristeva, J. (1969) : *Σημειωτικη : recherches pour une sémanalyse*, Seuil.

Nølke, H. (1994) : *Linguistique modulaire*, Peeters.

大浜博 (2005) :「デュクロのポリフォニー概念の問題点について―否定アイロニー発話の解釈をめぐって―」東京外国語大学グループ « セメイオン »『フランス語を探る』三修社.

Ricoeur, P. (1990) : *Soi-même comme un autre*, Seuil.

Todorov, T. (1981) : *Mikhaïl Bakhtine : le principe dialogique, suivi de Ecrits du cercle de Bakhtine*, Seuil.

人名索引

見出し語の中には、例文出典など、本文中には欧文表記のみで出てくるものも含まれている。示されたページ数には、参考文献欄での出現個所も含まれている。

あ

アジェージュ (Hagège, Cl.) p.11, 41, 112, 208, 210
アリストテレス (Aristote) p.161
アルクィン (Alcuin) p.45
アルマンゴー (Armengaud, F.) p.211
アンスコンブル (Anscombre, J.-Cl.) p.137, 211

い

イェルムスレウ (Hjelmslev, L) p.147-148, 175, 213
イザンバール (Izambard, G.) p.191
イタール (Itard, J.M.G.) p.182, 214
イワン雷帝 (Iwan le terrible) p.151-152
インノケンティウス3世 (Innocent III) p.48

う

ヴァルガス (Vargas, F.) p.74-75, 77, 81-82, 88, 90, 92, 95-100, 103
ヴァルテール (Walter, H.) p.210
ヴァルトブルク (Wartburg, W. von) p.209
ヴァンドロワーズ (Vandeloise, Cl.) p.108, 211
ウィーヴァー (Weaver, W.) p.22, 208
ヴィゴツキー (Vygotski, L.) p.182-184, 215
ヴィトゲンシュタイン (Wittgenstein, L.) p.110, 155, 172, 211
ウィリアム1世 (➡ギヨーム2世) p.50
ヴィルメ (Wilmet, M.) p.135-136, 212
ヴェランク (Veyrenc, C.) p.134, 136-137, 212
ウェルギリウス (Virgile) p.163
ヴォルテール (Voltaire) p.171

え

エイゼンシュタイン (Eisenstein, S.) p.151-152
エーコ (Eco, U.) p.141-144, 146-149, 212-213
エシュノーズ (Echenoz, J.) p.89
エプストン (Epston, D.) p.189-190, 214

お

オースティン (Austin, J. L.) p.122-123, 211
大浜博 p.215
オグデン (Ogden, C. K.) p.104-105, 112, 211
小熊和郎 p.138, 212
オベール (Aubert, B.) p.78, 88, 99, 103
オルー (Auroux, S.) p.19, 208

か

ガヴァルダ (Gavalda, A.) p.81, 90, 92, 101
カエサル (César, J.) p.23, 43
梶田孝道 p.34, 208
柏野健次 p.134, 211
金子亨 p.134, 211
カミュ (Camus, A.) p.126-127
カルヴェ (Calvet, L.-J.) p.175, 180-181, 214
川島浩一郎 p.210
カント (Kant, E.) p.130

き

キケロ (Cicéron) p.161
北原保雄 p.134, 211
ギャデ (Gadet, F.) p.36, 38, 208
キャディオ (Cadiot, A.) p.118, 198, 210, 211, 215
ギャルダン (Gardin, B.) p.180, 214
キュリオリ (Culioli, A.) p.19, 208
ギヨーム2世 (Guillaume le Conquérant) p.50
ギロー (Guiraud, P.) p.158-159, 161, 209, 213
キングドン (Kingdon, D.G.) p.214

く

グーゲンハイム (Gougenheim, G) p.209

人名索引

クック (Cook, R.) p.134
グライス (Grice, H.) p.130, 211
グランジェ (Grangé, J.-C.) p.80-81
グリーズ (Grize, J.-B.) p.173, 213
グリーゾン (Gleason, H. A.) p.15, 208
クリステヴァ (Kristeva, J.) p.153, 196, 213, 215
グレヴィス (Grevisse, M.) p.135, 211
クレベール (Kleiber, G.) p.109, 136-138, 210-211
グレマス (Greimas, A. J.) p. 169, 213
クロス (Kloss, H.) p.32-33, 208

け
ケルブラー＝オレッキョニ (Kerbrat-Orecchoni, C.) p.172, 213

こ
コールリッジ (Coleridge, S. T.) p.172
小林英夫 p.12, 15, 208, 210
コルネイユ (Corneille, P.) p.166
コレット (Colette, S. -G.) p.113

さ
サガン (Sagan, F.) p.97
サルトル (Sartre, J.-P.) p.126-127, 212
サンゴール (Senghor, L.) p.38

し
シアヌーク (Sihanouk, N.) p.38
ジェームズ (James, W.) p.145
シクロフスキー (Chklovski, V.) p.193
島岡茂 p.209
シムノン (Simenon, G.) p.77
シャタン (Chattam, M.) p.87, 93-94, 98
ジャップ (Japp, A.H.) p.80-81, 95, 101
シャノン (Shannon, C.) p.22, 208
ジャプリゾ (Japrisot, S.) p.96, 103
シャルル3世 (Charles III) p.50
シャルル禿頭王 (Charles le Chauve) p.46
シャルルマーニュ (Charlemagne) p.45
ジュネット (Genette, G.) p.156, 159-160, 167, 213
シュピッツアー (Spitzer, L.) p.158-159
ショダンソン (Chaudenson, R.) p.208
ジョンケ (Jonquet, T.) p.81, 87, 92, 102
シング (Singh, J. A. L.) p.182, 214

す
鈴木孝夫 p.16, 208
スターリン (Stalin, I) p.152, 193
スホーフト (Schogt, H. G.) p.137, 212

せ
セルキリーニ (Cerquiglini, B.) p.44, 46, 209
センブリーニ (Semplini, A) p.209

そ
ソシュール (Saussure, F. de) p. 12-15, 17, 19, 24-25, 107, 140-141, 143-147, 149, 153, 157, 175-177, 185, 192, 208, 210, 213

た
ターキングトン (Turkington, D.) p.214
ダール (Dahl, R.) p.101
田中克彦 p.209
タンバ＝メッス (Tamba-Mecz, I.) p.211
ダニョー (Daniau, X) p.208

ち
チョムスキー (Chomsky, N.) p.175, 181

つ
敦賀陽一郎 p.210

て
デカルト (Descartes, R.) p.53, 191
デューイ (Dewey, J.) p.145
デュクロ (Ducrot, O.) p.121, 128, 132-133, 148, 196-197, 199-200, 211-215, 216
デュシェ (Duchet, J. -L) p.209
デュプー (Dupoux, E.) p.130, 212
寺崎英樹 p.134, 212
デル (Dell, F.) p.209

と
ドイツ王ルイ (Louis le Germanique) p.46
トゥイニャーノフ (Tynianov, Y.) p.193
ド・ゴール (de Gaulle, Ch.) p.165-166
ド・シェイザー (de Shazer, S.) p.189-190, 214
ドストエフスキー (Dostoïevski, F.) p.193

218

トドロフ (Todorov, T.) p.147, 157-158, 168, 212-215
トラウゴット (Traugott, E.) p.112, 210
トラッドギル (Trudgill, P.) p.178-179, 214-215
トラネル (Tranel, B.) p.209
トリュドー (Trudeau, P.) p.39

.な
ナポレオン3世 (Napoléon III) p.166

に
西川長夫 p.209
ニタール (Nithard) p.46
ニュートン (Newton, I) p.145

ぬ
ヌルケ (Nølke,H.) p.198, 215

の
ノートン (Nothomb, A.) p.82, 95, 96, 99
ノルマンディー公 (➡ギヨーム2世) p.49-50

は
パース (Peirce, Ch.S.) p.140, 143-146, 148, 150, 213
バイイ (Bally, C.) p.157-159, 213
ハイデガー (Heidegger, M.) p.188
ハイムズ (Hymes, D.) p.178, 214
バケ (Bacquet, P.) p.209
バッザネッラ (Bazzanella, C.) p.134, 211
バフチン (Bakhtine, M.) p.153, 155, 159-160, 167-170, 176, 189-190, 192-197, 199-201, 203, 212-215
浜田寿美男 p.214
バルザック (Balzac, H. de) p.113, 125
ハルディエル・ポンセラ (Jardiel Poncela, E.) p.134
バルト (Barthes, R.) p.140, 148, 150-155, 162, 200, 212-213, 215
バンヴェニスト (Benveniste, E.) p.124-125, 199-200, 211, 215

ひ
ピアジェ (Piaget, J) p.182
髭郁彦 p.213, 215

ピコッシュ (Picoche, J.) p.211
ビュイサンス (Buyssense, E.) p.142, 212
ビューラー (Bühler, K.) p.21-23, 208
ビュロン (Buron, N. de) p.80, 92, 95, 97, 99, 103
廣松渉 p.121-122, 211

ふ
ファーガソン (Ferguson, Ch) p.40, 208
フーシェ (Fouché, P.) p.62, 209
フェーブル (Febvre, L.) p.51, 208
フォスラー (Vossler, K.) p.158
フォンタネル (Fontanelle, S.) p.74
ブナキスタ (Benacquista, T.) p.90, 102-103
フランケル (Franckel, J. -J) p.118, 210
ブランシェ (Blanchet, Ph.) p.211
プラトン (Platon) p.21
フランソワ (François, F.) p.168, 170, 184, 190, 194, 200-203, 206, 213-215
フランソワ1世 (François 1er) p.51
プリエート (Prieto, L.) p.142, 213
ブリュソロ (Brussolo, S.) p.75, 81, 91, 99-100, 102
ブリュッケル (Brucker, C.) p.209
ブリュノ (Brunot, F.) p.44, 47, 209
ブルギバ (Bourguiba, H.) p.38
ブルムフィールド (Bloomfield, L.) p.175
ブルーナー (Bruner, J.) p.182-184, 189, 214
フレーゲ (Frege, G.) p.105, 210
フロイト (Freud, S.) p.20, 181, 214

へ
ベグベデ (Beigbeder, F.) p.97-98, 102
ベルトノー (Berthonneau, A.-M.) p.136-138, 211

ほ
ボードレール (Baudelaire, Ch.) p.165
ボスコ (Bosco, H.) p.113
ホッパー (Hopper, P.) p.112, 210
ポティエ (Pottier, B.) p.107, 211
ホワイト (White, M.) p.189
ボワロー=ナルスジャック (Boileau-

Narcejac) p.80

ま

牧野武彦 p. 71, 209
マルセ (Marçais, W.) p.39, 209
マルタン (Martin, R.) p.135, 208, 212
マルタン＝ベルテ (Martin-Berthet, F.) p.116, 210
マルティネ (Martinet, A.) p.17, 112, 143, 146, 146, 208-210, 213
マルンベリ (Malmberg, B.) p.209
マレルブ (Malherbe, F. de) p.53
マングノー (Maingueneau, D.) p.138, 212

み

ミード (Mead, G.H.) p.145
三浦信孝 p.209
ミッテラン (Mitterand, F.) p.39
ミッテラン (Mitterand, H.) p.209
ミュッセ (Musset, A. de) p.113, 165
ミュッソ (Musso, G.) p.75, 81, 95, 99-100, 102
ミルネール (Milner, J. -C.) p.105, 211

む

ムーナン (Mounin, G.) p.208
ムシュレール (Moeschler, J.) p.23-24, 208

め

メイエ (Meillet, A.) p.176
メルロ＝ポンティー (Merleau-Ponty, M.) p.20, 208
メレール (Mehler, J.) p.130, 212

も

モリエール (Molière, J. - B.) p.165
モリス (Morris, Ch. W.) p.150

や

ヤコブソン (Jakobson, R.) p.22-24, 125-126, 148, 181, 185-187, 193, 208-209, 211, 213-214

ゆ

ユーグ・カペー (Hugues Capet) p.47
ユゴー (Hugo, V.) p.166

ら

ラディゲ (Radiguet, R.) p.195
ラ・フォンテーヌ (La Fontaine, J. de) p.165-166
ラボフ (Labov, W.) p.176, 178-179, 214
ランボー (Rimbaud, A.) p.166, 191

り

リヴァロール (Rivarol, A. de) p.11
リクール (Ricoeur, P.) p.172, 188, 192, 213-215
リシュリュー (Richelieu) p.53
リチャーズ (Richards, I. A.) p.104-105, 112, 211
リファテール (Riffaterre, M.) p.213

る

ルイ敬虔王 (Louis le Pieux) p.46
ルイ 14 世 (Louis XIV) p.53
ルクリュ (Reclus, O.) p.38
ルドヴィヒ 2 世 (➡ドイツ王ルイ) p.46
ルブール (Reboul, A.) p.23-24, 208
ルブール (Reboul, O.) p.164, 213
ルフェーブル (Lefebvre, Cl.) p.208
ルボー (Lebaud, D.) p.135, 212

れ

レヴィ (Levy, M.) p.89, 91, 94, 97-98, 100
レーマン (Lehmann, A.) p.116, 210
レオン (Léon, M.) p.72, 209
レオン (Léon, P.) p.62, 68, 72, 209

ろ

ロスタン (Rostand, E.) p.166
ロック (Locke, J.) p.145
ロテール (Lothaire de France) p.46-47
ロベール 1 世 (Robert 1er) p.50
ロマン (Romains, J.) p.117
ロロ (Rollon➡ロベール 1 世) p.50

わ

渡邊淳也 p.134, 136, 211-212
ワロン (Wallon, H.) p.182

事項索引

見出し語の中には、論文名など、欧文表記のみで出てくるものも含まれている。
示されたページ数には、参考文献欄での出現個所も含まれている。

あ

アカデミー・フランセーズ (Académie française) p.53, 55
アスペクト (aspect) p.124, 160, 211
アナトリア語派 (langues anatoliennes) p.30
アフロ・アジア語族 (langues afro-asiatiques) p.29
アマルガム (amalgame) p.75-76, 79-80, 88
アメリカ・インディアン語族 (langues amérindiennes) p.29
アラビア語 (arabe) p.36, 40, 50-51, 209
アルザス語 (alsacien) p.29, 32-33
アルタイ語族 (langues altaïques) p.29
アルビジョワ十字軍 (Croissade des Albigeois) p.48
アルビ派 (albigeois) p.48
アレゴリー (allégorie) p.166
アングロ・サクソン語 (anglo-saxon) p.50
アンシェヌマン (enchaînement) p.68-70
暗黙裡の言 (implicite) p.171-173, 213

い

異音 (allophone) p.59, 64, 84
医学的記号論 (sémiotique médicale) p.141
意義 [意味論での] (signification) p.111
イギリス経験論 (empirisme anglais) p.145
異形態 (allomorphe) p.78
イコン (icône) p.148-149
イコン的 (iconique) p.150
イタリア語 (italien) p.29, 31-32, 36, 41, 134, 171
イタリック語派 (langues italiques) p.30
イタロ・ロマンス語系 (groupe italo-roman) p.31
位置 [対話理論での] (place) p.160, 180, 188, 192, 203

一次機能 (fonction primaire) p.94
一次的言説ジャンル (genre du discours premier) p.170
一方向性仮説 (hypothèse d'unidirectionnalité) p.112
一般言語学 (linguistique générale) p.76, 154, 156-159, 171, 174-175, 181, 191, 201, 208-211, 213-215
イベロ・ロマンス語系 (groupe ibéro-roman) p.30
意味 (sens) p.13-14, 17-18, 25-26, 41, 49-50, 53-55, 59, 64, 69, 71, 74-79, 81-82, 87-88, 90, 99, 104-108, 112, 114-119, 121, 127, 130, 132-135, 138, 140, 143, 146-149, 151-156, 158-159, 161-162, 165-167, 169, 171-174, 176, 180, 182-183, 186, 191-197, 200-202, 204, 205-207, 210
意味形成性 (signifiance) p.153, 155
意味素 (sème) p.107, 148
意味的 (significatif) p.18, 106, 119, 148, 155, 159, 165, 169-170, 176
意味のネットワーク (réseau sémantique) p.114
意味の文彩 (figure de sens) p.164, 166, 171
意味論 (sémantique) p.26, 104, 107, 111, 121-122, 146, 150, 171, 201, 210-213
隠語 (jargon) p.33
咽頭 (pharynx) p.57-58
インド＝ヨーロッパ語族 (langues indo-européennes) p.29-30, 32,42
韻文 (vers) p.47-48, 162
隠喩 (métaphore➡メタフォール；メタファー) p.132, 164-165
隠喩的 (métaphorique) p.106, 120, 148
韻律 (rythme) p.25, 66-67, 71-72, 78, 114

韻律段落 (groupe rythmique) p.67-68, 70-72
韻律論 (prosodie) p.57, 71

う
ヴァロン（ワロン）方言 (wallon) p.48
ヴィレル・コトレの勅令 (Ordonnance de Villers-Cotterets) p.51
ウェストファリア条約 (Traité de Westphalie) p.54
ウェルギリウスの輪 (roue de Virgile) p.163
ウェルニケ野 (aire de Wernicke) p.186
ウォロフ語 (wolof) p.180-181
迂言法 (périphrase) p.147, 166
鬱病 (dépression) p.187-188
ウラル語族 (langues ouraliennes) p.29
運動性失語症 (aphasie motrice) p.186

え
英語 (anglais) p.30, 36-37, 50-51, 55, 59, 64, 66, 68, 71, 134, 141, 178, 182, 209
英雄伝 (histoire des grands hommes) p.162
エクリチュール (écriture) p.161-162
エゴ (ego) p.174, 181-182, 188, 191-193, 196, 199
越境言語 (langue transfrontalière) p.33, 35
エピグラフ (épigraphe) p.163
エルゴン (travail ; ouvrage) p.122
エレジー (élégie) p.162
婉曲法 (euphémisme) p.165
演出 [発話者の〜] (mise en scène) p.198
援助行為 (étayage) p.182-185, 189, 203, 206-207
円唇化 (arrondissement) p.58
演説集 (discours) p.163

お
オイル語 (langue d'oïl) p.32, 48, 51
応用言語学 (linguistique appliquée) p.24, 27, 174, 176, 191
オーストロアジア語族 (langues austroasiatiques) p.29
オック語 (langue d'oc) p.29-30, 32, 48, 51

音位転換 (métathèse) p.164, 171
音韻的 (phonologique) p.44, 52, 70, 106
音韻的混同 (confusion phonologique) p.61-62
音韻論 (phonologie) p. 25, 57, 72, 156, 158, 171, 174-175, 209-210
音韻論的(phonologique) p.48, 54, 62, 83, 156, 177
音楽的コード(code musical) p.142
音響音声学 (phonétique acoustique) p.25, 57
音声学 (phonétique) p.25, 57, 60, 72, 174-175, 209
音声器官 (organes de la phonation) p.57-58
音声言語 (langue vocale) p.143
音節 (syllabe) p.61, 63-64, 66-72, 165
音節の分け方 (syllabation) p.66
音節を単位とする韻律 (rythme syllabique) p.71-72
音素 (phonème) p.18, 24-25, 44, 48-49, 55, 57-59, 61-63, 66, 70, 79, 83-84, 143, 148, 178, 201
音素論 (phonématique) p.57
音調 (intonation) p.12, 57, 72

か
カーニバル (carnaval) p.193
カーニバル的/性 (carnavalesque) p.153, 155, 193
カーニバル理論 (théorie de carnaval ; théorie carnavalesque) p.193
開音節 (syllabe ouverte) p. 48, 52, 66
下位概念語 (hyponyme ; terme subordonné) p.107
下位概念性 (hyponymie) p.107
絵画的スタイル (style pittoresque) p.195-197
解決志向短期療法 (thérapie brève centrée sur la solution) p.189
外示 (dénotation) p.152, 159
外示的 (dénotatif) p.154
解釈項 (interprétant) p.145-146, 149
外心構造 (construction exocentrique) p.101-102

階層性 (hiérarchisation) p.89-90
回想録 (mémoires) p.163
概念 (concept) p.13, 15, 18, 20, 33, 46, 52-54, 59, 76, 82, 89-90, 104-107, 110-112, 124, 129, 132, 141, 144-153, 160-162, 165, 167-168, 170-173, 176-177, 181-182, 184-185, 188, 191-192, 195-203, 213, 215
概念的 (conceptuel) p.114-115, 144, 159, 180, 201
外部論証 (argumentation externe) p.133
会話の含意 (implicature conversationnelle) p.130-132
書き言葉 (langue écrite) p.40, 45, 48, 142
隔絶言語 (langue par distance) p.32
拡張 (extension) p.22, 112, 114-115, 165
確認文 (constatif) p.122-123
格率 (maxime) p.130-132
下降音調 (intonation descendante) p.72
過剰修正 (hypercorrection) p.179
頭文字語 (sigle) p.86
家族的類似性 (ressemblance de famille) p.111
カタリ派 (Cathare) p.48
カタロニア語 (catalan) p30,32-33
カペー朝 (Capétiens) p.47-48
ガリア語 (langue gauloise) p.42-44
ガリア人 (gaulois) p.42
ガロ・ロマンス語 (gallo-roman) p.44
ガロ・ロマンス語系 (groupe gallo-roman) p.30
感覚性失語症 (aphasie sensorielle) p.186
喚起的効果 (effet par évocation) p.158
関係 [グリーズの用語での] (relation) p.173
還元主義 (réductionnisme) p.24
冠詞 (article) p.11, 69, 93, 98,102-103, 129, 210
間主観性 (intersubjectivité) p.191-192
間主観的 (intersubjectif) p.177, 182-184, 189, 191-192, 199-200
緩叙法 (litote) p.166
関説的機能 (fonction référentielle) p.23
間接話法 (style indirect) p.128, 195-196

間テクスト性 (intertextualité) p.196
換入 (commutation) p.74-78, 80-83, 87-88
換喩 (métonymie➡メトニミー；メタファー) p.165, 171
換喩的 (métonymique) p.148, 186
完了アスペクト (aspect accompli) p.98-99
完了相 (perfectif) p.124
関連性の格率 (maxime de pertinence) p.131

き
キー概念 (notion clef) p.168, 178, 184
記憶 [修辞学での] (mémoire) p.161
気管 (trachée artère) p.57-58
喜劇 (comédie) p.162
記号 (signe) p. 15-18, 21, 26, 60, 105, 108, 122, 140-151, 153-155, 185, 199, 213
記号学 (sémiologie) p.26, 140-144, 146, 150-151, 155, 212
記号素 (monème) p. 17-18, 24-25, 74-76, 78, 80, 83-91, 94-101, 112, 154, 201
記号体系 (système de siges) p.140-143, 146-147, 151, 154
記号内容 (signifié➡シニフィエ) p.74-78, 81
記号表現 (signifiant➡シニフィアン) p.74-75
記号論 (sémiotique) p.140-141, 144-145, 154
擬人法 (personnification) p.166
寄生的接尾辞添加 (suffixation parasitaire) p.86
基層 (substrat) p.27, 40, 42
機能辞 (fonctionnel) p.90-91, 95-96, 98-99
機能的形態素 (morphème fonctionnel) p.112
逆行同化 (assimilation régressive) p.70-71
強意的強勢 (accent d'insistance) p.71
教訓詩のジャンル (genre didactique) p.162
教訓的散文ジャンル (genre didactique en prose) p.163
狭窄子音 (consonnes constrictives) p.63-64, 66, 70
共示 (connotation) p.152, 159-160
共時態 (synchronie) p.14-15
共示的 (connotatif) p. 153-154

事項索引　223

強勢 (accent) p.52, 57, 66, 68, 71-72
強勢を単位とする韻律 (rythme reposant sur l'accentuation) p.71
協調の原理 (principe de coopération) p.130-132
虚語 (mot vide) p.111-112
ギリシア語 (grec) p.21, 30, 43
ギリシア語派 (langues grecques) p.30
近代言語学 (linguistique moderne) p.12, 151, 153, 156-157, 175
近代フランス語 (français moderne) p.53-54, 56

く

寓意 (allégorie ➡アレゴリー) p.166
唇 (lèvres) p.58, 61
くびき法 (zeugma) p.165
クレオール (créole) p.27, 39, 41
クレオール化 (créolisation) p.41

け

経済性 (économie) p.18, 59
繋辞 (copule) p.91, 127
形式化された言語 (langue formalisée) p.142
形相 (forme) p.146-148
形態素 (morphème) p.17-18, 25, 112
形態論 (morphologie) p.25, 74, 76, 78, 83-84, 87-88, 169, 174
劇詩のジャンル (genre dramatique) p.162
結合変異体 (variante combinatoire) p.81
ケルト語派 (langues celtiques) p.30, 42
ゲルマン語 (germanique) p.42, 44-45, 50
ゲルマン語派 (langues germaniques) p.30
ゲルマン民族 (peuples germaniques) p.32, 44
言語 (langue) p. 11-27, 29-37, 39-42, 44-46, 48-51, 53-54, 56-60, 65, 71-72, 74, 76, 84, 93, 104, 109, 121-122, 134, 140, 142-143, 147, 149-150, 156-157, 164, 171, 174-177, 180-182, 186-188, 192, 197, 200-201, 211, 215
言語運用能力 (performance) p.206
言語学 (linguistique) p.12-14, 19-20, 24-27, 111, 121, 132, 140, 145-146, 150-151, 153-159, 168, 171, 174-177, 181-182, 185-186, 188, 191-193, 196-197, 200, 207-215
言語学的 (linguistique) p.12, 20, 27, 140-141, 150, 157-159, 169-171, 174, 177, 186-187, 190, 193, 196-197, 199
言語活動 (langage➡ランガージュ) p.13, 19-20, 24, 27-28, 132, 144, 157, 160, 174, 199-200, 211-215
言語記号 (signe linguistique) p.13-16, 74, 76, 85, 104-107, 140-141, 143, 145-147, 149-151, 153-155, 159, 172, 182, 186, 192, 194-196, 200, 202-203
言語記号体系 (système de signes linguistiques) p.140-141, 147, 153, 192
言語ゲーム (jeu de langage) p.155, 172
言語社会学 (sociologie du langage) p.174
言語習得 (acquisition du langage) p.27, 181-185, 189, 202
言語心理学 (psychologie du langage) p.174
言語政策 (politique linguistique) p.33, 53, 176-177
言語体系 (système linguistique➡言語システム) p.13, 24, 107, 112, 119, 122, 133, 142, 154, 156, 159, 174, 176-177
言語中枢 (zone de production des mots) p.186
言語的相互作用 (interaction verbale) p.167, 177, 194
言語能力 (compétence) p. 181, 184, 186, 188
言語のオルガノン・モデル (modèle instrumental du langage) p.21
言説 (discours➡ディスクール) p.124, 126, 160, 164, 168-169, 192, 197, 199, 201, 208, 210, 212, 214
言説ジャンル (genre du discours) p.170, 201
言説的位置 (place discursive) p.180, 184, 201-203, 205
言説の切片 (segment du discours) p.133
現代フランス語 (français contemporain) p.14, 32, 42, 49, 53, 56, 62
限定 [統辞論での] (détermination) p.89

言表連鎖 (enchaînement des énoncés) p.142, 170, 173, 184, 197, 200-205
懸壅垂 (luette) p.58, 65
兼用法 (syllepse) p.165

こ

語 (mot) p.13, 42-44, 49-53, 55, 58, 60, 66-67, 69, 75-76, 79, 83-84, 86, 106-107, 111-113, 115-116, 118-119, 129, 152, 162-166, 169, 180, 183, 186-187, 189, 191-192, 200-201, 205, 209-211, 213, 215
語彙 (lexique) p.12, 15-16, 26, 41, 44-45, 49-50, 52-53, 55, 59, 71, 104, 108, 111, 113, 115, 130, 133, 164, 173, 180, 186, 200
語彙素 (lexème) p.18, 107, 203
語彙的 (lexical) p.40, 42, 52, 55, 105, 112, 130, 177, 180
語彙的形態素 (morphème lexical) p.111-112
語彙的な表現手続き (procédés d'exprression lexicaux) p.112
語彙論 (lexicologie) p.26, 104, 156, 158, 171, 174
合音 (synérèse) p.164
口蓋 (palais) p.57-58
硬口蓋 (palais dur) p. 58
口腔 (cavité buccale) p.57-58, 61, 63, 65
口腔母音 (voyelle oral) p.55
合成 (composition) p.85-86, 88
構成の文彩 (figure de construction) p.164, 171
後舌母音 (voyelle postérieure) p.60-62
構造 (structure) p.19, 40-42, 66-68, 93-94, 97, 102, 111, 121, 143-145, 151, 155, 175, 200, 208-209, 211-212
構造意味論 (sémantique structurale) p.107-109
構造化 (structuration) p.151, 153-154
構造主義 (structuralisme) p.24-25, 107-108, 175-177, 193
構造主義的(structuraliste) p.19, 151, 176, 181
拘束形式 (forme liée) p.85
喉頭 (larynx) p.57-58

高変種 (variété haute) p.40-41
交話的機能 (fonction phatique) p.23
声 (voix) p.28, 57, 71-72, 148, 155, 176, 182, 188, 191-198
コード (code) p.22-24, 142, 146-147, 152
コード化 (encodage) p.23, 202, 205-206
コードモデル (modèle codique) p.24
コーパス (corpus) p.177, 180, 203, 206-207, 214-215
国際音声字母 (alphabet phonétique international) p.60
国民国家 (État-nation) p.54, 209
語形成 (formation des mots) p.17, 84-86, 104
語形変化 (flexion) p.83-84
語族 / 言語族 (famille de langues) p.12, 29
語調緩和の半過去 (imparfait d'atténuation) p.134-138
誇張法 (hyperbole) p.166
国家言語 (langue d'État) p.43, 51, 53-54
古典ラテン語 (latin classique) p.41, 44-45, 48
語の文彩 (figure de mot) p.164, 171
語派 (branche de langues) p.29
古フランス語 (ancien français) p.46-49, 52, 54-55
コミュニケーション (communication) p.13, 20-24, 122, 144-145, 154, 157-158, 160, 167-169, 171, 173, 176-177, 183, 186, 191-193, 200, 211
語用論(的) (pragmatique) p. 24-26, 104, 121-122, 134, 146, 150, 160, 168, 171, 173, 181, 208, 211
コルシカ語 (corse) p.29, 32, 34
コンテクスト (contexte) p.22-23, 146, 168, 172, 183, 200

さ

差異 (différence) p.18, 20, 32, 59, 63, 76, 79, 107-108, 118-120, 140, 144, 146, 149, 170, 177, 201, 203
最近接発達領域 (zone de développement proximale) p.183

事項索引

最小対 (paire minimale) p.18
作用様式［グリーズの用語での］(schéma d'action) p.173
三言語併用 (triglossie) p.40
三十年戦争 (Guerre de Trente Ans) p.54
三重母音 (triphtongue) p.52
三段論法 (syllogisme) p.149
散文 (prose) p.48, 162-163, 166

し

恣意性/的 (arbitraire) p.15-16, 149
ジェスチャー (langage gestuel) p.142, 149
子音 (consonne) p.49, 52, 55, 59-60, 63-71, 164, 178
歯音 (dental) p.64
視覚的伝達 (communication visuelle) p.142
弛緩母音 (voyelle relâchée) p.62
歯茎音 (alvéolaire) p.64
思考 (pensée) p.104-105, 158, 187
思考の文彩 (figure de pensée) p.164, 167, 171
自己性 (ipséité) p.192
自己同一性 (identité) p.188
指示 (référence) p.104-106, 109, 127, 130, 139, 149
指示形容詞 (adjectif démonstratif) p.69, 121, 129
指示詞 (démonstratif) p.55, 127
指示（指向）対象 (référent) p.76-77. 104-105, 112, 129, 139, 144、164-165
指示的 (référentiel) p.119
指示的意味 (sens référentiel) p.111, 119
辞書の意味［バフチンの用語での］(signification) p.169
辞書的モデル (modèle dictionnaire) p.146
時制 (temps) p.49, 98, 113, 123-124, 126-127, 134-137, 139, 198
自然言語 (langue naturelle) p.19, 40, 142
自然的効果 (effet naturel) p.158
自然論理 (logique naturelle) p.173
舌 (langue) p.57-58, 60, 62, 66

実語 (mot plein) p.111
失語症 (aphasie) p.148, 181, 185-187
実質 (substance)［ソシュール理論での］p.57, 146-148
質の格率 (maximes de qualité) p.131-132
詩的機能 (fonction poétique) p.23
視点 (point de vue) p. 13, 20, 27-28, 51, 140-141, 144-146, 150-151, 153-155, 157, 159, 162, 169-171, 173, 177-178, 180, 184, 186, 189-190, 195, 197, 199, 203, 206
シナ・チベット語族 (langues sino-tibétanes) p.29
シニフィアン (signifiant) p.15-18, 74, 107, 143
シニフィエ (signifié) p.15-17, 74, 107, 143
指標 (indice) p.148-149, 158
指標的 (indicateur) p.150
シフター (embrayeur ➡転換子) p.127, 149, 188, 200
社会言語学 (sociolinguistique) p.24, 27, 79, 174-178, 180-181, 200, 214
ジャンル (genre) p.142, 161-164, 166-170, 178, 189, 200-203, 205-207, 213
臭覚的記号 (signe olfactif) p.141
自由間接話法 (style indirect libre) p.195 -196
自由形式 (forme libre) p.85
修辞学 (rhétorique) p.27, 132, 142, 148, 156, 161-164, 166, 171-172, 213- 214
修辞機械 (machine rhétorique) p.162
従属 (subordination)［統辞論での］p.89-99, 101-103, 194-196
周波数 (fréquence) p.72
自由変異体 (variante libre) p.59-60, 65, 81-83
主観性 (subjectivité) p.201
主語 (sujet) p.11-12, 69-70, 117-118, 123, 127, 196
主辞 (sujet ; thème) p.77-78, 80, 91-95, 97, 101, 103, 201
受信者 (destinataire) p.21-23, 147
主題 (thème➡テーマ) p.167, 169, 189

主体性 (subjectivité) p.183
主張 (posé) [語用論での] p.128-129
述辞 (prédicat) p.91, 93-94, 97, 100-103
受動態 (voix passive) p.98-99
手話 (langue des signes) p.143
順行同化 (assimilation progressive) p.70
上位概念語 (hypéronyme ; terme superodonné) p.107
上位概念性 (hypéronymie) p.107
小カテゴリー (catégorie mineure) p.112
条件変異体 (variante conditionnée) p.59, 81-82
冗語法 (pléonasme) p.165
上昇音調 (intonation montante) p.72
上層 (superstrat) p.42
象徴 (symbole➡シンボル) p.104-105, 152-153
叙事詩のジャンル (genre épique) p.162
抒情詩のジャンル (genre lyrique) p.162
触覚的伝達 (communication tactile) p.141
情報提供者 (informateur) p.178-180
省略法 (ellipse) p.165
叙述 [ビューラーの用語での] (représentation) p.22-23
自律 [統辞論での] (autonomisation) p.89-92, 96
自律化 (autonomiser) p.96-97, 99
自律記号素 (monème autonome) p.98-100
自律的 (autonome) p.96-97
神経言語学 (neurolinguistique) p.27, 174, 187
唇歯音 (labio-dentale) p.64
心情的機能 (fonction émotive) p.23
真正フランス語話者 (francophone réel) p.36
シンボル (symbole➡象徴) p.148-149
シンボル的 (symbolique) p.150
心理言語学 (psycholinguistique) p.24, 27, 174, 181, 187, 189-190
真理条件 (condition de vérité) p.123

す

遂行動詞 (verbe performatif) p.123
遂行文 (performatif) p.122-124
推論 (inférence) p.24, 84, 130

推論モデル (modèle inférentiel) p.24
数学的論理 (logique mathématique) p.173
崇高体 (style grave ; style noble) p.163-164
図式化 (schématisation) p.173
筋の構成 (structure du canevas) p.142
スタイル (style➡文体) p.154, 167-169, 195, 201, 213,
ストラスブールの宣誓 (Serments de Strasbourg) p.45-46
スピーキングモデル (modèle parlant) p.177
スペイン語 (espagnol) p.30-31, 33, 36, 41, 59, 68, 134, 164, 212

せ

性質記号 (qualisigne) p.148, 150
声帯 (cordes vocales) p.57-58, 72
声門 (glotte) p.57
世界 [フランソワの用語での] (monde) p. 201-203, 205
世界存在としての話者 (locuteur en tant qu'être du monde) p.199
世界内存在 (être au monde ; être dans le monde) p.188
接客の半過去 (imparfait forain) p.134-135, 137-139
接辞 (affixe) p.18, 79, 83-86
接辞代名詞 (pronom clitique) p.99
接触 (contact) p.22-23, 141, 182, 194
舌尖 (pointe de la langue) p.58, 61
舌尖歯音 (apico-dentale) p.64
舌尖歯茎顫動音 (apico-alvéolaire-vibrante) p.60, 65
舌尖歯茎両側音 (apico-alvéolaire-latérale) p.65
舌尖歯鼻音 (apico-dentale-nasale) p.65
絶対王政 (monarchie absolue) p.51, 53
接中辞 (infixe) p.85
接頭辞 (préfixe) p.85
舌背 (dos de la langue) p.58, 61, 65
舌背懸壅垂顫動音 (dorso-uvulaire-vibrante) p.65

事 項 索 引　　　　　　227

舌背硬口蓋音 (dorso-palatale) p.64, 66
舌背硬口蓋鼻音 (dorso-palatale-nasale) p.65
舌背硬口蓋両唇音 (dorso-palatale-labiale) p.66
舌背歯茎音 (dorso-alvéolaire) p.64
舌背軟口蓋音 (dorso-vélaire) p.64
舌背軟口蓋摩擦音 (dorso-vélaire-fricative) p.60, 65
舌背軟口蓋両唇音 (dorso-vélaire-labiale) p.66
接尾辞 (suffixe) p.85
セネット (saynète) p.201, 204-205
ゼロ記号 (signe zéro) p.75, 77, 80, 88
セロトニン (sérotonine) p.187
線状 (linéaire) p.87
線状性 (linéarité) p.16
前舌母音 (voyelle antérieure) p.60-62, 64
漸層法 (gradation) p.166
選択 (choix) p.12, 16, 76-78, 81-82, 88, 158, 201
前提［語用論での］(présupposé; présupposition) p.128-130, 172
線的スタイル (style linéaire) p.195-197

そ

想起的意味 (signification dessinée) p.201
相互作用 (interaction) p.24, 28, 167, 173, 177, 182-183, 192-195, 202
相互的 (réciproque) p.106, 184
相似性の異常 (trouble de la similitude) p.185
造成言語 (langue par élaboration ; langue-toit) p.32-33
総体的援助行為 (étayage global) p.184
相補的 (complémentaire) p.106
相補分布 (distribution complémentaire) p.59, 82
属性［グリーズの用語での］(propriété) p.173
俗ラテン語 (latin vulgaire) p.30, 44-45, 48
ソネット (sonnet) p.162

た

第一次分節 (première articulation) p.18, 25, 87, 89
大カテゴリー (catégorie majeure) p.112

体系 (système) p.14-15, 19, 25, 53, 57, 60, 63-64, 76, 121, 124, 127, 131, 135, 142, 146-147, 153, 156-159, 172, 175, 181, 202
体系化 (systématisé) p.142, 146, 157, 174, 177
体系的 (systématique) p.62, 153
対象 (objet) p.12-15, 19, 21-22, 24, 26-27, 33, 57, 76-77, 79, 88, 92, 101, 104-105, 111, 115, 117, 121, 125, 140, 142-146, 148-149, 157-159, 164, 172-175, 177-178, 188, 192, 195, 197-198, 200-202
対象の束 (faisceau d'objet) p.171, 173
対象物の体系 (système des objets) p.142
第二次分節 (deuxième articulation) p.18, 25, 143
タイプ［パース理論での］(type) p.148-149
対立法 (opposition) p.165
対話 (dialogue) p.28, 137-138, 155, 160, 167, 169, 171-172, 176-177, 180, 184-185, 188-189, 191-197, 199-207, 213-215
対話(的)関係 (relation dialogique) p.153, 160, 167-170, 184, 192-194, 196, 200, 202
対話空間 (espace dialogique) p.155, 172-173, 200, 203, 215
対話コーパス (corpus dialogique) p.180, 203
対話者 (interlocuteur) 15, 20, 28, 125-126, 135, 139, 160, 165, 173, 184, 189, 194, 201-202
対話的 (dialogique) p.160, 168-169, 176, 188-189, 193, 207, 215
対話分析 (analyse du dialogue) p.28, 168, 190, 192, 201, 203, 207
対話理論 (théorie du dialogue ; théorie dialogique) p.160, 168, 180, 188-190, 194, 199-200, 203
高さ (hauteur) p.72
多義性 (polysémie) p.106-107, 113, 115-119
多義的 (polysémique ; plurivoque) p.113, 154, 172
多言語主義 (multilinguisme) p.34, 209
脱範疇化 (décatégorisation) p.112

脱落性の e (e caduc) p.61, 67
単一記号 (sinsigne) p.148, 150
単音節 (monosyllabisme) p.164
単音節語 (monosyllabe) p.67
段階的 (graduable) p.106
単語 (mot➡語) p.15, 18, 26, 59, 104, 178-179, 186
単純体 (style simple) p.163-164
短母音 (voyelle brève) p.44, 68
単母音化 (monophtongaison) p.52
談話記憶 (mémoire discursive) p.130

ち

地域言語 (langue régionale) p.32-35, 40
地域変異体 (variante régionale) p.60
中期フランス語 (moyen français ➡ 中世フランス語) p.51
中世フランス語 (moyen français) p.51-52
中庸体 (style tempéré ; style moyen) p.163-164
中和 (neutralisation) p.61-62
調音音声学 (phonétique articulatoire) p.25, 57
調音点 (point d'articulation) p.61, 63-64, 66
調音法 (mode d'articulation) p.63-64
聴覚映像 (image acoustique) p.15, 143
聴覚音声学 (phonétique auditoire) p.25, 57
長母音 (voyelle longue) p.44, 48, 68, 71
長母音化子音 (consonne allongeante) p.68
直示 (的) (déixis) p.127-130
直示語 (déictique) p.125-127, 130
直接話法 (style direct) p.127, 195-196
直喩 (comparaison) p.165, 171

つ

通時態 (diachronie) p.14, 27, 79
綴り字記号 (accent orthographique) p.71

て

定冠詞 (article défini) p.74-75, 78, 83, 88, 112
提示詞 (présentatif) p.100
ディスクール (discours ➡ 言説) p.172-173, 184-185, 195, 200, 202-203, 208, 210, 212, 214-215

ディスクールの動き (movement discursif) p.173, 184, 201-203, 214-215
丁寧の半過去 (imparfait de politesse) p.134-135, 211-212
低変種 (variété basse) p.40-41
提喩 (synecdoque) p.165
テーマ (thème) p.27, 121, 164, 167-170, 173, 188, 192, 194, 200-205
テーマ化 (thématisation) p.206
テーマ的 (thématique) p.154, 159, 188, 194, 201
テーマ領域 (champ thématique) p.201-202, 204-205
出来事 (événement) p.26, 41, 121, 125-126, 130
適切性条件 (condition de félicité) p.123
テクスト (texte) p.19, 26-28, 124-126, 129-130, 149-151, 153-155, 157-160, 163, 168-170, 172, 194-197, 201-202, 213, 213-215
テクスト的 (textuel) p.203
テクスト理論 (théorie du texte) p.142, 154
哲学書 (livre philosophique) p.53, 163
手続き的意味 (sens procédural) p.111-112, 119, 134
田園詩のジャンル (genre pastoral) p.163
癲癇 (épilepsie) p.187
転換子 (embrayeur) p.127
転義 (trope) p.164

と

ドイツ語 (allemand) p.15, 29-30, 32, 36, 45-46, 68, 105, 134, 158
ドイツ語話者 (allemanophone) p.46
等位 (coordination) p.87, 89-90, 93, 103
等位関係 (relation coordonnante) p.91, 93, 100
等位接続 (詞) (coordonnant) p.87, 98, 100-101, 103, 210
同位態 (isotopie) p.169
頭音省略 (aphérèse) p.86, 164, 171
頭音添加 (prothèse) p.164, 171
同音異義語 (homophone) p.55, 106

同音異義性 (homophonie) p.106
同化 [言語学での] (assimilation) p.70-71, 172, 198
同形異義語 (homonyme) p.106
同形異義性 (homonymie) p.106
統合失調症 (schizophrénie) p.187-189, 191, 214
同語反復 (tautologie) p.132
動詞文 (phrase verbale) p.101
統辞概念 (notion syntaxique) p.88
統辞論 (syntaxe) p.26, 87-88, 122, 158, 171, 174-175, 210
統辞論的 (syntaxique) p.146, 150, 156, 169, 201
動素 (kième) p.143
撞着語法 (oxymore) p.166
動的共時態 (synchronie dynamique) p.15
導入の動詞 (verbe introducteur) p.137
動能的機能 (fonction conative) p.23
等拍性 (isochronie) p.71
動物記号論 (zoosémiotique) p.141
トークン (occurrence) p.148-149
ドーパミン (dopamine) p.187
トカラ語派 (langues tokhariennes) p.30
特定的援助行為 (étayage spécifique) p.184
特有機能 (fonction spécifique) p.94-95
独立記号素 (monème indépendant) p.97, 100
閉じた科学的方略 (stratégie scientifique fermée) p.24-25
閉じた目録 (inventaire clos; inventaire limité) p.112
土着言語 (langue vernaculaire) p.40
ドラヴィダ語族 (langues dravidiennes) p.29

な

内心構造 (construction endocentrique) p.101-102
内的対話 (dialogue intérieur) p.188, 192
内的対話性 (dialogisme) p.160, 168, 193, 196
内部論証 (argumentation interne) p.133
内容 [イェルムスレウの用語での] (contenu) p.147-148
ナイル・サハラ語族 (langues nilo-sahariennes) p.29
ナラティヴ・セラピー (thérapie narrative) p.189, 214
軟口蓋 (palais mou) p.58, 65
軟口蓋音 (vélaire) p.64

に

二言語使用 (bilinguisme) p.39
二言語併用 (diglossie) p.27, 39-41, 44, 50
ニジェール・コンゴ語族 (langues nigéro-congolaises) p.29
二次的言説ジャンル (genre du discours second) p.170
二重分節 (double articulation) p.17-18, 25
二重分節構造 (structure de double articulation) p.87, 143, 154
二重母音 (diphtongue) p.49, 52, 164
西ローマ帝国 (Empire romain d'Occident) p44
西ロマンス語 (langues romanes de l'Ouest) p.30-31
鈍い意味 (sens obtus) p.153
二分割法 (dichotomie) p.50, 144, 146, 149, 158-159, 172, 185-186
日本語 (japonais) p.11-12, 16, 29, 36, 47, 59, 110, 117, 122, 125, 129, 134, 160, 185, 208, 211-212, 214-215
人間科学 (science humaine) p.185, 191-193, 207
認知意味論 (sémantique cognitive) p.109-110

ね

年代記 (chronique) p.163

の

農耕詩 [文体のジャンルでの] (géorgique) p.163
喉仏 (pomme d'Adam) p.57
ノルアドレナリン (noradrénaline) p.187
ノルマン・コンケスト (Conquête normande de l'Angleterre) p.50
ノルマンディー方言 (normand) p.50

は

歯 (dents) p.17, 58
配置 [修辞学での] (disposition) p.161
バイリンガル (bilingue) p.180
歯茎 (alvéoles) p.58, 61
破擦子音 (consonne affriquée) p.52
バスク語 (basque) p.32-34, 40, 49
パストラーレ (pastoral) p.163
派生 [形態論での] (dérivation) p.84-86, 88
発見 [修辞学での] (invention) p.161-162
話し手 (locuteur➡話者) p.160, 168, 173, 175, 189, 193, 199-201
発語行為 (acte locutoire) p.123
発語内行為 (acte illocutoire) p.123-124
発語内効力 (force illocutoire) p.124
発語媒介行為 (acte perlocutoire) p.123-124
発語媒介効果 (effet perlocutoire) p.124
発信者 (destinateur / émetteur) p.22-23, 197-198
発話(文) (énoncé) p.26, 66-68, 76, 78, 80, 89-98, 100-102, 104-105, 119, 122, 126-128, 132-133, 136, 138-139, 154, 158, 164, 168-172, 192, 194, 196-202, 204-206, 215
発話行為 (énonciation / action [修辞学での]) p.27, 121-124, 158, 160-161, 168-169, 193, 195, 199-200, 208, 212
発話者 (énonciateur) p.19, 23, 26, 121-122, 125-127, 135-136, 172, 197-198
発話状況 (situation d'énonciation) p.24, 121, 127-128
発話的 (énonciatif) p.122, 172, 195
発話理論 (théorie énonciative) p.19, 25
パニック障害 (trouble de panique) p.187-188
バラード (ballade) p.162
パラ言語学 (paralinguistique) p.141
バルカノ・ロマンス語系 (groupe balkano-roman) p.31
バルト・スラヴ語派 (langues balto-slaves) p.30
破裂子音 (consonne plosive) p.64
パロール (parole) p.13, 14, 149, 158, 170, 208, 214

反援助行為 (contre-étayage) p.185, 207
反義語 (antonyme) p.106
反義性 (antonymie) p.106
反語法 (ironie) p.164, 166
半子音 (semi-consonne➡半母音) p.59, 63-65
反復法 (répétition) p.165
半母音 (semi-voyelle➡半子音) p.65
範列 (paradigme) p.16-18, 146, 148
範列的 (paradigmatique) p.148, 173, 186, 187
範列的関係 (rapport paradigmatique) p.16-18, 74-75, 77, 185

ひ

非一次機能 (fonction non primaire) p.94
東ロマンス語 (langues romanes de l'Est) p.30
ピカルディー方言 (picard) p.48
悲劇 (tragédie) p.162
鼻腔 (fosses nasales) p.57-58, 65
鼻子音 (consonne nasale) p.55, 58, 63-65
非自律記号素 (monème non autonome) p.99-100
ピジン (pidgin) p.27, 40-41
必要十分条件のモデル (modèle des conditions necessaries et suffisantes) p.109-110
美的テクスト (texte esthétique) p.142
非動詞文 (phrase non verbale) p.101-102
非同等的コミュニケーション (communication inégale) p.203, 206, 215
非特有機能 (fonction non spécifique) p.94-95
非人称構文 (construction impersonnelle) p.77-78
批評集 (essai critique) p.163
鼻母音 (voyelle nasale) p.49, 55, 58, 60-62, 68
秘密のコード (code secret) p.142
百科事典的知識 (connaissance encyclopédique) p.146, 155
百科事典的モデル (modèle encyclopédie) p.146
表意体 (représentamen) p.145
表意単位 (unité significative) p.74-80, 82-83,

86-89, 91-93, 95-96, 98, 100, 103
表現［イェルムスレウの用語での］(expression) p.148
表現法［修辞学での］(élocution) p.161
表出［ビューラーの用語での］(expression) p.22-23
標準英語 (anglais standard) p.179-180
標準フランス語 (français standard) p.50, 54
開いた科学的方略 (stratégie scientifique ouverte) p.24-25
開かれた目録 (inventaire ouvert ; inventaire illimité) p.112

ふ

風刺詩 (satire) p.163
フォントノワの戦い (Bataille de Fontenoy-en-Puisaye) p.46
複合的述辞 (prédicat complexe) p.91
複合母音 (voyelle composée) p.60-61
符合性 (syncrétisme) p.55
不定冠詞 (article indéfini) p.50
部分冠詞 (article partitif) p.50, 88
部分的フランス語話者 (francophone occasionnel) p.36
プラグマティズム (pragmatisme) p.145
フラマン語 (flamand) p.32
フランク王国 (Empire Franc) p.44-47
フランク語 (francique) p.32
フランコフォニー国際組織 (Organisation Internationale de la Francophonie, O.I.F.) p.38
フランコ・プロヴァンス語 (franco-provençal) p.32-33, 48
フランシア語/方言 (francien) p.48, 51
フランス語 (français) p.11-12, 14-17, 27, 29-33, 35-60, 62-69, 71-72, 78-79, 85, 98, 105-106, 113, 115, 121, 124-125, 134, 141, 160-161, 163-165, 171, 178, 180-181, 183, 185, 201, 209-212, 215
フランス語学 (linguistique française) p.11-12, 25, 212
フランス語圏 (francophonie) p.29, 35, 38, 40, 157, 182, 208
フランス語話者 (francophone) p.36, 38-39, 46, 60, .186
ブルトン語 (breton) p.30, 32, 49
ブルボン王朝 (dynastie des Bourbons) p.53
不連続形式 (forme discontinue des monèmes) p.80
ブローカ野 (aire de Broca) p.186
プロトタイプ (prototype) p.110-111
プロトタイプ効果 (effet prototypique) p.111
文 (phrase) p.11, 17, 23, 26, 46-47, 67, 72, 75, 87, 89-95, 101-104, 110, 118-119, 121-124, 127-129, 132-133, 136, 139, 142-143, 149, 154, 164-166, 168-169, 175, 186, 194-195, 199, 201
分音 (diérèse) p.164
文化的コード (code culturel) p.142
文化的前構成体 (préconstruit culturel) p.173
文彩 (figure) p.161-164, 171-172
文体 (style) p.26-27, 142, 156-164, 167, 169, 195
文体的 (stylistique) p.106, 156, 159
文体論(的) (stylistique) p.26-27, 154, 156-163, 166, 168, 170-171, 173, 186, 195-196, 213-214
文体論的位相 (phrase stylistique) p.160
文法 (grammaire) p.26, 33, 45, 49, 53, 62, 65, 111, 129, 201, 210, 212
文法化 (grammaticalisation) p.112-113
文法家 (grammairien) p.11
文法構造 (structure grammaticale) p.41
文法上の性 (genre) p.80-81
文法的 (grammatical) p.44, 49, 52-53, 55, 111-112, 153, 165, 188, 191, 212
文法的記号素 (monème grammatical) p.112
文法的機能 (fonction grammaticale) p.112, 186
文法(的)体系 (système gramatical) p.40-41
文法的な表現手続き (procédés d'expression grammaticaux) p.112
文脈主義 (contextualisme) p.24
分裂文 (phrase clivée) p.129

へ

閉音節 (syllabe fermée) p.48, 61, 66
閉鎖子音 (consonne occlusive) p.63-64, 67, 70
ペルシア語 (persan) p.30, 50-51
変異体 (variante) p.78-84, 179
弁別 (distinction) p.18, 55, 61-63, 76-78, 82, 107, 109, 143
弁別機能 (fonction distinctive) p.44
弁別的単位 (unité distinctive) p.18
弁別特徴 (trait distictif) p.18, 24, 107
弁論のジャンル (genre oratoire) p.163

ほ

母音 (voyelle) p.23, 52, 59-60, 62,-63, 65-71, 164-165, 178
母音合約 (crase) p.165
母音台形 (trapèze vocalique) p.60
方言学 (dialectologie) p.27, 79
冒険的物語 (roman d'aventures) p.163
傍層 (adstrat) p.42
法則記号 (légisigne) p.148, 150
ポール・ロワイヤル文法 (Grammaire de Port-Royal) p.11
母語 (langue natale) p.20, 35-36, 39-40, 185
ポジション [対話理論での] (position) p.160, 180, 205
仄めかし (sous-entendu) p.172
ポリフォニー (polyphonie ➡ 多声性) p.28, 160, 191-198, 215
ポリフォニー理論 (théorie de la polyphonie) p.192-194, 196-199
ポルトガル語 (portugais) 30-31, 36
本質的意味 (sens essentiel) p.116, 118-120

ま

マーカー (marqueur) p.19-20, 119, 201, 210
マクロ構造 (macro-strucure) p.176-177
摩擦子音 (consonne fricative) p.52, 64
マスコミ (communication de masse) p.142
末音省略 (apocope) p.86, 165, 171
末音添加 (paragoge) p.164, 171
マレー・ポリネシア語族 (langues malayo-polynésiennes) p.29

み

味覚コード (code du goût) p.141
未完了相 (imperfectif) p.124
ミクロ構造 (micro-structure) p.177
未知の文字 (alphabets inconnus) p.142
身振り学 (kinésique ; kinéologie) p.142
民族言語学 (ethnolinguistique) p.27, 174
民族詩 (poésie populaire) p.162

む

無声音 (sourde) p.57, 64
無声化 (assourdissement) p.65-66, 70

め

名辞 (rhème) p.148-150
命題 (dicisigne) [記号論での] p.148-150
明白な意味 (sens obvie) p.153
メタ言語 (métalangue) p.19, 149, 185
メタ言語的 (métalinguistique) p.19, 119
メタ言語的機能 (fonction métalinguistique) p.23, 186
メタファー (métaphore ➡ 隠喩 ; メタフォール) p.186
メタフォール (métaphore ➡ 隠喩 ; メタファー) p.114
メッセージ (message) p.22-23, 146-147, 152, 154, 169, 172, 213
メトニミー (métonymie ➡ 換喩) p.114
メロヴィング朝 (Mérovingiens) p.45

も

文字通りの意味 (sens litteral) p.132, 159, 167
物語 (histoire) p.124-127, 139, 152

や

屋根なし外部方言 (dialecte extérieur sans toit) p.33, 35

ゆ

有声音 (sonore) p.57, 64

よ

様態辞 (modalité) p.98-99

様態の格率 (maxime de manière) p.131-132
用法 (mode) p.53, 55, 91, 100, 105, 115-119, 128, 134-135, 138, 149, 180, 198
よき慣用 (bon usage) p.53
呼びかけ (appellation) p.22-23, 139

ら

ラテン語 (latin) p.15, 27, 30, 41-46, 48-49, 52-53, 65, 123, 161, 163-164, 171
ランガージュ (langage➡言語活動) p.13, 19, 157-159, 170, 175, 181, 183-184, 199, 202, 203, 207, 211-215
ランガージュ行為 (acte du langage) p.202
ラング (langue) p.13-15, 19, 140, 143, 149, 153, 156-158, 170, 173, 175-177, 180-181, 185, 192, 195, 197, 200-202, 207-208, 210-212, 215

り

リエゾン (liaison) p.68-70, 83
流子音 (consonne liquide) p.63-65, 67
両唇音 (bilabiale) p.64
両唇鼻音 (bilabiale-nasale) p.65
量の格率 (maxime de quantité) p.131-132
臨界期説 [言語習得理論での] (hypothèse de la période critique) p.182
隣接性 (contiguïté) p.114
隣接性の異常 (trouble de la contiguïté) p.186

る

類縁性 (affinité) p.17, 201, 203, 205
類義語 (synonyme) p.106
類義性 (synonymie) p.106
類似性 (ressemblance) p.110-111
類似性 (similitude) p.114
ルーマニア語 (roumain) p.31

れ

歴史言語学 (linguistique historique) p.14, 27
歴史のジャンル (genre historique) p.163
列挙法 (énumération) p.166
連辞 (syntagme) p.16-18, 87-88, 90-96, 100-103, 146, 148
連辞的関係 (rapport syntagmatique) p.16-17, 185-187

ろ

ローマ帝国 (Empire romain) p.43
ロシアフォルマリスト (formaliste russe) p.181, 192-193
ロマネスクのジャンル (genre romanesque) p.163
ロマンス語 (roman) p.45-46, 49, 158
ロマンス語派 (langues romanes) p.29-30
ロレーヌ語/方言 (lorrain) p.32-33, 48
論拠 (argument) p.122, 133, 148-150, 162, 198
論証 (argumentation) p.132-134
論証 (démonstration) p.163
論証的 (argumentatif) p.186-187
論証的動き (movement argumentatif) p.198-199

わ

話者 (locuteur➡話し手) p.11-15, 20, 23-25, 28, 34-36, 39-41, 49, 57, 59, 72, 78, 81, 131-132, 135, 171, 180, 195, 197-199
話者としての話者 (locuteur en tant que tel) p.199

あとがき

　ここでは、本書を刊行するまでの経緯について述べておきたいと思います。
　われわれ共著者は、まえがきでも言及しましたように、学問的背景、専門領域、研究方法がそれぞれに大きく違っております。このため、その違いをうまく生かして協力すれば、フランス語学の概説書が書けるのではないかという構想は随分前から温めておりました。それが具現化し始めたのは、2007年の春、西新宿の酒肆に集まって何度目かにその話をしたときで、試しに書けるところから書いてみようということになりました。主にその年の夏に執筆作業を集中的に進め、まとまった原稿は2008年春、『フランス語学概説』と題して三恵社から刊行されました。それが本書の前身にあたります。
　当初は共著者三人が教科書として使用することを最大の目的にしておりましたので、何よりも自分たちの血の通った概説書によって講義ができることを喜んでおりました。しかし、初年度には教科書としての需要を読み誤って品薄になってしまったため、不義理とは思いながらも、どなたに献本することもできず、宣伝もしませんでした。それにもかかわらず、酒井智宏さんが日本フランス語学会の学会発表や学会誌掲載論文で言及してくださったり、小田涼さんが日本フランス語フランス文学会の『カイエ』に書評を執筆してくださるなど、予想外の方面から、意外なほどの反響がありました。
　酒井さんの学会発表や論文では、本書第8章で言及した同語反復の解釈過程についての祖述を、批判的に紹介してくださいました。反復されるべきドグマとしてではなく、乗り越えるべき地平として概説書の類に言及することは、研究の進展のためには当然のことですので、そのような形で言及していただけたのは喜ばしいことでした。今後、本書でフランス語学に触れた若い方々のなかから、研究面で次なる段階に進んでくださる方々が出てくるようなことがあれば望外の幸いです。
　小田さんの書評には次のような一節があり、励まされるような思いになりました。われわれの意図の一端を代弁するような条りですので、引用させていただきます。

　　[...] 近年出版されている独習者向けの外国語教材には、親しみやすい語り口で文法や用語・現象を解説することで、学問への敷居を低くしようとするものがある。

学習内容を (少なくとも部分的には) 平易にすることを余儀なくされるこうした姿勢は恐らく、外国語教育の分野に限らず、その他のさまざまな学問領域においても多かれ少なかれ共通して見られる傾向ではないだろうか。しかし本書は、そうした風潮に反旗を翻し、いたずらに学習者におもねることなく言葉を選んで書かれた硬派な書物である。論文の体裁で書かれている本書は、読者によってはとっつきにくいと感じるかもしれないが、まさに本書によって論文の書き方を学ぶことができるという利点があることを強調しておきたい (学生からエッセイのような言語学のレポートを提出されて愕然とした経験のある教師なら、この意味を理解してもらえるだろう)。無駄な説明をそぎ落とし、広範な言語学の種々の問題を簡潔に解説する本書の姿勢は、裏を返せば、学習者に対する信頼感の現れとも言えるのである。(『カイエ』4 号、2009 年、p.17)

そのように言及していただく機会が何度かあったためか、最近では、本書の教科書以外での需要もいくらかは出てきたように見受けられます。しかし、三恵社版はほとんど大学教科書に特化した出版形態でしたので、独特の利点もありましたが、広く容易に入手できるような販路は望めませんでした。

一方、共著者の間では、『フランス語学概説』を出した後も、それ以前と同様に内容に関する議論が自然に続いておりました。また、実際に教科書として使っているうちに、改善しうる点に思い至ることも一再ならずありました。その意味で、われわれが共著教科書を利用して講義をした各科目の受講生の方々には感謝申し上げなければなりません。当時は、このような形で (再) 刊行されることは全く決まっておりませんでしたが、将来的に改版する可能性も考えながら、少しずつ改訂を施してまいりました。これまでに手を入れた個所はすべての章に及んでおりますし、多くの章で節を新設する形での増補がなされました。なかんづく、「第 9 章：記号学」が新たに執筆され挿入されたこと、そして巻末に詳細な事項索引、人名索引を設けたことが特筆に値するでしょう。しかし当然ながら、完璧ということはありえません。お気づきの点がありましたら、ご指摘をいただけましたら幸いに存じます。

2009 年 5 月、日本フランス語フランス文学会の春季大会を期に、駿河台出版社から刊行していただけるという話が動きはじめました。そしてこのたび、『フランス語学概説』を出版してくださっていた三恵社からのご了承を得て、駿河台出版社から装いを新たにして出版していただけることとなりました。その際、混乱を避けるため、

題名を一部改めて『フランス語学概論』としました。今回の出版に向けて格別のご厚意をたまわった駿河台出版社の井田洋二社長、上野名保子編集長、そして本書刊行に向けて力強いお口添えをいただいた中央大学の加藤京二郎先生と永見文雄先生に、著者を代表して、深甚の謝意を申し添えたく存じます。

最後に、儀礼に適っていることではありませんが、敢えて共著者に謝辞を呈したいと思います。髭郁彦さんは、迷うことがあるたびに積極的な方策を打ち出し、本書の執筆を牽引してくださいました。川島浩一郎さんは、細やかな視線で原稿を見直し、数々の改善を示唆してくださいました。お二人のこれらの徳性は私にはないもので、補っていただいたことに感謝します。

2009 年 10 月
渡 邊 淳 也

追　記

第 2 刷の刊行に際して、誤植などの誤りを修正するだけでなく、可能な限り記述を改善しました。初版にコメントをくださった方々、とくに小川博仁様に厚くお礼申し上げます。

2011 年 3 月
著　者　一　同

< 著者紹介 >

髭　郁彦（ひげ・いくひこ）
1961 年　函館市生まれ
Docteur en sciences du langage [パリ第 5 大学]
現在　中央大学・武蔵大学非常勤講師
主要著書　*Dialogue, interprétation et mouvement discursif*, 2 volumes (Presses universitaires du Septentrion, 2001),『多言語多文化学習のすすめ』(朝日出版社, 2008) (共著),『フランス語学小事典』(駿河台出版社, 2011) (共著)

川島　浩一郎（かわしま・こういちろう）
1967 年　横須賀市生まれ
博士 (言語学) [東京外国語大学]
現在　福岡大学教授
主要著書　『フランス語を探る』(三修社, 2005) (共著), *Cognition et émotion dans le langage* (慶應義塾大学 21 世紀 COE 心の統合的研究センター, 2006) (共著),『フランス語学小事典』(駿河台出版社, 2011) (共著)

渡邊　淳也（わたなべ・じゅんや）
1967 年　大阪市生まれ
博士 (言語学) [筑波大学]
現在　筑波大学准教授
主要著書　『フランス語における証拠性の意味論』(早美出版社, 2004), *Cognition et émotion dans le langage* (慶應義塾大学 21 世紀 COE 心の統合的研究センター, 2006) (共著),『フランス語学小事典』(駿河台出版社, 2011) (共著)

フランス語学概論

2010 年 4 月 1 日	初版発行
2011 年 4 月 1 日	2 刷発行
2018 年 4 月 1 日	3 刷発行

著　者　　髭　郁彦
　　　　　川島　浩一郎
　　　　　渡邊　淳也
発行者　　井田　洋二
印刷所　　(株) フォレスト
発行所　　東京都千代田区神田駿河台 3 の 7　株式会社　駿河台出版社
　　　　　電話 (03) 3291-1676 (代)　　　振替 00190-3-56669

ISBN 978-4-411-02232-5　　C3085